MS

# Maths

# La méthode de Singapour

Guide pédagogique



**Dorothée Badinier**
Professeur des écoles

ÉDITION ORIGINALE
**Yeap Ban Har**
**Winnie Tan**

la librairie
des écoles


10, place des Cinq Martyrs du Lycée Buffon, 75015 Paris

# Sommaire

# Sommaire

# La méthode de Singapour pour l'école maternelle

## Une méthode utilisée à Singapour et adaptée aux programmes français

Le Dr Yeap Ban Har est sans aucun doute aujourd'hui le plus renommé de tous les experts internationaux de la méthode de Singapour, directeur d'une école spécialisée pour les enfants autistes, et auteur d'ouvrages utilisés aujourd'hui dans plus de 60 pays à travers le monde dont nous vous proposons l'adaptation sous la forme de nos fichiers MS et GS. La pédagogie de Singapour, concrète et visuelle, explicite et ritualisée, y est adaptée à de très jeunes enfants, en privilégiant l'approche physique et sensorielle, les activités variées et ludiques, le temps laissé aux activités autonomes et à la différenciation. Dorothée Badinier, professeur en maternelle et chef d'établissement, formée à la pédagogie Montessori, a assuré l'adaptation de cette progression aux programmes français, en s'attachant tout particulièrement à la continuité entre la MS et la GS. Elle y a ajouté une progression en graphisme ainsi que des activités de différenciation, et mis en valeur, dans le guide pédagogique, les points communs entre la pédagogie de Maria Montessori, la démarche explicite et la pédagogie de Singapour.

## Une pratique de classe explicite, guidée et ritualisée

La démarche que nous vous proposons a pour volonté d'être simple à mettre en œuvre, ritualisée et guidée, afin de donner aux élèves des bases solides en mathématiques. Chaque séance suit la même démarche en trois étapes, rassurante pour les élèves :

1. **Je découvre** : Le professeur réactive les connaissances des élèves, puis fait une activité devant les élèves, de manière collective, tout en « mettant un haut-parleur sur sa pensée ».
2. **Je manipule** : Par groupes de 6 à 8, les élèves manipulent, jouent, miment, posent des questions, interagissent, verbalisent, se trompent et recommencent afin de s'approprier le matériel.
3. **Je représente** : L'exercice du fichier (numérique ou papier) permet aux élèves, toujours par groupes, d'accéder à une représentation imagée, progressivement plus abstraite : dessins, schémas, représentations en 3D puis en 2D, chiffres. Cette représentation imagée encourage systématiquement la verbalisation et l'expression orale : décrire, nommer, poser une question, y répondre…

## Une progression massée et progressive pour la MS et la GS

La méthode de Singapour se présente sous forme d'unités thématiques, dans lesquelles une même notion est enseignée sur un temps long – ce que l'on appelle en anglais *Mastery Approach*, pédagogie de la maîtrise. L'objectif est que les élèves 1) sachent où ils en sont de leur apprentissage ; 2) abordent chaque notion dans des contextes variés ; 3) abordent un nombre limité de notions, mais de manière approfondie ; 4) ne passent à une nouvelle notion qu'après avoir acquis une compréhension complète de la précédente. Dans ce guide, chaque unité est introduite par une page récapitulant les objectifs didactiques de chaque unité, les compétences du programme correspondantes, et des conseils de mise en œuvre des activités de graphisme.

## L'importance d'avoir un fichier en classe de maternelle

*Apprendre à utiliser un cahier*

L'usage d'un fichier permet aux élèves de se familiariser avec le support écrit et de préparer le passage à l'école élémentaire. Ainsi, l'élève apprend à se repérer dans le cahier, naviguer dans les pages, débuter et finir une activité, garder la trace de ses erreurs et de ses réussites, recommencer, se sentir progresser…

*Préparer la lecture et l'écriture*

Sur chaque page, une ligne de graphisme permet à l'élève de travailler la motricité fine associée au geste graphique, avec des tracés de plus en plus précis. L'élève s'entraîne ainsi à tenir et à utiliser un crayon, et s'initie ensuite à l'écriture des chiffres. Les activités quotidiennes de graphisme permettent de libérer de la mémoire de travail pour les apprentissages plus complexes.

*Assurer un suivi pour le professeur*

Pour le professeur, la tenue par l'élève d'un fichier individuel permet d'analyser les erreurs et les réussites de chacun, de manière à ajuster son enseignement et à planifier les activités de différenciation.

*Communiquer avec les parents*

Le fichier permet, grâce aux consignes et aux exercices réalisés par l'élève, d'assurer un échange entre le professeur et le parent.

**Responsable éditoriale** : Fanny Mezzarobba
**Édition** : Marie Gabiache
**Conception graphique de la couverture** : Primo&Primo
**Mise en pages** : STDI
**Illustration de la couverture** : Mahaut Lemoine
**Relecture** : Julie Domenget-Turbot

# Séance d'introduction : Découvrir les mathématiques

**Notions abordées**

**Prérequis :** savoir reconnaître des écritures chiffrées, des quantités, des formes.
**Objectif didactique :** comprendre à quoi servent les mathématiques et découvrir ce qui va être étudié au cours de l'année.

**Matériel pédagogique**

Une grande affiche pour la classe. 1 jeu de 5 photos par groupe d'élèves. 1 fichier par élève.

## 1 La chasse aux trésors mathématiques (par groupes de 4 ou 6, 15 minutes)

Pour débuter l'année scolaire, organisez une chasse aux trésors. Pour cela, prenez en photo divers éléments présents au sein de l'école et qui peuvent se rapporter aux mathématiques (un cerceau, une horloge, une toise, une bande numérique, les billets et les pièces de la caisse enregistreuse du coin jeu, une balance, une calculatrice, un ballon, un jeu de cartes traditionnel...) Ces **photos** seront les trésors du jeu. Placez près de chaque objet photographié la photo d'un autre objet, tout en conservant une première photo qui servira de point de départ au jeu. Prévoyez en tout cinq photos par groupe d'élèves. Le jour venu, scindez la classe en plusieurs groupes de quatre à six élèves et expliquez-leur qu'ils vont participer à une chasse aux trésors. Distribuez à chaque groupe une première photo et expliquez-leur qu'ils vont devoir retrouver l'objet représenté sur leur photo. Près de cet objet se trouvera une deuxième photo d'un autre objet à retrouver, et ainsi de suite jusqu'à avoir récupéré cinq photos.

## 2 Qu'est-ce que les mathématiques ? (en classe entière, 10 minutes)

Une fois que tous les groupes ont fini leur chasse aux trésors, faites un retour collectif sur le tapis de regroupement. Affichez les différentes photos au tableau et demandez aux élèves ce qu'elles représentent. Aidez-les à trouver la formulation la plus juste. Montrez-leur une **grande affiche** sur laquelle vous collerez toutes les photos puis fixez-la sur un mur de la classe afin d'en garder trace et de vous y référer durant l'année. Dites : « Tout ce qu'il y a sur cette affiche fait partie du domaine des mathématiques. Nous parlerons donc de tout cela lorsque nous travaillerons les mathématiques ! » Inscrivez à côté des photos le domaine mathématique concerné : les nombres, la géométrie, les mesures... puis invitez les élèves à dire ce que les mathématiques représentent pour eux. Élargissez la réflexion des enfants en les interrogeant : « Quand a-t-on besoin des mathématiques dans la vie de tous les jours ? » N'hésitez pas à faire le lien lors des diverses activités de la classe : pendant la réalisation d'une recette, durant les moments de rituels, etc.

## 3 Découverte du fichier (en individuel, 5 minutes)

Distribuez à chaque élève son **fichier** et laissez-le le feuilleter librement. Expliquez : « Voici votre fichier de mathématiques. Durant toute cette année, vous l'utiliserez pour vous entraîner. Ce ne sera jamais grave si vous vous trompez, le plus important est d'essayer jusqu'à ce que vous y arriviez ! » Prenez un temps pour les laisser vous parler librement de leur fichier : ce qu'ils en pensent, ce qu'ils en comprennent, quelles sont les images qui leur plaisent, quels sont les exercices qui les intéressent, etc.

# Unité 1 : Trier et associer (20 séances)

## Objectifs d'apprentissage

- Identifier des éléments semblables ou identiques.
- Identifier des différences.
- Réaliser des paires.
- Classer des éléments selon différents critères.
- Trouver un intrus.

## Liens avec les programmes officiels de l'Éducation nationale

- Classer des objets en fonction de caractéristiques liées à leur forme.
- Évaluer et comparer des collections d'objets avec des procédures non numériques.
- Mobiliser des symboles analogiques, verbaux ou écrits, conventionnels ou non conventionnels pour communiquer des informations orales et écrites sur une quantité.

## Déroulé de l'unité

Au cours de cette première unité de l'année de MS, les élèves vont apprendre à reconnaître des similitudes et des différences, compétence qui leur permettra par la suite d'étudier des suites d'objets pour identifier des intrus et d'effectuer des tris selon certains critères. Ainsi, au cours des séances 1 à 4, les élèves apprennent à associer des objets strictement identiques ou qui diffèrent par un seul critère (couleur, orientation, position, taille). Ils se servent ensuite de la couleur aux séances 5 et 6, puis des motifs aux séances 7 et 8 comme critère d'appariement. Les élèves exploitent alors ces connaissances pour conserver le caractère identique de deux objets à la séance 9. Ils identifient ensuite des intrus selon divers critères aux séances 10, 13 et 14, et associent des paires d'objets en fonction de leur utilité aux séances 11 et 12. Les séances 15 à 18 permettent de synthétiser ce qu'ils ont appris et les invitent à trier plusieurs objets en deux catégories. Enfin, les séances 19 et 20 proposent aux élèves de réviser les notions vues tout au long de l'unité.

## Progression du graphisme

- **Tracer des traits verticaux :** Le trait vertical est une composante majeure du tracé de chiffres. Il est aussi le plus simple à tracer, raison pour laquelle il apparaît en premier dans la progression de ce fichier. L'enfant devra au départ repasser sur des pointillés, puis tracer des traits à partir d'un point de départ pour relier deux points donnés, et enfin utiliser le trait vertical pour décorer l'intérieur de formes. Pour chacun de ces exercices, veillez à ce que le tracé s'effectue du haut vers le bas et non l'inverse.
- **Tracer des traits horizontaux :** Le tracé des traits horizontaux suit la même logique de progression que les traits verticaux. L'enfant repasse tout d'abord sur des pointillés, puis trace des traits horizontaux à partir d'un point donné pour enfin utiliser le trait horizontal pour décorer l'intérieur de formes. Une fois de plus, le sens du tracé est primordial : il est important de s'assurer que, pour chaque exercice, les élèves tracent leurs traits en suivant le sens de l'écriture, soit de la gauche vers la droite.
- **Tracer des traits horizontaux et verticaux :** Le tracé de quadrillages demande la maîtrise à la fois du tracé de traits verticaux et du tracé de traits horizontaux. Pour les premiers exercices, les enfants devront repasser sur des pointillés avant de poursuivre le tracé de quadrillage seuls, puis décorer des formes en y traçant des quadrillages.
- **Tracer des traits obliques :** Les traits obliques sont présents dans de nombreuses écritures chiffrées et sont complexes pour les élèves, qui ont du mal à les distinguer des traits verticaux. On commencera par demander aux enfants de repasser sur des pointillés, puis de tracer des traits obliques seuls. L'entraînement aux tracés de traits obliques se poursuivra dans l'unité 2.
- **Colorier pour compléter des motifs de couleur :** Aux séances de révisions, l'exercice de graphisme consiste à compléter des motifs de deux couleurs alternées. Cet exercice sera répété tout au long de l'année en se complexifiant. L'objectif didactique est avant tout de reproduire l'alternance des couleurs et d'ainsi d'initier l'unité 6 « Les suites logiques ». Guidez les élèves en ce début d'année pour les aider à comprendre ce qui est attendu.

# Séance 1 - Identifier des ressemblances et des différences

**Notions abordées**

**Prérequis :** avoir développé son sens de l'observation et son esprit d'analyse.
**Objectifs didactiques :** comprendre la notion de similitude et de différence.
**Graphisme :** tracer des traits verticaux.

**Matériel pédagogique**

**Matériel :** 1 jeu de dînette contenant des cuillères, des tasses, des fourchettes et des couteaux identiques et de différentes couleurs pour la classe. 1 boîte remplie de 8 paires d'objets par groupe d'élèves.
**Fichier :** page 6.

## DÉMARCHE PÉDAGOGIQUE

### 1 Je découvre (en classe entière, 10 minutes)

Faites venir deux volontaires (un garçon et une fille d'apparences très différentes) devant les autres. Dites : « Ces deux élèves ne sont pas exactement pareils. » Demandez aux autres enfants de vous expliquer pourquoi ils ne sont pas pareils : l'un est une fille, l'autre un garçon ; l'un a les cheveux de telle couleur et l'autre d'une autre couleur ; l'un porte une certaine paire de chaussures et le second une paire différente… Sur le tapis de regroupement, montrez à la classe les différents éléments de la **dînette (cuillères, tasses, fourchettes et couteaux)** et demandez aux élèves de les nommer au fur et à mesure que vous les leur montrez. Prenez deux tasses identiques et dites : « Voici deux objets. Ils sont pareils : ce sont des tasses et elles sont de même couleur. » Prenez ensuite deux tasses de couleurs différentes puis dites : « Voici deux tasses. Elles ne sont pas complètement pareilles. Pourquoi ? » Énoncez la réponse avec eux : « Elles ne sont pas pareilles car elles sont de couleurs différentes : l'une est bleue, l'autre est rouge. » Présentez maintenant deux fourchettes parfaitement identiques et demandez : « Ces fourchettes sont-elles pareilles ? » Insistez sur l'explication : « Elles sont pareilles car elles ont la même forme, la même taille et la même couleur. » Présentez enfin deux couteaux de couleurs différentes et demandez : « Ces couteaux sont-ils pareils ? Non, car ils n'ont pas la même couleur. » Annoncez : « Aujourd'hui, nous allons apprendre à repérer des ressemblances et des différences parmi un même type d'objets. »

### 2 Je manipule (par groupes de 6 à 8 élèves, 10 minutes)

Proposez aux élèves de regarder à l'intérieur d'une **boîte remplie de paires d'objets**. Demandez ensuite à chacun de piocher un objet, puis expliquez-leur que chaque objet fonctionne par paire. Dites : « Vous devez retrouver l'objet identique au vôtre pour recréer la paire. » N'hésitez pas à guider les élèves par des questions : « De quelle couleur est ton objet ? Que représente ton objet ? », etc.

### 3 Je représente (par groupes de 6 à 8 élèves, 10 minutes)

Demandez aux élèves d'ouvrir leur fichier à la **page 6**. Énoncez la consigne et assurez-vous de sa bonne compréhension. Montrez une grande étoile puis la petite étoile et demandez : « Les étoiles de mer sont-elles pareilles ? Non, car il y en a une plus petite que l'autre. Montrez-moi l'étoile de mer identique à la plus grande. » Demandez ensuite aux élèves de vous montrer avec l'index les dauphins, puis demandez-leur s'ils sont pareils. Insistez pour qu'ils emploient bien les mots « identique » et « différent ». Posez les mêmes questions pour les poissons, les hippocampes et les coquillages.

## DIFFÉRENCIATION

**Soutien :** Distribuez un **objet faisant partie d'une paire** aux élèves en difficulté. Dites : « L'un de vos camarades a le même objet que vous : vous devez trouver l'élève qui a un objet identique au vôtre. » Guidez-les en leur posant des questions.
**Approfondissement :** Demandez aux élèves avancés d'entourer sur leur fichier avec la même couleur les objets strictement identiques.

# Séance 2 - Identifier des paires

**Notions abordées**

**Prérequis :** savoir identifier des différences sur des éléments en apparence identiques.
**Objectifs didactiques :** associer 2 éléments d'une paire.
**Graphisme :** tracer des traits verticaux.

**Matériel pédagogique**

**Matériel :** 1 sac de 10 balles (dont 2 identiques, le reste de tailles et de couleurs différentes) et 1 jeu de dînette pour la classe. 1 feuille avec 1 gommette collée en haut à gauche et 10 gommettes différentes par leur forme, leur taille et leur couleur par élève.
**Fichier :** page 7.

## DÉMARCHE PÉDAGOGIQUE

### 1 Je découvre (en classe entière, 10 minutes)

Sur le tapis de regroupement, revenez sur la notion vue lors de la séance précédente : « Qu'avons-nous appris la dernière fois ? Nous avons appris à trouver ce qui était identique et à identifier des différences. » Faites réviser la notion en proposant des objets de la **dînette** et un **sac rempli de balles de couleurs et de tailles différentes**. Montrez d'abord une fourchette et une balle, puis demandez : « Ces objets sont-ils identiques ? Non, ils sont complètement différents. » Montrez maintenant deux balles de même taille et de même couleur : « Ces objets sont-ils identiques ? Oui : ce sont deux balles de même taille et de même couleur. » Reprenez avec deux balles de même taille mais de couleurs différentes : « Ces objets sont semblables, mais ils ont une différence de couleurs. » Enfin, montrez deux fourchettes identiques, mais placez-en une les dents vers le haut et l'autre les dents vers le bas : « Ces objets sont identiques, mais ils ne sont pas orientés de la même façon. » Annoncez : « Aujourd'hui, nous allons associer des objets identiques ou se ressemblant fortement en utilisant différents critères : la couleur, la taille, l'orientation. »

### 2 Je manipule (par groupes de 6 à 8 élèves, 10 minutes)

Distribuez à chaque élève une **feuille avec une gommette collée en haut à gauche**, ainsi que plusieurs **gommettes différentes** (assurez-vous que les gommettes soient de couleurs, de tailles et de formes différentes). Dites : « Collez sur votre feuille des gommettes parfaitement identiques, c'est-à-dire pareilles à celle qui y est déjà collée. » Aidez les élèves en difficulté en les poussant à décrire leur première gommette afin de repérer celles qui sont différentes et celles qui sont identiques. Vous pouvez répéter l'expérience avec plusieurs gommettes « modèles » et en faisant travailler les élèves sur des lignes de gommettes (en collant toujours la première sur la gauche de la page).

### 3 Je représente (par groupes de 6 à 8 élèves, 10 minutes)

Demandez aux élèves d'ouvrir leur fichier à la **page 7**. Invitez-les à décrire ce qu'ils voient, faites-leur nommer les différents animaux, puis explicitez la consigne : « Vous devez relier les animaux qui sont pareils. » Laissez-les observer la page avant de leur faire constater que les éléments ne sont pas toujours parfaitement identiques, mais qu'ils restent tout de même semblables. Faites-leur vérifier la compréhension du terme « relier » puis donnez un exemple en montrant la vignette illustrant la consigne. Faites-les d'abord relier avec l'index, puis au crayon.

## DIFFÉRENCIATION

**Soutien :** Demandez aux élèves en difficulté de commencer par vous montrer deux animaux identiques sur leur page avant de les relier.
**Approfondissement :** Demandez aux élèves avancés de chercher dans la classe des objets identiques, puis de les amener sur le tapis de regroupement et d'expliquer en quoi ces objets sont identiques.

# Séance 3 - Repérer des éléments semblables et différents

**Notions abordées**

**Prérequis :** reconnaître et associer des objets identiques ou semblables.
**Objectifs didactiques :** être capable de reconnaître la similitude malgré une orientation spatiale ou une taille différente.
**Graphisme :** tracer des traits verticaux.

**Matériel pédagogique**

**Matériel :** 5 paires de poupées identiques et de la pâte à modeler pour la classe.
**Fichier :** page 8.

## DÉMARCHE PÉDAGOGIQUE

### 1 Je découvre (en classe entière, 10 minutes)

Sur le tapis de regroupement, revenez sur la notion vue lors de la séance précédente : « Qu'avons-nous appris la dernière fois ? Nous avons associé deux éléments identiques ou semblables. » Présentez à la classe deux poupées parfaitement identiques puis demandez : « Ces poupées sont-elles identiques ? » Présentez maintenant aux élèves les mêmes poupées mais avec l'une ayant la tête en bas avant de demander à nouveau : « Ces poupées sont-elles toujours identiques ? Elles sont presque identiques. Elles ne sont juste pas dans le même sens. » Montrez maintenant aux élèves une petite boule de pâte à modeler et une plus grosse boule de pâte à modeler de même couleur, puis demandez : « Les deux boules de pâte à modeler sont-elles identiques ? Elles sont presque identiques, elles ont une taille différente. » Résumez ce qui a été remarqué par les élèves : « Parfois, des objets se ressemblant ne sont pas entièrement identiques : leur taille ou leur orientation change. Ils ne sont plus exactement identiques, mais presque : ils sont semblables. Aujourd'hui, nous allons nous entraîner à reconnaître ces similitudes. »

### 2 Je manipule (par groupes de 6 à 8 élèves, 10 minutes)

Dessinez deux oiseaux au tableau, se ressemblant mais effectuant chacun quelque chose de différent : un dessiné à la craie blanche en plein vol et l'autre dessiné à la craie verte et picorant dans l'herbe, par exemple. Une fois que les dessins sont réalisés, discutez-en avec les élèves. Demandez-leur quel est le point commun entre ces deux dessins : « Ce sont tous les deux des oiseaux. » Demandez-leur ensuite quelles différences ils leur trouvent : un des oiseaux vole alors que l'autre est au sol ; un est blanc, l'autre est vert ; etc. Laissez les élèves s'exprimer librement, avec le vocabulaire qui leur est propre. Concluez enfin : « Ces deux dessins représentent tous les deux des oiseaux. Ils représentent la même chose, mais différemment. » Laissez ensuite les élèves dessiner chacun leur propre oiseau pour les comparer avec leurs camarades : « Ce sont tous des oiseaux mais différents. »

### 3 Je représente (par groupes de 6 à 8 élèves, 10 minutes)

Demandez aux élèves d'ouvrir leur fichier à la page 8. Demandez-leur de décrire ce qu'ils voient, faites-leur nommer les différents objets, puis interrogez-les : « Montrez-moi les objets qui sont pareils. » Montrez ensuite des objets identiques mais de tailles différentes, comme les mugs par exemple, puis demandez : « Les mugs sont-ils pareils ? » Assurez-vous que les élèves ne se contentent pas de répondre « oui » ou « non », mais qu'ils justifient leur propos. Montrez ensuite les poupées et demandez : « Les poupées sont-elles pareilles ? » À nouveau, invitez les élèves à justifier leur réponse : « Oui, mais elles ne sont pas dans le même sens. »

## DIFFÉRENCIATION

**Soutien :** Donnez aux élèves en difficulté des poupées identiques et demandez-leur de les placer sur le sol. Interrogez-les : « Les poupées sont-elles pareilles ? » Répétez cette étape avec d'autres objets de la classe.
**Approfondissement :** Demandez aux élèves avancés de dessiner sur un tableau ou sur une ardoise des ronds, des bonhommes, des soleils qui soient parfaitement identiques.

# Séance 4 - Identifier des paires orientées différemment

**Notions abordées**

**Prérequis :** identifier des éléments identiques et les regrouper en paires.
**Objectifs didactiques :** être capable de reconnaître 2 éléments identiques malgré des positions différentes.
**Graphisme :** tracer des traits verticaux.

**Matériel pédagogique**

**Matériel :** 2 photos de la mascotte de la classe placée dans 2 positions différentes pour la classe. 1 livre illustré, de la ficelle, de la pâte à modeler de couleurs différentes, 1 fil de laine et 2 jetons par élève.
**Fichier :** page 9.

## DÉMARCHE PÉDAGOGIQUE

### 1 Je découvre (en classe entière, 10 minutes)

Sur le tapis de regroupement, revenez sur la notion vue lors de la séance précédente : « Qu'avons-nous appris la dernière fois ? Nous avons appris que, parfois, des objets ne sont pas complètement identiques : ils peuvent avoir une taille, une forme ou une couleur différente, et pourtant appartenir à une même famille d'objets. » Montrez aux élèves une première photo de la mascotte de la classe et demandez-leur de vous décrire ce qu'ils voient. Montrez ensuite une autre photo de la mascotte de la classe dans une position différente puis demandez : « Que voyez-vous ? C'est la mascotte. La photo est-elle identique à la précédente ? Non ? Alors, comment savez-vous que c'est notre mascotte ? » Concluez : « Un objet peut être placé différemment, cela reste le même. Aujourd'hui, nous allons apprendre à repérer des objets identiques, mais positionnés différemment. »

### 2 Je manipule (par groupes de 6 à 8 élèves, 10 minutes)

Posez au centre de la table de la pâte à modeler de couleurs différentes puis demandez aux élèves : « Fabriquez des colombins parfaitement identiques. » Insistez ensuite sur les critères qui font que les colombins sont parfaitement identiques : ils ont la même forme, la même taille, sont de la même couleur. Demandez ensuite aux enfants de placer les colombins sur la table dans la même position. Lorsqu'ils ont terminé, demandez-leur de placer leurs colombins dans des positions différentes (en diagonale, horizontalement, verticalement, etc.). Interrogez-les : « Vos colombins sont-ils toujours identiques ? Oui, ils le sont ; ils ont juste une position différente. »

### 3 Je représente (par groupes de 6 à 8 élèves, 10 minutes)

Demandez aux élèves d'ouvrir leur fichier à la page 9. Demandez-leur d'expliquer ce qu'ils voient, faites-leur décrire ce que chaque ours fait, puis énoncez la consigne. Demandez-leur de poser leur index sur les ours qui vont ensemble ; vous pouvez aussi demander aux enfants de poser des jetons sur les ours identiques avant de commencer à tracer les traits sur le fichier. Demandez aux élèves de tracer avec leur index une ligne reliant les ours à associer avant de tracer le trait au crayon.

## DIFFÉRENCIATION

**Soutien :** Donnez un fil de laine aux élèves en difficulté pour les aider à mieux visualiser le chemin à tracer entre les ours. Si les difficultés viennent du fait qu'ils ne repèrent pas les objets identiques, prenez des photos d'eux ou de leurs camarades dans des positions différentes. Montrez-leur ces photos et demandez : « Qui vois-tu sur les photos ? S'agit-il de la même personne ? Oui, c'est toi ; tu prends seulement des positions différentes ! »
**Approfondissement :** Proposez aux enfants qui ont terminé l'activité en avance de retrouver dans un livre illustré les mêmes personnages, au fil des pages, et ce malgré des poses et attitudes différentes.

# Séance 5 - Reconnaître les couleurs

**Notions abordées**

**Prérequis :** connaître les noms des couleurs.
**Objectifs didactiques :** décrire des objets en nommant leurs couleurs.
**Graphisme :** tracer des traits verticaux.

**Matériel pédagogique**

**Matériel :** 15 boutons de couleurs différentes, 1 large plateau, 1 jeu de tablettes de couleurs Montessori et 1 livre de coloriage par groupe d'élèves.
**Fichier :** page 10.

## DÉMARCHE PÉDAGOGIQUE

### 1 Je découvre (par groupes de 6 à 8 élèves, 10 minutes)

Sur le tapis de regroupement, revenez sur la notion vue lors de la séance précédente : « Qu'avons-nous appris la dernière fois ? Nous avons appris qu'un objet reste le même, même s'il n'a pas la même position. » Demandez ensuite : « Qui porte un pantalon bleu aujourd'hui ? » Faites se lever les élèves portant un pantalon bleu, puis dites : « Ces enfants ont tous un pantalon bleu. Ce n'est pas exactement le même pantalon, mais il est bleu à chaque fois. » Demandez ensuite : « Qui d'autre porte quelque chose de bleu ? » Faites ensuite un inventaire des vêtements bleus dans la classe avant de conclure : « Tous les enfants qui sont debout portent quelque chose de bleu, c'est ce qu'ils ont en commun : un vêtement de couleur bleue. Aujourd'hui, nous allons reconnaître les couleurs et les éléments de même couleur. »

### 2 Je manipule (par groupes de 6 à 8 élèves, 10 minutes)

Posez au centre de la table des **boutons de couleurs différentes** disposés dans un **large plateau**. Prenez deux boutons de même couleur puis dites : « Voici deux boutons verts. Pouvez-vous trouver d'autres boutons verts ? » Demandez ensuite aux élèves de trouver d'autres objets de couleur verte dans la classe (cubes, jouets, feuilles…) puis concluez : « Ce ne sont pas les mêmes objets, mais ils ont un point commun : ils sont de la même couleur. » Reprenez l'exercice avec d'autres couleurs autant de fois que le temps vous le permet.

### 3 Je représente (par groupes de 6 à 8 élèves, 10 minutes)

Demandez aux élèves d'ouvrir leur fichier à la **page 10**. Demandez-leur de décrire ce qu'ils voient, faites-leur nommer les différents éléments (« chien », « poule », « fleurs », « nuage », « arbre », etc.). Insistez à chaque fois pour que les élèves nomment la couleur de l'objet dont ils parlent : « De quelle couleur sont les pommes ? Elles sont rouges. » Poussez-les à trouver des similarités, toujours en les interrogeant : « De quelle couleur est le soleil ? Il est jaune. Voyez-vous d'autres éléments jaunes dans l'image ? Les poussins aussi sont jaunes. »

## DIFFÉRENCIATION

**Soutien :** Faites chercher aux élèves en difficulté des objets d'une couleur précise dans la classe. Guidez-les, par exemple en leur montrant un feutre vert : « Voici un feutre vert. Trouvez un objet dans la classe qui a la même couleur. » Proposez-leur de s'aider des **tablettes de couleurs Montessori** pour leur permettre de consolider leurs connaissances des couleurs.
**Approfondissement :** Proposez un coloriage guidé aux élèves avancés. Donnez-leur une page d'un **livre de coloriage** et donnez-leur des indications précises à suivre : « Coloriez le chapeau en violet. Coloriez l'arbre en vert. », etc.

# Séance 6 - Associer des éléments de même couleur

**Notions abordées**

**Prérequis :** décrire des objets en nommant leurs couleurs.
**Objectifs didactiques :** être capable d'associer 2 éléments de même couleur.
**Graphisme :** tracer des traits horizontaux.

**Matériel pédagogique**

**Matériel :** 4 feuilles d'arbre (1 jaune, 1 rouge, 1 verte et 1 marron) pour la classe. 4 boules de papier dans 4 couleurs différentes et 4 disques de papier de la même couleur que les boules par groupe d'élèves. 2 jetons et 1 feuille par élève.
**Annexe :** 1 jeu des dessins d'arbres (annexe 1-1) pour la classe.
**Fichier :** page 11.

## DÉMARCHE PÉDAGOGIQUE

### 1 Je découvre (en classe entière, 10 minutes)

Sur le tapis de regroupement, revenez sur la notion vue lors de la séance précédente : « Qu'avons-nous appris la dernière fois ? Nous avons trouvé des objets de même couleur. » Faites réviser la notion en présentant à vos élèves des feuilles d'arbre de couleurs différentes. Montrez-leur une feuille et demandez : « De quelle couleur est cette feuille ? » Procédez ainsi avec toutes les feuilles. Présentez-leur ensuite les dessins d'arbres (annexe 1-1). Pour chaque arbre, demandez aux enfants : « De quelle couleur est cet arbre ? », puis : « Quelle feuille va dans l'arbre marron ? » Assurez-vous de bien verbaliser le critère d'appariement : la feuille est marron, elle va donc dans l'arbre marron. Procédez de la même manière avec les autres feuilles. Enfin, annoncez l'objectif du jour : « Aujourd'hui, nous allons apprendre à associer des objets différents, mais de même couleur. »

### 2 Je manipule (par groupes de 6 à 8 élèves, 10 minutes)

Posez au centre d'une table ou au sol les différents disques de couleurs, puis dites : « Voici des tartelettes. » Chiffonnez du papier de la même couleur que les disques pour en faire des boules, puis dites : « Il faut mettre les boules de papier sur la tartelette qui est de la même couleur. » Faites la démonstration devant les élèves : prenez une boule et posez-la dans le disque de la même couleur. Invitez ensuite les élèves à faire de même.

### 3 Je représente (par groupes de 6 à 8 élèves, 10 minutes)

Demandez aux élèves d'ouvrir leur fichier à la page 11. Demandez-leur de vous décrire ce qu'ils voient, faites-leur nommer les différents objets, insistez sur les couleurs, puis explicitez la consigne : « Vous devez relier chaque véhicule à son garage. Comment sait-on quel véhicule va dans quel garage ? Ils doivent être de la même couleur. » Faites-les d'abord relier avec l'index, puis au crayon.

## DIFFÉRENCIATION

**Soutien :** Demandez aux élèves en difficulté de commencer par vous montrer sur leur fichier un véhicule et un garage à associer. Faites-leur poser dessus des jetons pour vous montrer leur choix puis, après validation, demandez-leur de tracer avec leur index le chemin pour relier les deux dessins. Faites-leur ensuite tracer ce chemin au crayon.
**Approfondissement :** Demandez aux élèves avancés de tracer sur une feuille à part des bonhommes de couleurs différentes puis de leur dessiner à chacun une maison (qui devra donc être de la même couleur).

# Séance 7 - Identifier des motifs similaires (1)

**Notions abordées**

**Prérequis :** identifier des similitudes et des différences.
**Objectifs didactiques :** découvrir des motifs et les reconnaître dans des objets de formes différentes.
**Graphisme :** tracer des traits horizontaux.

**Matériel pédagogique**

**Matériel :** 1 bateau, 1 cœur, 1 renard, et 1 chapeau réalisés avec le même papier d'origami, les mêmes formes réalisées avec un 2e papier et avec un 3e papier pour chaque groupe d'élèves. 1 feuille de papier d'origami par élève.
**Fichier :** page 12.

## DÉMARCHE PÉDAGOGIQUE

### 1 Je découvre (en classe entière, 10 minutes)

Sur le tapis de regroupement, revenez sur la notion vue lors de la séance précédente : « Qu'avons-nous fait la dernière fois ? Nous avons associé des objets selon leur couleur. » Sortez vos origamis préparés à l'avance et demandez aux élèves : « Voici des origamis. Quels sont leurs points communs ? Quelles sont leurs différences ? » Discutez avec toute la classe : parfois, ce sont les formes qui sont pareilles, parfois les couleurs, parfois les motifs. Définissez ce qu'est un motif : « Un motif est un dessin répété plusieurs fois. » Annoncez l'objectif du jour : « Aujourd'hui, nous allons apprendre à reconnaître des motifs identiques dans des objets différents. »

### 2 Je manipule (par groupes de 6 à 8 élèves, 10 minutes)

Distribuez à chaque élève un origami. Laissez un peu de temps à chaque élève pour qu'ils observent leur origami, puis demandez-leur de le décrire en évoquant d'abord sa forme, puis ses motifs. Proposez alors aux élèves de regrouper ensemble tous les origamis ayant le même motif, sans se préoccuper de leur forme.

### 3 Je représente (par groupes de 6 à 8 élèves, 10 minutes)

Demandez aux élèves d'ouvrir leur fichier à la page 12. Demandez-leur de décrire ce qu'ils voient, faites-leur nommer les différents motifs sur les origamis mais aussi sur les feuilles d'origami. Faites le parallèle avec l'activité précédente. Demandez ensuite : « Trouvez à qui appartiennent les différents pliages en vous aidant des motifs. » Guidez les élèves par des questions : « Comment peut-on savoir quel enfant a fait quel pliage ? Quels motifs voyez-vous sur les feuilles d'origami ? »

## DIFFÉRENCIATION

**Soutien :** Repassez par une phase de manipulation avec les enfants en difficulté. Présentez-leur des feuilles de papier d'origami et réalisez des pliages en utilisant ces feuilles. Faites-leur verbaliser, dans la mesure du possible, ce qu'ils observent. Pour ceux qui auraient des difficultés de langage, verbalisez à leur place mais assurez-vous qu'ils associent les feuilles aux pliages correspondants en se basant sur le critère du motif.
**Approfondissement :** Demandez aux élèves avancés de relier sur le fichier chaque enfant à ses différentes productions.

# Séance 8 - Identifier des motifs similaires (2)

**Notions abordées**

**Prérequis :** reconnaître des motifs.
**Objectifs didactiques :** classer des objets suivant un motif.
**Graphisme :** tracer des traits horizontaux.

**Matériel pédagogique**

**Matériel :** 6 tasses accompagnées de leur coupelle assortie par groupe d'élèves.
**Annexe :** 2 jeux de cartes-motifs (annexe 1-2) par groupe d'élèves.
**Fichier :** page 13.

## DÉMARCHE PÉDAGOGIQUE

### 1 Je découvre (en classe entière, 10 minutes)

Sur le tapis de regroupement, revenez sur la notion vue lors de la séance précédente : « Qu'avons-nous appris la dernière fois ? Nous avons appris à reconnaître un motif. Qui peut rappeler ce qu'est un motif ? C'est un dessin répété plusieurs fois et qui permet de décorer des objets. » Dessinez au tableau quatre formes (un rond, une croix, un triangle et un carré) et distribuez quatre cartes comprenant ces mêmes motifs (annexe 1-2) à quatre élèves. Demandez-leur de venir se placer devant le motif identique à leur modèle et faites remarquer au reste de la classe les similitudes entre le motif du tableau et celui de la carte. Invitez les élèves à décrire ce qu'ils voient en utilisant un vocabulaire précis. Annoncez l'objectif du jour : « Aujourd'hui, nous allons apprendre à apparier des objets différents mais de même motif. »

### 2 Je manipule (par groupes de 6 à 8 élèves, 10 minutes)

Posez devant les élèves six tasses accompagnées de leur coupelle assortie. Expliquez aux élèves qu'ils vont devoir associer chaque tasse à la bonne coupelle. Demandez : « Comment peut-on savoir quelle coupelle accompagne quelle tasse ? Il faut qu'elles aient le même motif, c'est-à-dire qu'elles soient assorties. » Laissez ensuite les élèves réaliser les appariements. Une fois cette tâche réalisée, demandez-leur s'ils sont d'accord avec ce qui a été réalisé et pourquoi. Concluez en rappelant à nouveau que pour associer deux objets, il faut qu'ils aient des motifs identiques.

### 3 Je représente (par groupes de 6 à 8 élèves, 10 minutes)

Demandez aux élèves d'ouvrir leur fichier à la page 13. Invitez-les à décrire ce qu'ils voient et faites le lien avec l'activité qu'ils viennent de réaliser. Énoncez la consigne et assurez-vous de sa bonne compréhension. Demandez-leur ensuite de vous décrire précisément les tasses et les assiettes. Enfin, faites-leur relier d'abord avec l'index, puis au crayon chaque tasse à l'assiette correspondante.

## DIFFÉRENCIATION

**Soutien :** Repassez par une phase de manipulation avec les élèves en difficulté en les faisant s'exercer à nouveau avec les tasses et les coupelles de la classe.
**Approfondissement :** Proposez aux élèves avancés de jouer avec un jeu de memory des motifs à l'aide des images de l'annexe 1-2, en leur expliquant le concept : ils doivent mémoriser l'emplacement des cartes ayant le même motif, puis retrouver les paires.

# Séance 9 - Repérer et créer des paires

**Notions abordées**

**Prérequis :** apparier des objets identiques.
**Objectifs didactiques :** trouver ou créer des paires identiques.
**Graphisme :** tracer des traits horizontaux.

**Matériel pédagogique**

**Annexes :** 1 jeu de bingo (annexe 1-4) par groupe d'élèves. 1 disque divisé en 8 parts (annexe 1-3) par élève.
**Fichier :** page 14.

## DÉMARCHE PÉDAGOGIQUE

### 1 Je découvre (en classe entière, 5 minutes)

Sur le tapis de regroupement, revenez sur la notion vue lors de la séance précédente : « Qu'avons-nous appris la dernière fois ? Nous avons appris à associer des objets qui ont un motif identique. » Tracez au tableau des formes géométriques (rond, carré, rond, triangle, triangle, carré). Demandez aux élèves de vous pointer du doigt les formes identiques sans pour autant leur demander de les nommer (ils apprendront le nom des formes géométriques au cours de l'unité 4). Demandez : « Que remarquez-vous ? Il y a des paires de formes : deux carrés, deux ronds, deux triangles. » Coloriez maintenant un rond en vert, un carré en rouge et un triangle en bleu, puis demandez : « De quelle couleur dois-je colorier les autres formes pour conserver des paires de formes identiques ? » Laissez-les répondre puis annoncez l'objectif de la séance : « Aujourd'hui, nous allons apprendre à repérer et à créer des paires. »

### 2 Je manipule (par groupes de 6 à 8 élèves, 15 minutes)

Tracez au tableau quatre disques dont deux sont divisés en quatre parts et deux autres en huit parts, puis demandez aux élèves quels disques sont identiques. Demandez ensuite à un élève de venir au tableau colorier une partie d'un des disques divisés en quatre. Demandez alors aux autres élèves : « Quel rond a la même quantité de parts ? Comment pouvons-nous le colorier pour qu'il soit parfaitement identique ? » Une fois le deuxième disque de quatre parts colorié, demandez à un autre élève de venir colorier une partie d'un des disques divisés en huit. Coloriez alors trois parts de l'autre disque puis dites : « Ces deux ronds sont-ils identiques ? » Assurez-vous que les élèves justifient leur réponse : « Non, car l'un a trois parts de coloriées alors que l'autre n'en a qu'une. » Distribuez maintenant à chaque élève un disque divisé en huit parts (annexe 1-3) et dites (en montrant le disque dont trois parts sur huit sont colorées) : « Coloriez ce rond de la même manière que celui qui est au tableau : attention au nombre de parts et à la couleur que vous allez choisir, il faut que ce soit parfaitement identique. » Concluez en insistant sur le fait qu'il y avait trois critères à respecter, à savoir l'aspect général des disques (huit parts), la quantité de parts coloriées (trois) et la couleur choisie.

### 3 Je représente (par groupes de 6 à 8 élèves, 10 minutes)

Demandez aux élèves d'ouvrir leur fichier à la page 14. Demandez à chaque élève de pointer avec leur index les objets identiques, ligne par ligne, avant qu'ils puissent les colorier. Lors de la phase de coloriage, rappelez-leur la contrainte : « Vous devez colorier vos deux objets de la même façon afin qu'ils forment toujours une paire identique. »

## DIFFÉRENCIATION

**Soutien :** Lorsqu'ils ont identifié les objets identiques sur chaque ligne, coloriez sur le fichier des élèves en difficulté le premier élément de chaque paire. Les élèves n'auront plus ensuite qu'à reproduire votre modèle pour colorier le deuxième élément.
**Approfondissement :** Proposez un jeu de bingo (annexe 1-4) aux élèves avancés. Tirez au sort des images : le premier élève ayant dans son jeu les mêmes images que celles tirées au sort a gagné.

# Séance 10 - Trouver l'intrus (1)

**Notions abordées**

**Prérequis :** reconnaître des éléments identiques.
**Objectifs didactiques :** repérer un intrus dans une série.
**Graphisme :** tracer des traits horizontaux.

**Matériel pédagogique**

**Matériel :** 4 crayons de même taille (3 de couleur identique et 1 d'une autre couleur) pour la classe. 4 crayons de couleur identique (3 de même taille et 1 plus petit), 4 gommes de même taille (3 identiques et 1 usée), 1 collection de 4 bouchons (dont 1 intrus) par groupe d'élèves. 4 perles d'une couleur et 1 perle d'une couleur différente, du fil et 10 perles de 3 couleurs différentes pour chaque élève.
**Fichier :** page 15.

## DÉMARCHE PÉDAGOGIQUE

### 1 Je découvre (en classe entière, 5 minutes)

Sur le tapis de regroupement, revenez sur la notion vue lors de la séance précédente : « Qu'avons-nous fait la dernière fois ? Nous avons trouvé ou créé des paires d'objets identiques. » Présentez maintenant aux enfants **quatre crayons de couleur (trois de même couleur et un d'une autre couleur)**. Demandez : « Quel crayon est différent des autres, ne leur ressemble pas ? » Validez la réponse des élèves en expliquant : « Ce crayon est le seul qui a une couleur différente des autres : on dit que c'est l'intrus de cette série. » Concluez en présentant l'objectif du jour : « Aujourd'hui, nous allons donc apprendre à trouver l'intrus dans une collection. »

### 2 Je manipule (par groupes de 6 à 8 élèves, 15 minutes)

Présentez aux élèves **quatre crayons de même couleur (trois de même taille et un plus petit)**. Faites rappeler ce qu'est un intrus, puis dites : « Quel est l'intrus ? » Une fois que les élèves ont trouvé l'intrus, validez en donnant le critère : « Ce crayon est l'intrus car il est plus petit que les autres, il n'a pas la même longueur. » Présentez maintenant le lot de **quatre gommes**, trois neuves et une usée, puis demandez : « Quel est l'intrus ? » Une fois que les élèves ont trouvé l'intrus, demandez-leur pourquoi ils ont choisi cette gomme. Validez ensuite en expliquant à nouveau : « Cette gomme est l'intrus car elle est usée tandis que les autres sont neuves. » Distribuez ensuite à chaque élève un **lot de perles** dont une seule diffère. Demandez aux enfants de chercher l'intrus parmi leur lot de perles.

### 3 Je représente (par groupes de 6 à 8 élèves, 10 minutes)

Demandez aux élèves d'ouvrir leur fichier à la **page 15**. Invitez-les à décrire ce qu'ils voient et faites le lien avec l'activité qu'ils viennent de réaliser. Énoncez la consigne et assurez-vous de sa bonne compréhension. Faites rappeler aux enfants ce que signifie « entourer » et demandez-leur de réaliser le geste en l'air. Dites : « Montrez-moi la première ligne. » Une fois que les enfants ont tous pointé du doigt la première ligne avec leur index, dites : « Montrez-moi l'intrus. » Après justification de la réponse, laissez les enfants entourer l'intrus d'abord avec l'index, puis au crayon. Poursuivez de la même façon avec les deux autres lignes.

## DIFFÉRENCIATION

**Soutien :** Prolongez l'entraînement avec les élèves en difficulté : proposez-leur d'observer une **collection de bouchons** et demandez-leur de trouver l'intrus.
**Approfondissement :** Demandez aux élèves avancés de fabriquer un **collier avec une perle intruse**. Vous pouvez ensuite compliquer la tâche en demandant deux perles intruses, puis trois, etc.

# Séance 11 - Associer des objets de même fonction (1)

**Notions abordées**

**Prérequis :** apparier des objets en fonction d'un critère.
**Objectifs didactiques :** associer des objets en fonction de leur usage courant.
**Graphisme :** tracer des traits horizontaux et verticaux.

**Matériel pédagogique**

**Matériel :** 6 objets pouvant être appariés (1 savon et 1 serviette, 1 bonnet et 1 écharpe, 1 paille et 1 verre, de la peinture et 1 pinceau, etc.) par groupe d'élèves. 2 jetons par élève.
**Annexe :** 1 jeu de cartes-images (annexe 1-5) par élève.
**Fichier :** page 16.

## DÉMARCHE PÉDAGOGIQUE

### 1 Je découvre (en classe entière, 10 minutes)

Sur le tapis de regroupement, revenez sur la notion vue lors de la séance précédente : « Qu'avons-nous appris la dernière fois ? Nous avons appris à reconnaître un intrus dans une collection d'objets. » Présentez aux élèves un **ensemble d'objets pouvant être appariés**. Montrez les objets aux élèves et demandez-leur de les nommer. Montrez ensuite une paire, le savon et la serviette par exemple, et dites : « Le savon s'utilise avec la serviette : je me lave les mains avec le savon, puis je me sèche les mains avec la serviette. » Montrez maintenant le bonnet et demandez : « Avec quel autre objet ici présent pourrions-nous associer le bonnet ? » Lorsque la classe a trouvé la bonne réponse, interrogez les élèves sur ce qui les a menés à cette conclusion, puis reformulez leurs propositions : « Le bonnet va avec l'écharpe, car ce sont des vêtements que l'on porte en hiver pour se tenir chaud. » Procédez de même avec les deux paires d'objets supplémentaires en explicitant également le critère qui les relie. Annoncez alors l'objectif du jour : « Aujourd'hui, nous allons apprendre à reconnaître et à associer des objets qui fonctionnent ensemble. »

### 2 Je manipule (par groupes de 6 à 8 élèves, 10 minutes)

Revenez sur ce qui vient d'être vu en classe entière et demandez aux élèves d'expliquer ce qui a été fait : « Il faut associer les objets qui fonctionnent ensemble. » Présentez au groupe un **ensemble d'objets à apparier** (six objets à répartir en trois paires par élève) ou les **cartes-images de l'annexe 1-5**, et demandez-leur de créer des couples d'objets qui peuvent fonctionner ensemble (selon le niveau de vos élèves, vous pouvez avoir effectué un tri au préalable ou non). Revenez ensuite sur le tapis de regroupement et invitez les élèves à vous montrer leurs « trésors » et à expliquer pourquoi ils ont créé ces paires.

### 3 Je représente (par groupes de 6 à 8 élèves, 10 minutes)

Demandez aux élèves d'ouvrir leur fichier à la **page 16**. Invitez-les à décrire ce qu'ils voient et à nommer chaque objet dessiné avant de faire le lien avec l'activité qu'ils viennent de réaliser. Énoncez la consigne et assurez-vous de sa bonne compréhension. Lorsque les élèves ont trouvé les objets à associer, demandez-leur de les relier avec leur index puis au crayon.

## DIFFÉRENCIATION

**Soutien :** Repassez par une phase de manipulation en distribuant aux élèves en difficulté les **cartes-images (annexe 1-5)**. Insistez sur la verbalisation de ce qu'ils voient, sur la fonction des différents objets et la raison pour laquelle ces objets peuvent être associés. Si la difficulté réside dans le fait de relier les dessins, vous pouvez leur proposer de poser des **jetons** sur les objets à associer avant de les relier.
**Approfondissement :** Proposez aux élèves avancés de jouer au memory sur le thème des objets de la vie quotidienne avec les **cartes de l'annexe 1-5** : sauf que cette fois-ci, les élèves doivent associer deux objets ayant une utilisation complémentaire.

# Séance 12 - Associer des objets de même fonction (2)

**Notions abordées**

**Prérequis :** apparier des objets en fonction d'un critère.
**Objectifs didactiques :** associer des objets en fonction de leur usage courant.
**Graphisme :** tracer des traits horizontaux et verticaux.

**Matériel pédagogique**

**Matériel :** 1 imagier représentant des objets du quotidien et les versions réelles de ces objets par groupe d'élèves.
**Fichier :** page 17.

## DÉMARCHE PÉDAGOGIQUE

### 1 Je découvre (en classe entière, 10 minutes)

Sur le tapis de regroupement, revenez sur la notion vue lors de la séance précédente : « Qu'avons-nous appris la dernière fois ? Nous avons associé des objets qui fonctionnent ensemble. » Présentez l'imagier représentant des objets du quotidien, demandez aux élèves s'ils ont déjà vu ce genre de livres et s'ils savent comment cela fonctionne. « C'est un imagier : regardez, on peut y voir plein d'objets que vous pouvez retrouver à la maison ! » Montrez ensuite une image du livre, par exemple un bol, et dites : « Voici un bol. Dans la cuisine, il y a d'autres objets, comme le four. On n'a pas besoin du four pour utiliser un bol, ou d'un bol pour utiliser le four. Je vois aussi une tomate, mais le bol ne va pas avec une tomate. En revanche, je vois du lait, et le lait peut aller avec le bol car on peut boire du lait dans un bol. » Reprenez vos explications avec d'autres images. Annoncez ensuite l'objectif du jour : « Aujourd'hui, nous allons continuer à apprendre à associer des objets selon leur fonction. »

### 2 Je manipule (par groupes de 6 à 8 élèves, 10 minutes)

Reprenez l'imagier, feuilletez-le avec les élèves au gré de leurs envies. Faites-leur choisir à tour de rôle un objet réel au sein de la salle de classe, puis demandez-leur de chercher l'objet à associer. Assurez-vous que chacun puisse s'exprimer et choisir son objet librement. Veillez également à ce que les critères d'appariement soient énoncés par les élèves à voix haute. S'ils ont du mal à trouver des critères, orientez-les grâce à des questions. Énoncez une phrase de conclusion avec chaque élève, par exemple : « L'arrosoir va avec la plante car il est utilisé pour lui donner de l'eau. »

### 3 Je représente (par groupes de 6 à 8 élèves, 10 minutes)

Demandez aux élèves d'ouvrir leur fichier à la page 17. Invitez-les à décrire ce qu'ils voient et faites le lien avec l'activité qu'ils viennent de réaliser. Énoncez la consigne et assurez-vous de sa bonne compréhension : « Pour chaque ligne, il y a un objet dans la case à gauche de votre fichier. Une série d'objets est ensuite proposée. Entourez l'objet qui va avec l'objet de départ, comme vous venez de faire avec l'imagier. » Demandez aux élèves de pointer du doigt chaque première case de chaque ligne avant qu'ils ne répondent, pour s'assurer qu'ils ont bien repéré la structure de l'exercice. Demandez-leur ensuite de pointer du doigt l'objet qu'ils souhaitent entourer, puis d'entourer avec leur index cet objet avant de répondre en entourant au crayon.

## DIFFÉRENCIATION

**Soutien :** Repassez par une phase d'observation des objets de l'imagier avec les élèves en difficulté. Demandez-leur de vous expliquer à quoi servent les objets, puis lesquels se complètent en les guidant par des questions de plus en plus ouvertes pour qu'ils réfléchissent par eux-mêmes.
**Approfondissement :** Proposez aux élèves avancés de jouer à une chasse aux trésors dans la classe : ils doivent ramener à leur bureau le plus de paires d'objets fonctionnant ensemble.

# Séance 13 - Trouver l'intrus (2)

### Notions abordées

**Prérequis :** savoir ce qu'est un intrus.
**Objectifs didactiques :** identifier le critère qui caractérise une série et en déduire l'intrus.
**Graphisme :** tracer des traits horizontaux et verticaux.

### Matériel pédagogique

**Matériel :** 1 collection d'objets avec des intrus (3 stylos et 1 gomme, 3 récipients et 1 cuillère, etc.) par groupe d'élèves.
**Annexes :** 1 jeu de cartes-images (annexe 1-6) par groupe d'élèves. 1 jeu des formes (annexe 1-7) par élève.
**Fichier :** page 18.

## DÉMARCHE PÉDAGOGIQUE

### 1 Je découvre (en classe entière, 10 minutes)

Sur le tapis de regroupement, revenez sur la notion vue lors de la séance précédente : « Qu'avons-nous appris la dernière fois ? Nous avons appris à associer des objets en fonction de leur utilisation. » Faites venir quatre élèves au tableau : ces enfants doivent avoir, pour trois d'entre eux, quelque chose en commun que le quatrième n'a pas (par exemple, trois filles et un garçon). Dites par exemple : « Les filles doivent s'asseoir. », puis demandez : « Pourquoi Enzo n'est-il pas assis ? Il est resté debout parce que ce n'est pas une fille, c'est un garçon. » Répétez l'exercice avec d'autres enfants et d'autres critères. Annoncez enfin l'objectif du jour : « Aujourd'hui, nous allons continuer à apprendre à repérer un intrus dans une série. »

### 2 Je manipule (par groupes de 6 à 8 élèves, 10 minutes)

Demandez aux élèves de réexpliquer ce qui vient d'être fait, puis placez devant eux les cartes-images (annexe 1-6). Placez sur la table un jeu de quatre images, que vous aurez présélectionnées afin que s'y trouve un intrus, et demandez aux élèves de le trouver. Une fois que les élèves ont chacun décidé de la carte qui leur semble être la bonne réponse, demandez-leur d'argumenter leur choix en donnant le critère choisi pour cette série. Répétez l'exercice avec trois jeux de cartes différents, plus si vos élèves ont des difficultés à identifier l'intrus.

### 3 Je représente (par groupes de 6 à 8 élèves, 10 minutes)

Demandez aux élèves d'ouvrir leur fichier à la page 18. Invitez-les à décrire ce qu'ils voient et faites le lien avec l'activité qu'ils viennent de réaliser. Énoncez la consigne puis assurez-vous de sa bonne compréhension : « Vous devez entourer sur chaque ligne le dessin-intrus, celui qui ne va pas avec les autres. » Demandez-leur tout d'abord de pointer du doigt l'intrus, puis de le barrer d'abord avec l'index puis au crayon. Il est possible que certains de vos jeunes élèves aient des difficultés à barrer, vous pouvez alors tracer quatre points de deux couleurs différentes et leur demander de relier les points de couleur identique.

## DIFFÉRENCIATION

**Soutien :** Présentez une collection d'objets aux élèves en difficulté et laissez-les les manipuler librement, puis demandez-leur de trouver l'intrus.
**Approfondissement :** Proposez aux élèves avancés de jouer avec le jeu des formes (annexe 1-7). Ils doivent retrouver les intrus parmi les formes présentées.

# Séance 14 - Trouver l'intrus (3)

**Notions abordées**

**Prérequis :** identifier un critère caractérisant une série et en déduire l'intrus.
**Objectifs didactiques :** affiner les critères permettant de classer des objets et en déduire un intrus.
**Graphisme :** tracer des traits verticaux et horizontaux.

**Matériel pédagogique**

**Matériel :** 1 ensemble d'objets à manipuler (3 objets liés et 1 intrus : par exemple, 1 fourchette, 1 cuillère, 1 gobelet et 1 petite voiture) par groupe d'élèves.
**Annexe :** 1 jeu de cartes-images (annexe 1-8) par élève.
**Fichier :** page 19.

## DÉMARCHE PÉDAGOGIQUE

### 1 Je découvre (en classe entière, 10 minutes)

Sur le tapis de regroupement, revenez sur la notion vue lors de la séance précédente : « Qu'avons-nous fait la dernière fois ? Nous avons reconnu l'intrus d'une série. » Présentez ensuite aux élèves un jeu de cartes-images (annexe 1-8). Montrez tout d'abord les quatre premières images : trois avec un point commun (deux voitures et un camion) et un intrus (un poisson). Demandez aux élèves de décrire ce qu'ils voient puis annoncez : « Nous cherchons des objets qui roulent. Quel objet est l'intrus ? » Vérifiez que les enfants ont bien acquis la notion d'intrus en leur demandant d'expliciter leurs réponses. Résumez : « Un intrus dans une série, c'est quelque chose qui est différent du reste, qui ne partage pas les mêmes critères. » Concluez en indiquant l'intrus de la série et les raisons pour lesquelles il s'agit de l'intrus. Annoncez l'objectif du jour : « Aujourd'hui, nous allons continuer à apprendre à repérer un intrus dans une série. »

### 2 Je manipule (par groupes de 6 à 8 élèves, 10 minutes)

Distribuez à chaque élève un ensemble de quatre cartes-images issues de l'annexe 1-8 : trois avec un point commun et un intrus. Expliquez : « Parmi l'ensemble de ces dessins, trouvez l'intrus et expliquez-moi pourquoi c'est un intrus. » Si vous voyez que certains élèves sont en difficulté, aidez-les en leur donnant le critère de sélection qui est nécessaire.

### 3 Je représente (par groupes de 6 à 8 élèves, 10 minutes)

Demandez aux élèves d'ouvrir leur fichier à la page 19. Invitez-les à décrire ce qu'ils voient et faites le lien avec l'activité qu'ils viennent de réaliser : « Nous allons continuer à repérer des intrus sur des lignes d'images. » Énoncez la consigne et assurez-vous de sa bonne compréhension. Demandez aux élèves vous montrer du doigt l'intrus qu'ils ont repéré sur leur ligne et de vous expliquer pourquoi ils l'ont choisi. Lorsque les élèves ont trouvé l'objet-intrus, demandez-leur de le barrer d'abord avec l'index puis au crayon.

## DIFFÉRENCIATION

**Soutien :** Proposez aux élèves en difficulté de manipuler de vrais objets à analyser : par exemple, une fourchette, une cuillère, un gobelet et une petite voiture. Proposez-leur ensuite un jeu d'images (annexe 1-8) avec un intrus très évident, avant de revenir à l'exercice du fichier.
**Approfondissement :** Proposez aux élèves avancés de jouer à une chasse aux trésors. Donnez-leur un mot-clé (par exemple : « cuisine », « doux », « bleu »…) et demandez-leur de vous ramener le plus d'objets en lien avec le thème donné. Vous pouvez donner des thèmes de plus en plus difficiles en fonction de la rapidité des élèves.

# Séance 15 - Classer des éléments selon leur utilité

**Notions abordées**

**Prérequis :** identifier un critère caractérisant une série.
**Objectifs didactiques :** déterminer un critère de tri en fonction de l'usage courant de l'objet.
**Graphisme :** tracer des traits horizontaux et verticaux.

**Matériel pédagogique**

**Matériel :** 1 trousse, 1 sac à main et 1 panier contenant une dizaine d'objets pouvant être trouvés dans ces contenants (1 gomme, 1 règle, 1 portefeuille, 1 trousseau de clés, 1 téléphone portable...) par groupe d'élèves. 1 photocopie de la page 20 et 1 fil de laine par élève.
**Annexes :** 1 jeu de cartes-images (annexe 1-9) par groupe d'élèves. 1 dessin d'une valise (annexe 1-10) par élève.
**Fichier :** page 20.

## DÉMARCHE PÉDAGOGIQUE

### 1 Je découvre (en classe entière, 10 minutes)

Sur le tapis de regroupement, revenez sur la notion vue lors de la séance précédente : « Qu'avons-nous fait la dernière fois ? Nous avons trouvé l'intrus d'une série de plusieurs objets. » Montrez aux enfants une trousse et un sac à main. Présentez ensuite un panier d'objets contenant une dizaine d'objets pouvant aller soit dans la trousse, soit dans le sac à main. Dites : « Voici un trousseau de clés. Je le mets dans le sac à main car c'est là que l'on peut ranger les clés. » Demandez ensuite à un élève de venir piocher un autre objet puis dites : « Où peux-tu ranger cet objet ? » Ce n'est qu'une fois sa réponse validée qu'il peut mettre l'objet dans le bon contenant. Recommencez cet exercice avec un autre objet. Annoncez l'objectif du jour : « Aujourd'hui, nous allons apprendre à classer des objets en deux catégories en fonction de leur usage. »

### 2 Je manipule (par groupes de 6 à 8 élèves, 10 minutes)

Reprenez le panier d'objets et demandez à chaque élève de venir piocher un objet et de le mettre dans le bon contenant. Disposez ensuite devant eux un ensemble d'images issues de l'annexe 1-9, puis dites : « Prenez les images et classez-les selon le lieu où ces objets peuvent être trouvés. » Assurez-vous que les élèves justifient leurs choix.

### 3 Je représente (par groupes de 6 à 8 élèves, 10 minutes)

Demandez aux élèves d'ouvrir leur fichier à la page 20. Explicitez la consigne : « Reliez chaque objet à l'endroit où il convient de le ranger. » Rappelez ce que signifie « relier » et assurez-vous que le coffre à jouets et le sac à dos soient bien différenciés dans l'esprit des élèves. Faites-leur d'abord relier chaque réponse avec leur index, puis au crayon.

## DIFFÉRENCIATION

**Soutien :** Si le tri est difficile à réaliser pour certains élèves, donnez-leur une photocopie des dessins de la page 20 découpés et demandez-leur de déplacer les images sous le contenant leur correspondant. Si les difficultés résident dans le fait de relier, vous pouvez leur donner un fil de laine afin qu'ils relient les dessins puis qu'ils suivent le fil avec leur crayon.
**Approfondissement :** Donnez aux élèves avancés le dessin de la valise (annexe 1-10) et demandez-leur d'y dessiner des objets que l'on peut mettre à l'intérieur d'une valise quand on part en voyage.

# Séance 16 - Classer des animaux selon leur mode de vie

**Notions abordées**

**Prérequis :** classer des éléments en fonction de leur utilité.
**Objectifs didactiques :** trier des animaux en fonction d'un critère courant (animaux sauvages, animaux domestiques).
**Graphisme :** tracer des traits obliques.

**Matériel pédagogique**

**Matériel :** 10 figurines d'animaux différents, 1 album documentaire, 10 photos (de paysages et d'enfants du monde entier) et 1 planisphère par groupe d'élèves.
**Annexe :** 1 jeu d'images d'animaux domestiques et sauvages, d'image d'un zoo et d'image d'une maison (annexe 1-11) par groupe d'élèves.
**Fichier :** page 21.

## DÉMARCHE PÉDAGOGIQUE

### 1 Je découvre (en classe entière, 10 minutes)

Sur le tapis de regroupement, revenez sur la notion vue lors de la séance précédente : « Qu'avons-nous appris la dernière fois ? Nous avons appris à trier des objets en fonction de leur utilité. » Interrogez les élèves : « Qui a des animaux à la maison ? » Après avoir laissé un temps aux enfants pour s'exprimer sur le sujet, montrez-leur les images d'animaux (annexe 1-11). Prenez la carte représentant un lion, puis demandez : « Est-ce un animal domestique ? » Laissez les enfants répondre avant d'ajouter : « C'est un animal sauvage car il vit en pleine nature, dans la savane. On peut aussi le voir dans un zoo. » Accrochez au tableau l'image du zoo (annexe 1-11) et placez à côté l'image du lion. Montrez ensuite l'image d'un chien et demandez à nouveau aux enfants s'il s'agit d'un animal domestique. Laissez les élèves répondre puis accrochez la photo du chien à côté de l'image de la maison (annexe 1-11). Concluez en expliquant que les animaux sauvages peuvent être trouvés dans les zoos et que les animaux domestiques peuvent vivre avec les humains, dans leur maison. Annoncez alors l'objectif du jour : « Aujourd'hui, nous allons continuer à classer des éléments, mais cette fois il s'agira d'animaux. Le critère de tri sera le lieu où on peut les trouver. »

### 2 Je manipule (par groupes de 6 à 8 élèves, 10 minutes)

Déposez devant les élèves les images du zoo et de la maison (annexe 1-11). Demandez-leur de rappeler ce qui vient d'être fait lors du temps collectif. Déposez devant eux les images d'animaux et demandez-leur de les placer à l'endroit où ils peuvent vivre. En fonction de vos élèves, vous pouvez passer par une étape intermédiaire, avec des figurines d'animaux, avant de proposer les images. Interrogez-les au fur et à mesure de leurs réponses : « Peut-on avoir des éléphants comme animaux de compagnie ? Trouve-t-on des poissons rouges dans les zoos ? »

### 3 Je représente (par groupes de 6 à 8 élèves, 10 minutes)

Demandez aux élèves d'ouvrir leur fichier à la page 21. Énoncez la consigne et assurez-vous de sa bonne compréhension. Demandez aux élèves d'abord de relier l'animal au lieu avec l'index puis, après validation de la réponse, de tracer un trait au crayon.

## DIFFÉRENCIATION

**Soutien :** Assurez-vous que les élèves en difficulté connaissent les animaux dont il est question dans le fichier. Si ce n'est pas le cas, montrez-leur des albums documentaires ou de courtes vidéos pour présenter chaque animal avant de réaliser l'exercice du fichier.
**Approfondissement :** Présentez aux élèves avancés un planisphère d'une part, et des figurines d'animaux, des photos de paysages, d'enfants du monde, etc. d'autre part. Les élèves doivent poser les différents éléments à l'endroit du planisphère où ils peuvent être vus.

# Séance 17 - Classer des végétaux

## Notions abordées

**Prérequis :** trier des éléments en fonction d'un critère donné.
**Objectifs didactiques :** différencier les fruits des fleurs.
**Graphisme :** tracer des traits obliques.

## Matériel pédagogique

**Matériel :** 1 vase, 1 corbeille de fruits, 10 fleurs et fruits (réels, jouets ou images) pour la classe. 1 fil de laine par élève.
**Annexe :** 1 jeu d'images de fruits, de fleurs, d'un vase et d'une coupelle (annexe 1-12).
**Fichier :** page 22.

## DÉMARCHE PÉDAGOGIQUE

### 1 Je découvre (en classe entière, 10 minutes)

Sur le tapis de regroupement, revenez sur la notion vue lors de la séance précédente : « Qu'avons-nous fait la dernière fois ? Nous avons trié les animaux en fonction de leur lieu de vie. » Montrez aux enfants les deux contenants : le vase et la corbeille de fruits. Demandez : « Comment s'appellent ces objets ? À quoi servent-ils ? » Après avoir donné un temps aux élèves pour s'exprimer, expliquez qu'il s'agit d'un vase dans lequel on met des fleurs et d'une corbeille à fruits dans laquelle on dispose des fruits. Montrez ensuite aux élèves les fruits et les fleurs (réels, jouets ou images). Demandez-leur de les nommer. Prenez un fruit et dites : « C'est un fruit, je le mets donc dans la corbeille à fruits. » Faites de même avec une fleur et dites : « C'est une fleur, je la mets donc dans le vase. » Annoncez l'objectif du jour : « Aujourd'hui, nous allons continuer à classer des éléments en différenciant les fleurs des fruits. »

### 2 Je manipule (par groupes de 6 à 8 élèves, 10 minutes)

Demandez aux enfants d'expliquer ce qui vient d'être réalisé. Posez ensuite devant eux les images de vase et de corbeille de fruits (annexe 1-12). Demandez : « Qu'est-ce que c'est ? Ce sont les dessins d'un vase et d'une corbeille à fruits. » Disposez ensuite devant eux les images de fruits et de fleurs de l'annexe 1-12 puis dites : « Voici des images de fruits et des images de fleurs. Chacun votre tour, vous allez prendre une image et la placer sous l'image du récipient dans lequel elle devrait se trouver. » Montrez l'exemple avec une image au choix puis laissez les élèves poursuivre l'activité. À chaque fois, demandez aux enfants de justifier leur choix : « Que fais-tu, et pourquoi ? »

### 3 Je représente (par groupes de 6 à 8 élèves, 10 minutes)

Demandez aux élèves d'ouvrir leur fichier à la page 22. Invitez-les à décrire ce qu'ils voient et faites le lien avec l'activité qu'ils viennent de réaliser. Explicitez la consigne : « Reliez chaque fleur et chaque fruit au récipient qui lui convient. » Invitez les élèves à d'abord relier les éléments avec leur index puis au crayon.

## DIFFÉRENCIATION

**Soutien :** Si des élèves rencontrent des difficultés pour relier, vous pouvez leur donner un fil de laine pour relier leurs dessins, puis suivre ce fil avec leur crayon.
**Approfondissement :** Proposez aux élèves avancés d'imaginer de nouvelles situations pour lesquelles ils doivent trier des objets en deux catégories.

# Séance 18 - Classer des éléments selon leur couleur

**Notions abordées**

**Prérequis :** trier des éléments en fonction d'un critère donné.
**Objectifs didactiques :** trier des objets en fonction de leur couleur.
**Graphisme :** tracer des traits obliques.

**Matériel pédagogique**

**Matériel :** 1 panier de 10 jouets soit rouges soit bleus, 1 boîte rouge, 1 boîte bleue et 20 jetons de 4 couleurs différentes par groupe d'élèves.
**Annexe :** 1 jeu d'images d'objets rouges et bleus, 1 boîte rouge et 1 boîte bleue (annexe 1-13) par groupe d'élèves.
**Fichier :** page 23.

## DÉMARCHE PÉDAGOGIQUE

### 1 Je découvre (en classe entière, 10 minutes)

Sur le tapis de regroupement, revenez sur la notion vue lors de la séance précédente : « Qu'avons-nous appris la dernière fois ? Nous avons appris à trier des fruits et des fleurs. » Montrez les boîtes rouge et bleue, puis demandez : « De quelle couleur sont ces boîtes ? Il y en a une rouge et une bleue. » Présentez ensuite le panier de jouets rouges et bleus. Invitez un élève à venir prendre un jouet et demandez-lui : « De quelle couleur est ce jouet ? » Expliquez alors que ce jouet doit être rangé dans la boîte qui est de la même couleur : « Quelle boîte est de la même couleur que ce jouet ? » Après validation, demandez à l'élève d'aller ranger le jouet dans la boîte correspondante. Réitérez cet exercice à plusieurs reprises. Annoncez l'objectif du jour : « Aujourd'hui, nous allons apprendre à trier des objets selon leur couleur. »

### 2 Je manipule (par groupes de 6 à 8 élèves, 10 minutes)

Reprenez l'exercice précédent afin que chaque élève puisse manipuler le matériel seul : faites venir chaque enfant afin qu'il choisisse un objet, puis qu'il le place dans la boîte qui convient. Présentez ensuite aux enfants les images d'objets rouges et d'objets bleus ainsi que les images des boîtes rouge et bleue (annexe 1-13). Dites : « Prenez une image et placez-la sur la bonne boîte. » Faites-leur d'abord classer les images par couleur sur leur bureau, puis invitez-les à les placer sur la boîte qui convient. Assurez-vous que chaque élève soit en mesure de justifier son choix.

### 3 Je représente (par groupes de 6 à 8 élèves, 10 minutes)

Demandez aux élèves d'ouvrir leur fichier à la page 23. Invitez-les à décrire ce qu'ils voient et faites le lien avec l'activité qu'ils viennent de réaliser. Explicitez la consigne : « Reliez chaque objet à la boîte dans laquelle il doit être rangé. Qui peut redire au groupe comment savoir où se range un objet ? L'objet doit être de la même couleur que la boîte où il est rangé. » Demandez aux élèves, tout d'abord, de relier le jouet à la bonne boîte avec l'index puis, après validation de la réponse, de tracer un trait au crayon.

## DIFFÉRENCIATION

**Soutien :** Si des élèves rencontrent des difficultés au niveau du tracé, demandez aux élèves d'entourer au préalable au crayon rouge tous les objets qui vont dans la boîte rouge, et au crayon bleu tous les objets qui vont dans la boîte bleue.
**Approfondissement :** Donnez aux élèves avancés des jetons de quatre couleurs différentes. Demandez-leur de trier ces jetons et de déterminer seuls leur critère de tri.

# Séance 19 - Révision 1
# Trouver l'intrus

**Notions abordées**

**Prérequis :** observer une série d'objets et en identifier les similitudes pour reconnaître l'intrus.
**Objectifs didactiques :** réinvestir les connaissances et les compétences acquises durant l'unité 1.
**Graphisme :** colorier en respectant un code donné (2 couleurs).

**Matériel pédagogique**

**Matériel :** 1 jeu Dobble Kids© pour la classe. 3 séries de 4 objets dont 2 pouvant être appariés, 4 ensembles de 3 objets identiques et 1 intrus par groupe d'élèves.
**Annexe :** 1 jeu des formes (annexe 1-7) par élève.
**Fichier :** page 24.

## DÉMARCHE PÉDAGOGIQUE

### 1 Je me remémore (en classe entière, 10 minutes)

Sur le tapis de regroupement, annoncez : « Vous savez maintenant reconnaître les éléments identiques, identifier des intrus et trouver un critère pour classer des éléments. Qui peut rappeler à la classe ce qu'est un intrus dans une série ? C'est l'élément différent des autres. Aujourd'hui, nous allons continuer à jouer avec les intrus. » Faites venir au tableau plusieurs élèves ayant un point commun (port de lunettes, d'un vêtement de couleur bleue, cheveux blonds...) et un autre élève ne partageant pas ce critère. Faites identifier l'intrus par le reste de la classe en faisant justifier les réponses. Reprenez l'activité une ou deux fois si le temps vous le permet.

### 2 Je m'entraîne (par groupes de 6 à 8 élèves, 15 minutes)

Pour cette partie, vous avez le choix. Vous pouvez proposer aux élèves avancés :
- **de reprendre l'une des activités des parties « Différenciation » des séances de l'unité 1.** Proposez aux élèves avancés de jouer avec le jeu des formes (annexe 1-7). Ils doivent retrouver les intrus parmi les formes présentées.
- **de jouer à un des jeux suggérés dans la partie « Activités complémentaires ».** Le jeu Dobble Kids© est tout particulièrement conseillé : sur les cartes de ce jeu se trouvent de multiples symboles. Chacune des cartes a un symbole en commun. Ce jeu peut être décliné de multiples autres façons : il faut se débarrasser de toutes ses cartes ou au contraire en récupérer le plus possible, les distribuer ou en voler aux autres joueurs...

Vous pouvez utiliser ce temps comme remédiation sur des points précis avec les élèves en difficulté.
- **Si les difficultés proviennent de la reconnaissance de similitudes,** proposez des séries d'objets totalement différents dont seulement deux peuvent être appariés nettement.
- **Si les difficultés proviennent de la faible capacité à reconnaître un intrus**, retravaillez sur cet aspect en proposant aux enfants un ensemble d'objets dont un diffère par sa couleur, son motif ou son utilité. Les enfants doivent alors retrouver l'intrus.

### 3 Je révise (par groupes de 6 à 8 élèves, 5 minutes)

Demandez aux élèves d'ouvrir leur fichier à la page 24. Invitez-les à décrire ce qu'ils voient et faites le lien avec ce qu'ils ont appris durant l'unité 1. Énoncez ensuite la consigne et assurez-vous de sa bonne compréhension. Les enfants montrent tout d'abord la première ligne, celle des poissons, puis vous pointent du doigt l'image qu'ils pensent être l'intruse. Après leur justification et votre validation, ils l'entourent tout d'abord avec leur index puis au crayon. Passez ensuite à la ligne suivante et procédez de même pour l'ensemble de l'exercice.

# Séance 20 - Révision 2 - Classer des éléments en deux catégories

**Notions abordées**

**Prérequis :** trier des éléments en fonction d'un critère donné.
**Objectifs didactiques :** réinvestir les connaissances et les compétences acquises durant l'unité 1.
**Graphisme :** colorier en respectant un code donné (2 couleurs).

**Matériel pédagogique**

**Matériel :** 1 photo de chaque élève de la classe, 1 ensemble de vêtements (2 paires de chaussettes, 2 paires de gants, 2 manteaux et 2 pantalons), 1 jeu Catch it!© et 1 panier contenant 20 jetons de 4 couleurs différentes pour la classe. 1 ensemble d'objets (1 feutre, 1 paire de ciseaux, 1 tube de colle, 1 cuillère, 1 verre, 1 assiette) par groupe d'élèves.
**Fichier :** page 25.

## DÉMARCHE PÉDAGOGIQUE

### 1 Je me remémore (en classe entière, 10 minutes)

Sur le tapis de regroupement, annoncez : « Vous savez maintenant trier des objets en fonction de critères donnés. Qui peut rappeler à la classe ce que signifie "trier" ? Cela veut dire que l'on fait des catégories d'éléments unis par une caractéristique commune. Cela peut être par exemple une couleur, une utilité… Aujourd'hui, nous allons continuer à classer des éléments. » Montrez aux enfants un ensemble de vêtements (deux paires de chaussettes, deux paires de gants, deux manteaux et deux pantalons) puis dites : « Comment peut-on trier ces vêtements ? » Après avoir permis à chacun de s'exprimer, concluez : « Il faut effectivement mettre les vêtements de la même catégorie ensemble, c'est-à-dire les pantalons avec les pantalons, les gants avec les gants, les chaussettes avec les chaussettes et les manteaux avec les manteaux. » Expliquez également aux enfants que l'on aurait pu faire d'autres tris : vêtements de garçon et vêtements de fille, ou bien un tri par taille, par couleur…

### 2 Je m'entraîne (par groupes de 6 à 8 élèves, 15 minutes)

Pour cette partie, vous avez le choix. Vous pouvez proposer aux élèves avancés :

- **de reprendre l'une des activités des parties « Différenciation » des séances de l'unité 1.** Présentez-leur par exemple un panier contenant des jetons de quatre couleurs différentes et demandez-leur de trier ces jetons et de déterminer seuls leur critère de tri.
- **de jouer à un des jeux suggérés dans la partie « Activités complémentaires ».** Le jeu Catch it!© est tout particulièrement conseillé. Chacun leur tour, les joueurs lancent les trois dés qui vont leur indiquer une combinaison : une couleur, un motif et un animal. Ils doivent trouver le plus rapidement possible la carte correspondant à cette combinaison. Le gagnant est celui qui, lorsque toutes les cartes ont été prises, a le plus de cartes en main.

Vous pouvez utiliser ce temps comme remédiation sur des points précis avec les élèves en difficulté.

- **Si les difficultés proviennent de la capacité à effectuer un tri**, donnez aux enfants les photos des élèves de la classe puis demandez-leur de mettre les garçons d'un côté et les filles de l'autre.
- **Si les difficultés proviennent de la capacité à trouver le critère de tri**, présentez aux élèves un ensemble d'objets (un feutre, une paire de ciseaux, un tube de colle, une cuillère, un verre, une assiette). Demandez aux enfants de séparer ces objets en deux catégories. Laissez-leur un temps de recherche ; si vous voyez qu'ils ne trouvent pas, posez un crayon d'un côté en disant : « Où peut-on trouver un crayon ? On peut le trouver dans une salle de classe. Où peut-on trouver une fourchette ? On peut la trouver dans une cuisine. » Laissez enfin les enfants réaliser le tri.

### 3 Je révise (par groupes de 6 à 8 élèves, 5 minutes)

Demandez aux élèves d'ouvrir leur fichier à la page 25. Invitez-les à décrire ce qu'ils voient et faites le lien avec ce qu'ils ont appris durant l'unité 1. Énoncez ensuite la consigne et assurez-vous de sa bonne compréhension. Demandez aux enfants de choisir un dessin puis de le relier à sa catégorie d'abord avec son index puis, après sa justification et votre validation, au crayon.

# ACTIVITÉS COMPLÉMENTAIRES
## Unité 1

| Nom | Compétences travaillées | Matériel | But du jeu | Règle du jeu |
|---|---|---|---|---|
| Dobble Kids©, Asmodee | • Discrimination visuelle<br>• Concentration | • 30 cartes. | Repérer le plus rapidement possible le dessin commun entre deux cartes. | De 2 à 8 joueurs (15 min environ)<br>Sur les cartes de ce jeu se trouvent de multiples symboles. Chacune des cartes a un symbole en commun. Une carte est distribuée à chaque joueur, qu'il conserve face cachée, et on place la pioche au centre du groupe. Au top départ, les joueurs retournent leur carte et doivent trouver le symbole identique entre leur carte et celle posée sur la pioche. Dès qu'un joueur trouve un symbole identique, il le nomme, s'empare de la carte concernée et la pose devant lui sur sa carte, et ainsi de suite jusqu'à la fin de la pioche. La partie continue jusqu'à ce que toutes les cartes de la pioche aient été récupérées. Le gagnant est le joueur qui a récupéré le plus de cartes.<br>Ce jeu peut être décliné de multiples autres façons : il faut se débarrasser de toutes ses cartes, ou au contraire les distribuer à ses voisins… |
| Le Lynx©, Educa | • Discrimination visuelle<br>• Concentration | • 1 pot à monter,<br>• 1 plateau de 9 pièces,<br>• 401 cartes illustrées,<br>• 18 jetons de 6 couleurs. | Être le premier à avoir trouvé les objets de ses cartes. | De 2 à 6 joueurs (20 min environ)<br>Chaque joueur reçoit trois cartes et trois jetons d'une même couleur. Il doit alors trouver l'objet de sa carte sur le plateau de jeu : lorsqu'il a trouvé un objet sur le plateau, il pose un jeton de sa couleur dessus. Lorsqu'un joueur a posé tous ses jetons et trouvé toutes les images de ses cartes, il crie : « Gagné ! »<br>Ce jeu peut aussi se jouer avec un maître du jeu : il doit prendre une carte placée dans le pot en carton, et tous les joueurs doivent alors chercher cette image sur le plateau. |
| Catch it!©, Goula | • Discrimination visuelle<br>• Concentration | • 3 dés (1 dé animaux, 1 dé couleurs et 1 dé motifs),<br>• 27 cartes. | Trouver l'animal correspondant à la combinaison proposée par les dés. | De 2 à 4 joueurs (10 min environ)<br>Les cartes sont disposées sur la table du jeu. Chacun leur tour, les joueurs lancent les trois dés qui vont leur indiquer une combinaison : une couleur, un motif et un animal. Ils doivent alors trouver le plus rapidement possible la carte correspondant à cette combinaison. Le gagnant est celui qui, lorsque toutes les cartes ont été prises, a le plus de cartes. |

# Unité 2 : Les nombres de 1 à 6 (32 séances)

## Objectifs d'apprentissage

- Dénombrer des quantités jusqu'à 6.
- Écrire les nombres de 1 à 6.
- Associer écriture chiffrée et quantité de 1 à 6.
- Savoir surcompter.

## Liens avec les programmes officiels de l'Éducation nationale

- Lire les nombres écrits en chiffres jusqu'à 10.
- Mémoriser la suite des nombres jusqu'à 30.
- Mobiliser des symboles analogiques, verbaux ou écrits, conventionnels ou non conventionnels pour communiquer des informations orales et écrites sur une quantité.
- Utiliser le dénombrement pour comparer deux quantités, pour constituer une collection d'une taille donnée ou pour réaliser une collection de quantité égale à la collection proposée.
- Réaliser une collection dont le cardinal est donné.
- Comprendre que le cardinal ne change pas si on modifie la disposition spatiale ou la nature des éléments.

## Déroulé de l'unité

L'objectif de cette unité est d'enseigner aux élèves les nombres de 1 à 6, c'est-à-dire leur signification, leur usage et leur écriture chiffrée. Pour ce faire, les enfants vont d'abord avoir une vision d'ensemble de tous les nombres de 1 à 6 grâce à l'apprentissage de la comptine numérique aux séances 21 et 22. Dans les séances 23 à 28, ils vont s'entraîner à réaliser des collections de 1 à 3, puis à 1 à 4, puis 1 à 5 objets en les associant à leur représentation chiffrée. Aux séances 29 à 31, ils vont construire eux-mêmes des collections de 3 à 6 objets, pour enfin les ranger dans des tableaux aux séances 32 et 33. Les séances 34 et 35 vont permettre aux élèves de découvrir le principe de conservation des quantités. Ce principe, décrit par Jean Piaget, est une faculté logique qui permet de percevoir qu'une quantité d'objets ne change pas si on en change la disposition : si j'ai 5 jetons et que j'en fais une pile, il y en aura toujours 5. La séance 36 permet aux élèves de constater le progrès accompli : ils ont, derrière chaque chiffre de la comptine numérique, mis sa signification, c'est-à-dire la quantité qu'il représente. Les élèves vont ensuite apprendre à tracer les chiffres de 1 à 6 aux séances 37 à 49 en les associant à chaque fois avec la quantité correspondante. Enfin, les séances 50 à 52 permettent de réviser le sens des nombres 1 à 6 en permettant aux élèves de ranger et de lire les quantités correspondantes dans des tableaux.

## Progression du graphisme

- **Tracer des traits obliques :** Il s'agit ici de figures plus complexes : on demandera tout d'abord aux enfants de repasser sur des pointillés, puis de tracer des traits obliques seuls avec un modèle à portée de vue.
- **Tracer des vagues :** Maîtriser le tracé de vagues est important, car cela signifie que l'enfant peut saisir la différence entre du tracé de chevrons (plus pointus) et du tracé de lignes courbes.
- **Tracer des ronds :** Le rond est un graphisme très utilisé dans l'écriture chiffrée. Le sens du tracé est délicat à maîtriser : veillez à ce que les enfants partent bien du haut pour descendre vers le bas, dans le sens inverse des aiguilles d'une montre.
- **Tracer des ponts :** Le tracé de ponts pose peu problème dans l'écriture chiffrée, plus dans l'écriture cursive.
- **Tracer les chiffres de 1 à 6 :** Le tracé des différents chiffres est repris dans l'ordre d'apprentissage, afin que les élèves connaissent le sens des signes qu'ils tracent. Appuyez-vous sur les histoires données dans cette unité 2 pour que les enfants intègrent le sens des tracés. Des conseils spécifiques à chaque chiffre vous sont donnés dans l'introduction de l'unité 3 (page 63) pour les chiffres 1 et 2, de l'unité 5 (page 95) pour les chiffres 3 et 4 et de l'unité 7 (page 125) pour les chiffres 5 et 6.
- **Colorier pour compléter des motifs de couleur :** Aux séances de révisions, l'exercice de graphisme consiste à compléter des motifs de deux couleurs alternées : il faut repérer les deux choix de couleurs utilisées et continuer le coloriage de façon à poursuivre la suite logique.

# Séance 21 - Découvrir les nombres de 1 à 6

**Notions abordées**

**Prérequis :** reconnaître les chiffres jusqu'à 3, savoir compter jusqu'à 6.
**Objectifs didactiques :** reconnaître les chiffres 4, 5 et 6.
**Graphisme :** tracer des traits obliques.

**Matériel pédagogique**

**Matériel :** 1 photo d'un ornithorynque et 1 couronne des rois pour la classe.
**Annexe :** 1 jeu de cartes-chiffres (annexe 2-1) par élève.
**Fichier :** page 26.

## DÉMARCHE PÉDAGOGIQUE

### 1 Je découvre (en classe entière, 15 minutes)

Sur le tapis de regroupement, dites : « Maintenant, vous savez faire des tris, classer des objets et trouver un intrus dans une série. Nous allons commencer un nouveau chapitre : nous allons apprendre à reconnaître les chiffres jusqu'à 6. » Demandez à quelques volontaires de compter jusqu'à 6 à voix haute, puis demandez à toute la classe de compter d'une seule voix. Introduisez maintenant la comptine de la page 26 du fichier pour mémoriser la suite numérique 1 à 6 : commencez par la réciter une première fois, puis questionnez les élèves afin de vous assurer de la bonne compréhension de la comptine. À chaque chiffre que vous énoncez, montrez la quantité donnée sur vos doigts. Prévoyez une photo d'un ornithorynque car peu d'enfants connaissent cet animal. Récitez une deuxième fois cette comptine en y ajoutant la gestuelle : « 1, 2, 3, je suis le roi (*mettez une couronne des rois sur votre tête*), 2, 3, 4, je me déplace à quatre pattes (*avancez à quatre pattes*), 3, 4, 5, je vois un ornithorynque (*mettez vos mains en visière comme si vous voyiez quelque chose de lointain*), 4, 5, 6, je mange des saucisses (*faites semblant de manger*) ! » Reprenez cette comptine une nouvelle fois en invitant les élèves à faire les gestes en même temps que vous.

### 2 Je manipule (par groupes de 6 à 8 élèves, 10 minutes)

Vérifiez que les élèves du groupe connaissent la suite numérique jusqu'à 6 en proposant le jeu de la fusée. Annoncez : « La fusée va décoller quand nous arriverons au chiffre 6 ! » Tout le monde s'accroupit et se relève petit à petit à chaque nouveau chiffre énoncé. Quand le chiffre 6 est prononcé, la fusée décolle.
Présentez maintenant les cartes-chiffres (annexe 2-1) aux élèves. Laissez-les les manipuler, les observer. Récitez à nouveau la comptine et brandissez la carte correspondant à chaque chiffre que vous énoncez. Placez les cartes-chiffres à divers endroits de la table, puis demandez aux élèves de vous montrer la carte-chiffre qui correspond au chiffre que vous énoncez. Répétez l'exercice d'abord avec vous seul récitant, puis en cœur avec les élèves. Enfin, donnez à chaque élève un jeu de cartes-chiffres de 1 à 6 et demandez-leur de placer devant eux les cartes-chiffres selon leur ordre d'apparition dans la comptine. Notez bien qu'associer les nombres de 1 à 6 aux écritures chiffrées est l'objectif de cette unité 2 : il est normal que les élèves n'y parviennent pas dès cette première séance. N'insistez pas, donc, en cas d'échec.

### 3 Je représente (par groupes de 6 à 8 élèves, 5 minutes)

Demandez aux élèves d'ouvrir leur fichier à la page 26. Énoncez la consigne et assurez-vous de sa bonne compréhension. Récitez à nouveau la comptine avec les élèves, puis faites-les réciter. Chaque élève doit enfin pointer du doigt les chiffres énoncés sur son fichier à mesure que la comptine est récitée.

## DIFFÉRENCIATION

**Soutien :** Reprenez la comptine en insistant sur l'expression corporelle avec les élèves en difficulté. Placez les cartes-chiffres (annexe 2-1) bien en vue afin qu'ils puissent s'y référer aisément.
**Approfondissement :** Proposez aux élèves à l'aise avec les chiffres de 1 à 6 d'entourer d'une couleur précise chaque chiffre : par exemple, le 1 en bleu, le 2 en jaune, etc.

# Séance 22 - Compter et compter à rebours

**Notions abordées**

**Prérequis :** connaître la suite numérique jusqu'à 6.
**Objectifs didactiques :** être capable de compter dans l'ordre et à rebours jusqu'à 6, à partir d'un nombre donné.
**Graphisme :** tracer des traits obliques.

**Matériel pédagogique**

**Matériel :** 1 petit sac contenant 2 bouchons de 2 couleurs différentes par groupe d'élèves.
**Annexe :** 1 jeu de cartes-chiffres (annexe 2-1) par groupe d'élèves.
**Fichier :** page 27.

## DÉMARCHE PÉDAGOGIQUE

### 1 Je découvre (en classe entière, 10 minutes)

Sur le tapis de regroupement, revenez sur les acquis et interrogez les élèves : « Qu'avons-nous appris la dernière fois ? Nous avons appris une comptine pour compter jusqu'à 6. » Demandez à l'ensemble de la classe de réciter la comptine vue lors de la séance précédente. Affichez ensuite au tableau les cartes-chiffres (annexe 2-1) dans l'ordre. Montrez les chiffres puis comptez ; invitez les élèves à faire de même, d'abord en même temps que vous puis seuls. Renouvelez l'exercice en commençant par le 6 pour aller jusqu'au 1, puis dites : « Aujourd'hui, nous allons apprendre à compter dans l'ordre, mais aussi à rebours, c'est-à-dire à l'envers. » Récitez à nouveau la suite numérique à rebours, d'abord seul, puis en chœur avec les élèves, et enfin les élèves seuls.

### 2 Je manipule (par groupes de 6 à 8 élèves, 10 minutes)

Montrez à nouveau aux élèves les cartes-chiffres (annexe 2-1). Demandez-leur de compter dans l'ordre puis à rebours. Répétez cet exercice plusieurs fois si vous sentez que les élèves ne sont pas encore à l'aise avec l'ordre de la suite numérique. Demandez ensuite à un élève de piocher une carte-chiffre (par exemple, le 4) puis dites : « Je vais compter jusqu'à 6 en commençant non pas par 1, mais par 4. » Effectuez ce que vous venez d'annoncer en pointant du doigt la carte-chiffre lorsque le chiffre est énoncé. Recommencez l'exercice à partir d'un autre chiffre et en invitant les enfants à compter avec vous. Faites ensuite piocher les élèves à tour de rôle une carte-chiffre de 1 à 5 : ils doivent compter à partir de la carte piochée jusqu'à 6. Enfin, réalisez l'exercice à nouveau mais avec des cartes de 6 à 2, et faites compter les élèves à rebours jusqu'à 1.

### 3 Je représente (par groupes de 6 à 8 élèves, 10 minutes)

Demandez aux élèves d'ouvrir leur fichier à la page 27. Invitez-les à décrire ce qu'ils voient et faites le lien avec l'activité qu'ils viennent de réaliser. Énoncez la consigne et assurez-vous de sa bonne compréhension. Pour faciliter la réalisation de cet exercice, vous pouvez prévoir un petit sac contenant deux bouchons de deux couleurs différentes. Vous vous serez mis au préalable d'accord sur un code : par exemple, le bouchon vert signifie « compter dans l'ordre » et le bouchon bleu signifie « compter à rebours ». Chacun leur tour, les enfants doivent piocher un bouchon dans le sac. L'élève ayant pioché un bouchon montre ensuite un chiffre sur une carte-chiffre et doit compter à partir de ce chiffre dans l'ordre ou à rebours selon le bouchon qu'il a pioché. Il peut être intéressant de noter ce qu'a fait l'enfant sur son fichier personnel : en y inscrivant des observations régulières, l'élève et le parent pourront ainsi prendre conscience des progrès et de la valeur des efforts de l'enfant.

## DIFFÉRENCIATION

**Soutien :** Utilisez toutes les situations possibles pour solliciter et faire compter les élèves en difficulté, y compris hors des séances dédiées aux mathématiques : « Combien y a-t-il d'absents aujourd'hui ? Combien d'enfants sont dans l'équipe rouge ? »
**Approfondissement :** Proposez aux élèves à l'aise avec l'exercice de comptage de jouer à la marelle (en vous arrêtant au chiffre 6) : ils doivent compter à voix haute les chiffres sur lesquels ils avancent en sautillant.

# Séance 23 - Compter jusqu'à 3

**Notions abordées**

**Prérequis :** connaître la suite numérique jusqu'à 6.
**Objectifs didactiques :** dénombrer des éléments jusqu'à 3.
**Graphisme :** tracer des vagues.

**Matériel pédagogique**

**Matériel :** 3 gommettes rouges, 3 objets à dénombrer (bouchons, jetons, cailloux, billes) et 1 feuille avec 1, 2 ou 3 gommettes collées par élève.
**Annexe :** cartes-chiffres du 1, du 2 et du 3 (annexe 2-1) pour la classe.
**Fichier :** page 28.

## DÉMARCHE PÉDAGOGIQUE

### 1 Je découvre (en classe entière, 10 minutes)

Sur le tapis de regroupement, revenez sur les acquis et interrogez les élèves : « Qu'avons-nous appris la dernière fois ? Nous avons appris à compter jusqu'à 6. » Revenez sur la comptine numérique en recommençant le jeu de la fusée en comptant dans l'ordre puis à rebours. Récitez la comptine de la page 28 du fichier aux élèves puis demandez-leur de vous raconter ce qu'il s'y passe avec leurs propres mots. Apprenez-leur la comptine en la répétant plusieurs fois et en les invitant à réciter avec vous, puis seuls. Affichez au tableau les cartes-chiffres du 1, du 2 et du 3 (annexe 2-1). Récitez à nouveau la comptine en brandissant la carte-chiffre du chiffre que vous prononcez. Annoncez l'objectif du jour : « Aujourd'hui, nous allons apprendre à compter des quantités de 1, 2 ou 3 objets. »

### 2 Je manipule (par groupes de 6 à 8 élèves, 10 minutes)

Revenez sur la comptine vue en classe entière : assurez-vous de sa bonne compréhension en demandant à nouveau aux élèves de raconter la comptine avec leurs propres mots. Faites ensuite mimer la comptine par les élèves : commencez avec un enfant qui sera un moustique et qui piquera une fois un autre enfant seul. Lorsque le moustique pique l'enfant seul, il doit lui coller une gommette rouge pour marquer l'endroit où il a été piqué pour en faire un bouton. Dénombrez ensuite les boutons, en les pointant du doigt un à un, puis concluez en disant : « Il y a un bouton rouge. » Demandez aux enfants de dénombrer avec vous. Répétez cet exercice avec deux, puis trois moustiques piquant toujours un enfant. Demandez-leur de dénombrer les gommettes, sans votre aide : un élève volontaire pointe les moustiques, puis les boutons lors de la phase de dénombrement.

### 3 Je représente (par groupes de 6 à 8 élèves, 10 minutes)

Demandez aux élèves d'ouvrir leur fichier à la page 28. Invitez-les à vous décrire ce qu'ils voient et faites le lien avec l'activité qu'ils viennent de réaliser. Énoncez ensuite la consigne et assurez-vous de sa bonne compréhension. Récitez à nouveau la comptine, puis demandez à chaque enfant de dénombrer un élément de l'illustration en disant : « Combien y a-t-il de soleils ? Combien y a-t-il de moustiques ? », etc. Concluez : « Pour compter une quantité, je pointe du doigt le dessin en comptant à voix haute. Le dernier nombre énoncé est la quantité totale, le nombre total de dessins. Comptez les boutons d'Idris. Combien la comptine nous dit-elle qu'il doit en avoir ? »

## DIFFÉRENCIATION

**Soutien :** Proposez aux élèves en difficulté de dénombrer des objets déplaçables : des bouchons, des jetons, des cailloux, des billes par exemple.
**Approfondissement :** Vous pouvez donner aux élèves à l'aise avec le comptage une feuille sur laquelle vous aurez collé au préalable des gommettes de couleurs différentes par groupes de 1, 2 ou 3 pour qu'ils dénombrent ces quantités seuls.

# Séance 24 - Associer chiffre et quantité jusqu'à 3

**Notions abordées**

**Prérequis :** dénombrer jusqu'à 3.
**Objectifs didactiques :** associer écriture chiffrée et quantité jusqu'à 3.
**Graphisme :** tracer des vagues.

**Matériel pédagogique**

**Matériel :** 1 boîte à trésors contenant 8 ensembles de 1 à 3 objets (3 jetons, 2 animaux de tri, 1 bouchon...) et 1 dé adapté avec les chiffres 1, 2 et 3 par groupe d'élèves. 3 jetons par élève.
**Annexes :** cartes-chiffres du 1, du 2 et du 3 (annexe 2-1) et 1 jeu de cartes-images (annexe 2-2) par élève.
**Fichier :** page 29.

## DÉMARCHE PÉDAGOGIQUE

### 1 Je découvre (en classe entière, 10 minutes)

Sur le tapis de regroupement, revenez sur les acquis et interrogez les élèves : « Qu'avons-nous appris la dernière fois ? Nous avons appris à compter des quantités de 1, 2 ou 3 objets. » Affichez au tableau les cartes-chiffres du 1, du 2 et du 3 (annexe 2-1). Demandez : « Qui se souvient de ce qui est écrit sur ces cartes ? Ce sont des chiffres. » Pointez les chiffres du doigt, un à un, et demandez aux élèves de vous en rappeler le nom. Sortez ensuite votre « boîte à trésors » et montrez aux enfants deux objets. Dites : « Je veux savoir combien j'ai d'objets, je vais donc les compter. Je prends un objet, je dis "1" ; je prends l'objet suivant, je dis "2". Il n'y a plus d'objets. J'ai prononcé "2" en dernier, j'ai donc deux objets. » Pendant cette phase, exagérez vos gestes et votre voix afin que les élèves perçoivent clairement le processus du dénombrement. Poursuivez en montrant la carte-chiffre du 2 : « Sur cette carte, il y a écrit "2". » Placez les deux objets sous la carte-chiffre et dites : « J'ai deux objets, et sur la carte il y a écrit le chiffre "2". Cela représente la même quantité. » Répétez cette présentation avec le chiffre 3 puis avec le chiffre 1. Invitez les élèves à participer en leur posant des questions de plus en plus précises au fur et à mesure. Annoncez l'objectif du jour : « Aujourd'hui, nous allons apprendre à associer chiffre et quantité jusqu'à 3. »

### 2 Je manipule (par groupes de 6 à 8 élèves, 15 minutes)

Revenez sur l'activité de la partie *Je découvre* : « Qui peut rappeler au groupe ce que nous avons fait durant l'activité en grand groupe ? Nous avons associé les chiffres avec les quantités correspondantes. » Distribuez à chaque élève les cartes-chiffres 1, 2 et 3 (annexe 2-1). Énoncez un chiffre : les élèves doivent vous brandir la carte sur laquelle est écrit le chiffre énoncé. Distribuez ensuite à chaque enfant un ensemble d'objets d'une quantité variant entre 1 et 3 éléments. Demandez-leur de placer la bonne carte-chiffre à côté de la quantité qui leur a été distribuée. Reprenez cet exercice en utilisant les cartes-images (annexe 2-2) qu'ils doivent ajouter à côté de la carte-chiffre et de la quantité d'objets identique.

### 3 Je représente (par groupes de 6 à 8 élèves, 5 minutes)

Demandez aux élèves d'ouvrir leur fichier à la page 29. Invitez-les à décrire ce qu'ils voient et faites le lien avec l'activité qu'ils viennent de réaliser. Énoncez la consigne et assurez-vous de sa bonne compréhension. Demandez aux enfants de pointer le chiffre retenu du doigt, faites-leur entourer de l'index ce chiffre pour valider à nouveau leur réponse. Enfin, les élèves entourent leur réponse finale au crayon.

## DIFFÉRENCIATION

**Soutien :** Si les difficultés viennent du dénombrement, vous pouvez jouer avec les élèves qui en ont besoin avec des jetons et un dé adapté sur lequel figurent les chiffres 1, 2 et 3. Insistez bien sur le dénombrement : ils doivent sélectionner autant de jetons que demandé par le dé. Si les difficultés proviennent de la reconnaissance des chiffres, reprenez l'activité de la partie *Je manipule* avec les cartes-chiffres.
**Approfondissement :** Vous pouvez donner aux élèves avancés un dé adapté sur lequel figurent les chiffres 1, 2 et 3. Les enfants doivent alors sélectionner la quantité d'objets donnée par le dé dans la boîte à trésors.

# Séance 25 - Compter jusqu'à 4

## Notions abordées

**Prérequis :** connaître la suite numérique jusqu'à 4.
**Objectifs didactiques :** dénombrer des quantités jusqu'à 4.
**Graphisme :** tracer des vagues.

## Matériel pédagogique

**Matériel :** 4 figurines d'animaux, 4 jetons, 4 feuilles et 1 magazine par élève.
**Annexes :** cartes-chiffres de 1 à 4 (annexe 2-1) pour chaque groupe d'élèves. 1 jeu de cartes-images d'animaux (annexe 2-3) par élève.
**Fichier :** page 30.

## DÉMARCHE PÉDAGOGIQUE

### 1 Je découvre (en classe entière, 10 minutes)

Sur le tapis de regroupement, revenez sur les acquis et interrogez les élèves : « Qu'avons-nous appris la dernière fois ? Nous avons appris à associer un chiffre avec sa quantité jusqu'à 3. » Affichez les cartes-chiffres de 1 à 3 (annexe 2-1) au tableau. Affichez également au tableau une carte-image (annexe 2-3) avec un éléphant, puis demandez-leur de vous pointer du doigt le chiffre correspondant à la quantité représentée par la carte et vous dire de quel chiffre il s'agit : « 1. » Accrochez une deuxième carte-image avec un éléphant à côté de la première et demandez-leur de vous pointer du doigt le chiffre correspondant à la quantité représentée par la carte et de vous dire de quel chiffre il s'agit : « 2. » Répétez avec une troisième carte-image avec un éléphant, puis une quatrième carte-image d'éléphant et dites : « Qui peut me dire combien j'ai d'images d'éléphants à présent ? 1, 2, 3… 4. » Annoncez l'objectif du jour : « Aujourd'hui, nous allons apprendre à compter des quantités de 1, 2, 3 ou 4 objets. »

### 2 Je manipule (par groupes de 6 à 8 élèves, 10 minutes)

Rappelez la technique de dénombrement vue précédemment : « Je pointe l'élément en disant "1", je pointe l'élément suivant en disant "2", et je continue jusqu'à ce qu'il n'y ait plus d'éléments à dénombrer. Le dernier nombre énoncé représente la quantité recherchée. » Accrochez les cartes-chiffres (annexe 2-1) de 1 à 4 au tableau à la vue de tous. Distribuez à chaque élève une quantité entre 1 et 3 figurines d'animaux. Demandez à chacun de dénombrer son ensemble, puis de vous donner la bonne réponse ; à chaque réponse, pointez du doigt la carte-chiffre qui correspond à la quantité énoncée. Recommencez l'exercice à plusieurs reprises en alternant les quantités de figurines, puis ajoutez une quatrième figurine dans les groupes de chacun et recommencez jusqu'à ce que les élèves soient à l'aise avec la quantité 4. Notez bien que l'association de la quantité 4 au chiffre 4 ne sera faite qu'à la séance suivante : il ne s'agit donc ici que de montrer le chiffre 4, mais pas de demander aux élèves de le reconnaître.

### 3 Je représente (par groupes de 6 à 8 élèves, 10 minutes)

Demandez aux élèves d'ouvrir leur fichier à la page 30. Invitez-les à décrire ce qu'ils voient et faites le lien avec l'activité qu'ils viennent de réaliser. Énoncez la consigne et assurez-vous de sa bonne compréhension. Chaque enfant dénombre alors les différents animaux et éléments de l'image en pointant du doigt et en dénombrant un à un. Commencez par les éléphants : « Combien voyez-vous d'éléphants ? 1, 2 : il y en a deux. » Procédez de même avec chaque groupe d'animaux.

## DIFFÉRENCIATION

**Soutien :** Proposez aux élèves en difficulté de réaliser la même activité de dénombrement avec des jetons : une fois qu'ils sont à l'aise avec le dénombrement d'objets, faites-les s'exercer avec les cartes-images de l'annexe 2-3.
**Approfondissement :** Faites découper aux élèves qui seraient plus à l'aise avec les chiffres de 1 à 4 des images dans des magazines. Ils peuvent se fabriquer un petit livre (avec des feuilles que vous agraferez ensuite) avec une page avec uniquement des groupes de deux images, puis une page avec des groupes de trois images et une page avec des groupes de quatre images.

# Séance 26 - Associer chiffre et quantité jusqu'à 4

**Notions abordées**

**Prérequis :** dénombrer jusqu'à 4.
**Objectifs didactiques :** associer écriture chiffrée et quantité jusqu'à 4.
**Graphisme :** tracer des vagues.

**Matériel pédagogique**

**Matériel :** 1 barquette, 10 jetons, 1 catalogue et 4 feuilles par élève.
**Annexes :** cartes-chiffres de 1 à 4 (annexe 2-1) et 1 jeu de cartes-images (annexe 2-4) par élève.
**Fichier :** page 31.

## DÉMARCHE PÉDAGOGIQUE

### 1 Je découvre (en classe entière, 10 minutes)

Sur le tapis de regroupement, revenez sur les acquis et interrogez les élèves : « Qu'avons-nous appris la dernière fois ? Nous avons appris à compter des quantités de 1, 2, 3 et 4 animaux. » Affichez au tableau les cartes-chiffres 1, 2, 3 et 4 (annexe 2-1) et vérifiez la connaissance de ces chiffres avec les élèves en pointant les cartes du doigt : « Quel est ce chiffre ? C'est le 3. » Montrez ensuite une carte-image de l'annexe 2-4 avec quatre éléments, puis demandez à un élève de venir compter les dessins et d'énoncer la quantité dénombrée à voix haute. Une fois qu'il a trouvé que la réponse est « 4 », montrez à la classe la carte-chiffre du 4 : « Voici le chiffre 4. Il représente la quantité que nous venons de dénombrer. Souvenez-vous : le 4 est le meilleur copain du 2. Il glisse sur le toboggan (*faites le geste d'un trait oblique*). Il ne faut pas oublier ses pieds (*faites le geste d'un trait horizontal*). Comme il a peur, il ne sort jamais sans son bâton (*faites le geste d'un trait vertical*). » Annoncez l'objectif du jour : « Aujourd'hui, nous allons apprendre à associer chiffre et quantité jusqu'à 4. »

### 2 Je manipule (par groupes de 6 à 8 élèves, 10 minutes)

Distribuez à chaque élève les cartes-chiffres (annexe 2-1) jusqu'à 4 ainsi qu'une barquette contenant les cartes-images (annexe 2-4). Demandez aux enfants de rappeler l'activité qui vient d'être réalisée puis dites : « Maintenant, c'est à vous ! Vous devez associer chaque image à la carte-chiffre qui lui correspond. » Demandez-leur de placer les cartes-chiffres dans l'ordre sur leur bureau pour guider les élèves pour lesquels la suite numérique ne serait pas encore tout à fait claire. Faites-leur réciter la suite numérique dans l'ordre en leur faisant pointer du doigt chaque chiffre cité inscrit sur les cartes et en vérifiant ainsi leur reconnaissance des chiffres. Insistez sur le dénombrement des images des cartes : chaque élève pointe du doigt et compte à voix haute les éléments qu'il dénombre sur l'image, le dernier chiffre qu'il a cité étant le résultat.

### 3 Je représente (par groupes de 6 à 8 élèves, 10 minutes)

Demandez aux élèves d'ouvrir leur fichier à la page 31. Interrogez les élèves sur ce qu'ils voient : « Comment s'appelle cet animal ? C'est un hippocampe. Tous les animaux sur cette page vivent dans l'eau. » Énoncez ensuite la consigne et assurez-vous de sa bonne compréhension. Demandez aux élèves, dans un premier temps, de relier image et chiffre avec leur index puis au crayon.

## DIFFÉRENCIATION

**Soutien :** Si les difficultés viennent du fait de relier, faites poser aux élèves des jetons à côté des points à relier, puis demandez-leur de relier les points situés à côté des jetons. Si les difficultés viennent de la reconnaissance du chiffre 4, demandez aux élèves de vous indiquer où ils voient le chiffre 4 dans leur jeu de cartes-chiffres (annexe 2-1).
**Approfondissement :** Proposez aux élèves avancés une activité de chasse aux nombres dans des catalogues : ils doivent y rechercher des 1, des 2, des 3 et des 4. Une fois ces écritures chiffrées découpées, ils les trient en les collant sur une feuille (une pour les 1, une autre pour les 2, etc.). Ils doivent enfin terminer par chercher des images d'objets à découper dans le catalogue pour les coller sur la bonne feuille : une image avec un seul objet sera collée sur la feuille des 1, et ainsi de suite.

# Séance 27 - Associer chiffre et quantité jusqu'à 5 (1)

**Notions abordées**

**Prérequis :** dénombrer jusqu'à 5 et associer écriture chiffrée et quantité jusqu'à 4.
**Objectifs didactiques :** associer écriture chiffrée et quantité jusqu'à 5.
**Graphisme :** tracer des vagues.

**Matériel pédagogique**

**Matériel :** 5 feuilles sur lesquelles est inscrit 1 chiffre allant de 1 à 5 et 1 photocopie de la page 32 du fichier par élève.
**Annexe :** cartes-chiffres de 1 à 5 (annexe 2-1) par groupe d'élèves.
**Fichier :** page 32.

## DÉMARCHE PÉDAGOGIQUE

### 1 Je découvre (en classe entière, 10 minutes)

Sur le tapis de regroupement, revenez sur les acquis et interrogez les élèves : « Qu'avons-nous appris la dernière fois ? Nous avons appris à associer les chiffres et leurs quantités jusqu'à 4. » Montrez dans le désordre les cartes-chiffres de 1 à 4 (annexe 2-1) à la classe et demandez aux élèves d'énoncer le nom du chiffre que vous pointez du doigt de façon aléatoire. Présentez ensuite la carte du 5 : placez les cartes-chiffres au tableau, comptez dans l'ordre puis à rebours en pointant du doigt chaque chiffre quand vous l'énoncez. Demandez ensuite aux élèves de réciter les chiffres dans l'ordre au fur et à mesure que vous pointez les cartes-chiffres du doigt. Rappelez l'histoire du 5 : « Le 5, c'est le gendarme. Il a le dos bien droit *(faites le geste d'un trait vertical)*, un gros ventre *(faites le geste d'un demi-cercle vertical)*. On n'oublie surtout pas son képi *(faites le geste d'un trait horizontal)* ! » Prenez ensuite une carte, montrez-la d'une main, et de l'autre montrez la même quantité de doigts, puis dites : « Voici le chiffre 2. Je montre deux doigts. Ce sont deux représentations différentes d'une même quantité. » Recommencez la présentation une seconde fois avec le chiffre 5. Annoncez enfin l'objectif du jour : « Aujourd'hui, nous allons apprendre à compter des quantités de 1, 2, 3, 4 ou 5 doigts d'une main. »

### 2 Je manipule (par groupes de 6 à 8 élèves, 10 minutes)

Montrez à nouveau aux enfants les cartes-chiffres (annexe 2-1) et affichez-les dans l'ordre au tableau. En s'aidant de ce repère visuel, demandez-leur de compter dans l'ordre puis à rebours. Demandez à un élève de venir piocher une carte-chiffre qu'il doit montrer à ses camarades. Les autres élèves doivent alors montrer la quantité avec leurs doigts (sur une seule main) correspondant au chiffre inscrit sur la carte. Répétez l'exercice de façon à ce que chaque élève pioche au moins une fois une carte à brandir.

### 3 Je représente (par groupes de 6 à 8 élèves, 10 minutes)

Demandez aux élèves d'ouvrir leur fichier à la page 32. Invitez-les à décrire ce qu'ils voient et faites le lien avec l'activité qu'ils viennent de réaliser. Énoncez ensuite la consigne et assurez-vous de sa bonne compréhension. Proposez aux élèves de vous montrer une quantité avec leurs doigts : « Combien de doigts faut-il pour faire "2" ? » puis incitez-les à regarder sur leur fichier le dessin qui reproduit la même position des mains qu'eux. Les enfants doivent commencer par relier chiffre et image correspondante d'abord avec l'index puis, après validation, au crayon.

## DIFFÉRENCIATION

**Soutien :** Vous pouvez ajouter une étape intermédiaire avec les élèves en difficulté avant de passer à l'exercice sur le fichier : photocopiez **les images et les chiffres de la page 32 du fichier** et découpez-les. L'élève doit alors associer l'image avec le bon chiffre. Vous pouvez également faire plusieurs photocopies et proposer ce support pour en faire un jeu de memory.
**Approfondissement :** Proposez aux élèves qui ont terminé l'activité du fichier en avance de fabriquer leur propre imagier des nombres : donnez-leur **cinq feuilles sur lesquelles vous aurez écrit au préalable les chiffres de 1 à 5**. Les enfants doivent dessiner le bon nombre de doigts (en s'aidant de leur propre main comme modèle).

# Séance 28 - Associer chiffre et quantité jusqu'à 5 (2)

**Notions abordées**

**Prérequis :** associer écriture chiffrée et quantité jusqu'à 5.
**Objectifs didactiques :** associer écriture chiffrée et quantité jusqu'à 5 dans une nouvelle disposition.
**Graphisme :** tracer des ronds.

**Matériel pédagogique**

**Matériel :** 1 foulard, 1 barquette de 5 cubes et 5 feuilles de 5 couleurs différentes par élève.
**Annexe :** cartes-chiffres de 1 à 5 (annexe 2-1) par groupe d'élèves.
**Fichier :** page 33.

## DÉMARCHE PÉDAGOGIQUE

### 1 Je découvre (en classe entière, 10 minutes)

Sur le tapis de regroupement, revenez sur les acquis et interrogez les élèves : « Qu'avons-nous fait la dernière fois ? Nous avons compté sur les cinq doigts de la main, et associé chaque quantité aux chiffres 1, 2, 3, 4 et 5. » Revenez sur cet apprentissage en montrant une carte-chiffre (annexe 2-1) au hasard et en demandant aux élèves de vous montrer la même quantité avec leurs doigts. Montrez ensuite la carte du 5, puis dites : « Quel est ce chiffre ? C'est le 5. Je voudrais réaliser la quantité 5 avec des cubes. » Placez les cubes devant vous et dénombrez chaque cube en le montrant bien aux élèves. Lorsque vous avez dénombré un cube, posez-le sur un foulard à part. Lorsque vous arrivez à 5, refermez le foulard de façon à en faire un baluchon et dites : « J'ai maintenant cinq cubes. » Ouvrez le baluchon et demandez à un volontaire de venir vérifier en dénombrant devant ses camarades. Annoncez l'objectif du jour : « Aujourd'hui, nous allons continuer à associer chiffre et quantité jusqu'à 5. »

### 2 Je manipule (par groupes de 6 à 8 élèves, 10 minutes)

Distribuez à chaque élève une barquette contenant cinq cubes ainsi qu'un foulard pour délimiter l'espace de dénombrement. Laissez les élèves découvrir les cubes, les manipuler ; puis montrez une carte-chiffre (annexe 2-1) et dites : « Posez sur votre foulard la même quantité de cubes représentée par ce chiffre. » Demandez aux élèves de vous expliquer leur méthodologie de comptage afin de vous assurer qu'ils ont compris. Recommencez l'activité autant de fois que le temps vous le permet.

### 3 Je représente (par groupes de 6 à 8 élèves, 10 minutes)

Demandez aux élèves d'ouvrir leur fichier à la page 33. Invitez-les à décrire ce qu'ils voient et faites le lien avec l'activité qu'ils viennent de réaliser. Demandez à chaque élève de dénombrer un élément de l'illustration en disant : « Combien y a-t-il de cubes dans le rond jaune ? ». Énoncez ensuite la consigne et assurez-vous de sa bonne compréhension. Incitez-les à barrer l'élément qui a été dénombré afin de ne pas le compter deux fois. Les élèves doivent d'abord relier chiffre et quantité de cubes avec l'index puis, après validation, au crayon. La présentation horizontale des chiffres et des quantités pouvant troubler certains élèves, aidez-les à faire le lien entre cet exercice et celui réalisé à la séance précédente.

## DIFFÉRENCIATION

**Soutien :** Proposez aux élèves en difficulté de poser des cubes sur les dessins et de dénombrer ces mêmes cubes (qu'ils peuvent donc manipuler) pour s'y appuyer.
**Approfondissement :** Proposez aux élèves avancés de réaliser des villes : la ville du 1, celle du 2, celle du 3, celle du 4 et celle du 5. Matérialisez les villes par des feuilles de cinq couleurs différentes sur lesquelles vous inscrirez le chiffre de la ville. Dans la ville du 1, il n'y a que des immeubles d'un étage ; dans la ville du 2, des immeubles de deux étages, et ainsi de suite. Les cubes serviront à réaliser les immeubles. Vous pouvez, à la fin, prendre en photo les réalisations des enfants pour en garder une trace.

# Séance 29 - Construire les quantités 3 et 4

**Notions abordées**

**Prérequis :** dénombrer jusqu'à 4.
**Objectifs didactiques :** réaliser des collections de 3 ou 4 éléments.
**Graphisme :** tracer des ronds.

**Matériel pédagogique**

**Matériel :** 4 carrés (issus des attrimaths© si vous en avez, sinon des carreaux de faïence ou en mousse) et 7 gommettes carrées par élève.
**Annexe :** cartes-chiffres du 3 et du 4 (annexe 2-1) pour la classe.
**Fichier :** page 34.

## DÉMARCHE PÉDAGOGIQUE

### 1 Je découvre (en classe entière, 5 minutes)

Sur le tapis de regroupement, revenez sur les acquis et interrogez les élèves : « Qu'avons-nous appris la dernière fois ? Nous avons appris à associer chiffre et quantité jusqu'à 5. » Affichez au tableau les cartes-chiffres du 3 et du 4 (annexe 2-1). Prenez trois carrés des attrimaths© (si vous n'en avez pas, vous pouvez utiliser des carreaux de faïence ou créés avec de la mousse) et dénombrez-les devant les élèves. Placez ces carrés de façon à créer une seule et unique forme, puis dites : « Avec ces trois carrés, j'ai créé une forme plus grande. » Déplacez les trois carrés de façon à créer une autre forme puis dites : « J'ai déplacé les trois carrés et j'ai créé une autre grande forme, différente de la première. » Ajoutez encore un carré et dites : « J'ai encore agrandi ma forme, qui est maintenant composée de quatre carrés. » Annoncez l'objectif du jour : « Aujourd'hui, nous allons apprendre à créer des quantités de 3 et de 4 éléments en créant des formes de trois carrés et de quatre carrés. »

### 2 Je manipule (par groupes de 6 à 8 élèves, 15 minutes)

Revenez sur l'activité de la partie *Je découvre* : « Qui peut rappeler au groupe ce que je viens de faire ? J'ai créé des grandes formes à partir de trois carrés, puis de quatre carrés. » Demandez à chaque élève de venir prendre trois carrés de type attrimaths© puis demandez-leur de créer leur propre forme à partir des trois carrés. Lorsqu'ils ont réussi ces premières étapes, demandez : « Montrez-moi autant de formes que vous pouvez créer avec ces trois carrés. » Une fois l'expérience achevée, faites de même avec quatre carrés.

### 3 Je représente (par groupes de 6 à 8 élèves, 10 minutes)

Demandez aux élèves d'ouvrir leur fichier à la page 34. Invitez-les à décrire ce qu'ils voient et faites le lien avec l'activité qu'ils viennent de réaliser. Énoncez ensuite la consigne et assurez-vous de sa bonne compréhension. Demandez aux élèves de venir prendre trois carrés de type attrimaths©, de les poser dans la case blanche correspondant au 3 et de former une figure différente du modèle. Ils repasseront ensuite autour des formes pour garder une trace de la figure nouvellement créée sur leur fichier. Procédez de même pour le chiffre 4.

## DIFFÉRENCIATION

**Soutien :** Distribuez aux élèves en difficulté sept gommettes de forme carrée et demandez-leur de les placer sur leur fichier de sorte qu'elles forment une figure différente de celle du modèle, plutôt que de manipuler les carrés de type attrimaths©.
**Approfondissement :** Vous pouvez donner aux élèves avancés un ensemble de carrés type attrimaths© et leur demander de reproduire une forme donnée à partir d'un modèle que vous aurez conçu.

# Séance 30 - Construire les quantités 5 et 6

**Notions abordées**

**Prérequis :** réaliser des collections de 3 ou 4 éléments.
**Objectifs didactiques :** réaliser des collections de 5 ou 6 éléments.
**Graphisme :** tracer des ronds.

**Matériel pédagogique**

**Matériel :** 6 carrés (issus des attrimaths© si vous en avez, sinon des carreaux de faïence ou en mousse) et 11 gommettes carrées par élève.
**Annexe :** cartes-chiffres du 5 et du 6 (annexe 2-1) pour la classe.
**Fichier :** page 35.

## DÉMARCHE PÉDAGOGIQUE

### 1 Je découvre (en classe entière, 5 minutes)

Sur le tapis de regroupement, revenez sur les acquis et interrogez les élèves : « Qu'avons-nous appris la dernière fois ? Nous avons appris à créer des formes de trois carrés et de quatre carrés. » Affichez au tableau les cartes-chiffres du 5 et du 6 (annexe 2-1). Prenez cinq carrés des attrimaths© (si vous n'en avez pas, vous pouvez utiliser des carreaux de faïence ou créés avec de la mousse) en les dénombrant devant les élèves. Placez ces formes de façon à en créer une seule et unique puis dites : « Avec ces cinq carrés, j'ai créé une autre grande forme. » Déplacez les cinq carrés de façon à créer une autre grande forme puis dites : « J'ai déplacé les cinq carrés et j'ai créé une autre grande forme, différente de la première. » Ajoutez encore un carré et dites : « J'ai encore agrandi ma forme, qui est maintenant composée de six carrés. » Annoncez l'objectif du jour : « Aujourd'hui, nous allons apprendre à créer des formes de cinq carrés et de six carrés. »

### 2 Je manipule (par groupes de 6 à 8 élèves, 15 minutes)

Revenez sur l'activité de la partie *Je découvre* : « Qui peut rappeler au groupe ce que je viens de faire ? J'ai créé des grandes formes à partir de cinq carrés, puis six carrés. » Donnez à chaque élève cinq carrés de type attrimaths© puis demandez-leur de créer leur propre forme à partir de ces carrés. Lorsqu'ils ont réussi ces premières étapes, dites : « Montrez-moi autant de formes que vous pouvez créer avec ces cinq carrés. » Une fois l'expérience achevée, faites de même avec six carrés.

### 3 Je représente (par groupes de 6 à 8 élèves, 10 minutes)

Demandez aux élèves d'ouvrir leur fichier à la page 35. Invitez-les à décrire ce qu'ils voient et faites le lien avec l'activité qu'ils viennent de réaliser. Énoncez ensuite la consigne et assurez-vous de sa bonne compréhension. Demandez aux élèves de venir prendre cinq carrés de type attrimaths©, de les poser dans la case blanche correspondant au 5 et de former une figure différente du modèle. Ils repasseront ensuite autour des formes pour garder trace de la figure nouvellement créée sur leur fichier. Procédez de même pour le chiffre 6.

## DIFFÉRENCIATION

**Soutien :** Distribuez aux élèves en difficulté onze gommettes de forme carrée et demandez-leur de les placer sur leur fichier de sorte qu'elles forment une figure différente de celle du modèle, plutôt que de manipuler les carrés.
**Approfondissement :** Vous pouvez donner aux élèves à l'aise avec l'exercice un ensemble de carrés type attrimaths© et leur demander de reproduire une forme donnée à partir d'un modèle que vous aurez conçu.

# Séance 31 - Construire des quantités jusqu'à 6

**Notions abordées**

**Prérequis :** réaliser des collections de 5 ou 6 éléments.
**Objectifs didactiques :** réaliser des collections de 1 à 6 éléments.
**Graphisme :** tracer des ronds.

**Matériel pédagogique**

**Matériel :** 1 barquette contenant 21 animaux de tri, 21 gommettes et 21 jetons de 6 couleurs différentes par élève.
**Annexe :** 1 immeuble des nombres (annexe 2-5) à imprimer en format A3 par élève.
**Fichier :** page 36.

## DÉMARCHE PÉDAGOGIQUE

### 1 Je découvre (en classe entière, 10 minutes)

Sur le tapis de regroupement, revenez sur les acquis et interrogez les élèves : « Qu'avons-nous appris la dernière fois ? Nous avons appris à créer des formes de cinq carrés et de six carrés. » Placez les élèves en cercle et montrez à la classe un **immeuble des nombres (annexe 2-5)** que vous placerez au centre des élèves. Demandez-leur de décrire ce qu'ils voient et de vous dire ce qu'ils pensent que cela puisse être. Annoncez : « Voici un immeuble. Selon les appartements, il n'y a pas la même quantité d'habitants. Dans cet appartement, il y a écrit "6" ; cela signifie qu'il n'y a que des familles de 6 qui peuvent y habiter. Je vais donc mettre une famille de **six animaux de tri** dans cet appartement. » Dénombrez chaque animal que vous placez dans la maison en insistant sur la démarche. Demandez à un volontaire de rappeler la stratégie pour dénombrer : « Je montre ou déplace un objet en disant le chiffre "1", je change d'objet et je dis le chiffre suivant, c'est-à-dire le "2" et je continue jusqu'à ce que tous les éléments aient été comptés. Le dernier chiffre dit représente la quantité totale. » Annoncez l'objectif du jour : « Aujourd'hui, nous allons apprendre à réaliser des collections jusqu'à six objets. » Vérifiez que les élèves connaissent la suite numérique jusqu'à 6 en proposant le jeu de la fusée : « La fusée va décoller quand nous dirons "6". » Tout le monde s'accroupit et se relève au fur et à mesure que le groupe compte. Quand le chiffre 6 est prononcé, la fusée décolle et les élèves sautent.

### 2 Je manipule (par groupes de 6 à 8 élèves, 10 minutes)

Revenez sur l'activité réalisée durant la partie *Je découvre* en demandant aux enfants de rappeler ce qui a été fait : « Il fallait remplir chaque appartement de l'immeuble avec la bonne quantité d'habitants. » Distribuez maintenant à chaque élève un **immeuble des nombres (annexe 2-5)** et une **barquette de 21 animaux de tri**, puis demandez-leur de remplir chaque appartement avec la quantité demandée d'habitants (représentée par les animaux de tri).

### 3 Je représente (par groupes de 6 à 8 élèves, 10 minutes)

Demandez aux élèves d'ouvrir leur fichier à la **page 36**. Invitez-les à décrire ce qu'ils voient et faites le lien avec l'activité qu'ils viennent de réaliser. Distribuez à chaque élève **21 gommettes** et énoncez la consigne en vous assurant de sa bonne compréhension. Insistez bien sur le fait qu'il y a des couleurs différentes à respecter et qu'elles sont indiquées au-dessus de chaque contenant.

## DIFFÉRENCIATION

**Soutien :** Faites placer des **jetons de la couleur demandée** dans chaque bocal du fichier pour aider les élèves en difficulté à visualiser l'exercice. Ils pourront ensuite coller une **gommette** de la même couleur sous chaque jeton pour finaliser leur exercice.
**Approfondissement :** Vous pouvez demander aux élèves avancés de dessiner les habitants dans chaque appartement de l'**immeuble des nombres (annexe 2-5)** en respectant la quantité demandée.

# Séance 32 - Dénombrer jusqu'à 6 (1)

**Notions abordées**

**Prérequis :** dénombrer jusqu'à 5.
**Objectifs didactiques :** associer différentes représentations des quantités jusqu'à 6.
**Graphisme :** tracer des ronds.

**Matériel pédagogique**

**Matériel :** 1 sac de groupes de 3, 4, 5 et 6 jouets, 1 dé classique et 1 dé avec des couleurs par groupe d'élèves.
**Annexe :** 1 jeu des faces du dé (annexe 2-6) par élève.
**Fichier :** page 37.

## DÉMARCHE PÉDAGOGIQUE

### 1 Je découvre (en classe entière, 10 minutes)

Sur le tapis de regroupement, revenez sur les acquis et interrogez les élèves : « Qu'avons-nous appris la dernière fois ? Nous avons appris à réaliser des quantités de 1 à 6. » Présentez le dé et affichez au tableau les six faces du dé (annexe 2-6). Demandez à un volontaire de venir dénombrer une des faces du dé et de dire à voix haute au reste du groupe la quantité trouvée. Procédez de même pour les cinq autres faces avec des élèves différents. Présentez ensuite le sac de jouets puis demandez à un élève de chercher tous les objets de même nature (par exemple, les petites voitures). Demandez-lui alors de dénombrer la quantité d'objets (par exemple : « Il y a six petites voitures. ») Montrez ensuite la face 6 du dé et dites : « Il y a six petites voitures, voici la face du dé qui comprend six points. Ce sont deux représentations différentes d'une même quantité. » Annoncez l'objectif du jour : « Aujourd'hui, nous allons apprendre à dénombrer jusqu'à 6. »

### 2 Je manipule (par groupes de 6 à 8 élèves, 10 minutes)

Placez devant les élèves un vrai dé : chacun leur tour, les enfants doivent lancer le dé, puis trouver la quantité d'objets du sac de jouets identiques à la quantité représentée sur la face du dé. Dénombrez les points un à un avec l'élève avant d'énoncer la quantité et de dénombrer les jouets afin de trouver la quantité correspondante. Assurez-vous que chaque élève lance le dé et que les jouets déjà dénombrés ne soient pas remis dans le sac.

### 3 Je représente (par groupes de 6 à 8 élèves, 10 minutes)

Demandez aux élèves d'ouvrir leur fichier à la page 37. Invitez-les à décrire ce qu'ils voient et faites le lien avec l'activité qu'ils viennent de réaliser. Énoncez ensuite la consigne et assurez-vous de sa bonne compréhension. Faites passer le doigt des élèves horizontalement le long des lignes du tableau, afin qu'ils comprennent le sens de lecture. Chaque élève devra donner la catégorie de jouets représentée dans la ligne puis la dénombrer. Attirez alors leur attention sur le dé à la fin de chaque ligne : « Que remarquez-vous ? La quantité de points sur le dé en bout de ligne correspond à la quantité d'éléments que vous avez dénombrés. » Vous pouvez ensuite varier l'exercice en demandant : « Quelle catégorie de jouets contient cinq éléments ? » ou encore « Combien y a-t-il de cerfs-volants à l'envers ? », etc.

## DIFFÉRENCIATION

**Soutien :** Repassez par une étape de manipulation avec les élèves en difficulté. Disposez les faces du dé (annexe 2-6) face à eux et demandez-leur de placer six poupées sous la face 6 du dé, trois ballons sous la face 3 du dé, etc.
**Approfondissement :** Donnez un dé aux élèves à l'aise avec les chiffres jusqu'à 6. Chacun leur tour, ils doivent lancer le dé et aller chercher dans la classe la quantité demandée (par exemple, cinq crayons). Vous pouvez compliquer la tâche en ajoutant un second dé avec des couleurs.

# Séance 33 - Dénombrer jusqu'à 6 (2)

**Notions abordées**

**Prérequis :** dénombrer et construire des quantités jusqu'à 5.
**Objectifs didactiques :** représenter les quantités 3, 4 et 5 dans un tableau.
**Graphisme :** tracer des ponts.

**Matériel pédagogique**

**Matériel :** 1 petite voiture, 1 jeu des petits chevaux, 1 dé et de la peinture rouge, verte et bleue pour toute la classe. 1 barquette de 18 jetons de 3 différentes couleurs et de quantités différentes (entre 3 et 6) et 18 gommettes (des mêmes couleurs et quantités que les jetons) par élève.
**Annexes :** 1 jeu des faces du dé (annexe 2-6) pour la classe. 1 tableau de 3 lignes × 7 colonnes (annexe 2-7) par élève et 1 en A3 pour la classe.
**Fichier :** page 38.

## DÉMARCHE PÉDAGOGIQUE

### 1 Je découvre (en classe entière, 10 minutes)

Sur le tapis de regroupement, revenez sur les acquis et interrogez les élèves : « Qu'avons-nous appris la dernière fois ? Nous avons appris à compter des collections de six objets. Aujourd'hui, nous allons continuer à nous entraîner à compter à l'aide d'un tableau. » Revenez sur cet apprentissage en présentant les cartes des faces du dé (annexe 2-6) dans le désordre et en demandant aux élèves de nommer la face montrée. Affichez au tableau l'annexe 2-7 en format A3 et expliquez aux enfants qu'il s'agit d'un tableau : présentez la notion de ligne en prenant une petite voiture aux roues trempées dans de la peinture rouge de la même couleur que celle de la première case de la première ligne. Faites rouler la voiture sur la ligne, qui laissera une trace rouge : « La voiture a roulé sur une ligne. Elle a laissé une trace rouge car c'est la ligne du rouge. » Procédez ainsi avec les lignes suivantes et la peinture verte et bleue.

### 2 Je manipule (par groupes de 6 à 8 élèves, 10 minutes)

Revenez sur ce qui a été présenté lors de la partie *Je découvre*. Distribuez aux élèves le tableau de l'annexe 2-7 et dites : « Suivez avec votre index la ligne rouge. Suivez avec votre index la ligne bleue. Suivez avec votre index la ligne jaune. » Distribuez à chaque élève une barquette contenant des jetons de couleurs et de quantités différentes (entre 3 et 6). Dites : « Comptez les jetons selon leurs couleurs, dessinez un rond dans la première case tout à gauche de votre tableau de la même couleur que les jetons dénombrés puis collez la même quantité de gommettes sur la ligne. » Vérifiez que les élèves respectent bien les codes couleurs, puis validez les quantités de jetons posées avant que les élèves ne collent leurs gommettes.

### 3 Je représente (par groupes de 6 à 8 élèves, 10 minutes)

Demandez aux élèves d'ouvrir leur fichier à la page 38. Invitez-les à décrire ce qu'ils voient et faites le lien avec l'activité qu'ils viennent de réaliser. Demandez-leur de suivre avec leur index la ligne du vaisseau spatial, puis celle de la fusée et celle de l'étoile. Énoncez ensuite la consigne et assurez-vous de sa bonne compréhension. Demandez aux enfants de pointer du doigt l'ensemble des vaisseaux spatiaux sur l'image pour les compter puis de barrer au crayon les vaisseaux spatiaux dénombrés. Demandez-leur ensuite de compter la même quantité de cases sur la ligne « vaisseau spatial », puis de colorier la dernière case pointée du doigt et toutes les cases qui se situent avant la case qui vient d'être coloriée. Demandez-leur enfin de changer de couleur de crayon pour procéder de même avec les fusées puis les étoiles.

## DIFFÉRENCIATION

**Soutien :** Proposez aux élèves en difficulté de placer des jetons sur les vaisseaux spatiaux, puis de prendre ces mêmes jetons pour les placer sur la ligne « vaisseau spatial » avant enfin de colorier les cases recouvertes d'un jeton.
**Approfondissement :** Proposez aux élèves avancés de jouer à un jeu des petits chevaux afin qu'ils lancent un dé et comptent leurs cases d'avancement.

# Séance 34 - Comprendre la conservation des quantités (1)

**Notions abordées**

**Prérequis :** dénombrer jusqu'à 6.
**Objectifs didactiques :** comprendre le principe de « conservation des quantités » jusqu'à 6.
**Graphisme :** tracer des ponts.

**Matériel pédagogique**

**Matériel :** 1 assiette avec 6 biscuits, 1 plat plus grand que l'assiette, 1 foulard et 5 fruits en plastique par groupe d'élèves. 5 perles bleues, 5 perles rouges et du fil pour chaque élève.
**Fichier :** page 39.

## DÉMARCHE PÉDAGOGIQUE

### 1 Je découvre (en classe entière, 10 minutes)

Sur le tapis de regroupement, revenez sur les acquis et interrogez les élèves : « Qu'avons-nous appris la dernière fois ? Nous avons appris à représenter les quantités 3, 4 et 5 dans un tableau. » Montrez aux enfants une assiette contenant cinq biscuits et demandez à un volontaire de venir dénombrer la quantité de biscuits. Une fois que cela est fait, demandez à un autre élève de placer les biscuits en pile, puis demandez : « Sans dénombrer les biscuits, qui peut me dire combien il y en a dans l'assiette ? » Vérifiez la réponse en demandant à un autre élève de venir dénombrer les biscuits. Demandez à un troisième enfant de couvrir l'assiette avec un foulard puis dites : « Sans compter les biscuits, combien y en a-t-il dans l'assiette ? » Après réponse collégiale, enlevez le foulard et faites vérifier la réponse à un élève qui dénombre. Demandez enfin à un autre élève de transférer les biscuits dans un plat plus grand pendant que ses camarades ferment leurs yeux. Lorsque les élèves ouvrent les yeux, demandez : « Qu'est-ce qui a changé ? Sans les compter, combien y a-t-il de biscuits maintenant ? » L'objectif de la séance est de montrer que la même quantité peut être disposée d'une multitude de façons différentes, en occupant plus ou moins d'espace. C'est le principe de « conservation des quantités ».

### 2 Je manipule (par groupes de 6 à 8 élèves, 10 minutes)

Revenez sur ce qui a été présenté lors de la partie *Je découvre*. Distribuez à chaque groupe une assiette contenant six biscuits. Demandez à chaque élève, à tour de rôle, de disposer les biscuits sur l'assiette de manière différente, sans en enlever ni en ajouter, puis d'énoncer le nombre de biscuits présents sur l'assiette. Chaque élève doit manipuler et compter, de manière à sentir que la quantité n'a pas changé.

### 3 Je représente (par groupes de 6 à 8 élèves, 10 minutes)

Demandez aux élèves d'ouvrir leur fichier à la page 39. Énoncez ensuite la consigne et assurez-vous de sa bonne compréhension. Demandez à chaque élève de compter la quantité de fruits de la première assiette. Dites ensuite : « Quelles ressemblances et différences pouvez-vous observer entre la première et la seconde images ? À votre avis, sans compter, combien y a-t-il de fruits dans la seconde assiette ? » Notez les réponses des enfants sur le fichier pour en garder une trace.

## DIFFÉRENCIATION

**Soutien :** Faites réaliser aux élèves en difficulté ce qui se passe sur leur fichier : proposez-leur de poser des fruits en plastique dans un plat, puis de les déplacer comme sur la seconde image. En étant acteurs de la situation, ils prendront ainsi conscience de ce qui se passe et pourront faire le lien avec les activités précédentes impliquant des biscuits.
**Approfondissement :** Proposez aux élèves avancés de réaliser une petite activité de révision où ils doivent réaliser des colliers de cinq perles bleues. Lorsqu'ils ont réalisé un groupe de cinq perles, ils doivent changer de couleur et à nouveau réaliser un groupe de cinq perles, mais rouges.

# Séance 35 - Comprendre la conservation des quantités (2)

**Notions abordées**

**Prérequis :** dénombrer jusqu'à 6.
**Objectifs didactiques :** comprendre le principe de « conservation des quantités » jusqu'à 6.
**Graphisme :** tracer des ponts.

**Matériel pédagogique**

**Matériel :** 1 barquette de 5 jetons, 1 assiette et plusieurs récipients (1 bol, 1 tasse, 1 verre, etc.) par groupe d'élèves.
**Fichier :** page 40.

## DÉMARCHE PÉDAGOGIQUE

### 1 Je découvre (en classe entière, 10 minutes)

Sur le tapis de regroupement, revenez sur les acquis et interrogez les élèves : « Qu'avons-nous appris la dernière fois ? Nous avons appris que la disposition des objets ne change pas leur quantité. » Reprenez l'activité des biscuits, mais cette fois-ci avec des jetons : placez cinq jetons dans une assiette. Une fois que cela est fait, demandez aux élèves de fermer les yeux ; pendant ce temps, changez la disposition des jetons. Demandez alors : « Qu'est-ce qui a changé ? Combien y a-t-il de jetons maintenant ? » Montrez ensuite un bol vide aux enfants et faites-leur bien constater qu'il est vide. Versez les cinq jetons dans le bol, puis demandez combien il contient de jetons. Demandez d'abord aux élèves de le deviner, puis de vérifier en prenant un à un les jetons. Répétez plusieurs fois l'opération en changeant de récipient – en n'oubliant pas de vérifier auparavant que chaque récipient est vide. Annoncez l'objectif du jour : « Aujourd'hui, nous allons voir qu'une quantité d'objets ne change pas, même quand on ne la voit plus ou quand on la change d'endroit. Peu importe le récipient ou la disposition, une quantité déplacée, mélangée ou transférée ne varie pas. »

### 2 Je manipule (par groupes de 6 à 8 élèves, 10 minutes)

Distribuez à chaque groupe d'élèves une assiette et une barquette de cinq jetons, ainsi que plusieurs récipients (une tasse, un bol, un verre, etc.). Demandez-leur de placer les cinq jetons dans l'assiette. Demandez ensuite à chaque élève les uns après les autres de transvaser tous les jetons d'un récipient à l'autre et d'en donner la quantité d'abord sans compter, puis en vérifiant. Chaque élève doit manipuler et compter, de manière à sentir que la quantité n'a pas changée.

### 3 Je représente (par groupes de 6 à 8 élèves, 10 minutes)

Demandez aux élèves d'ouvrir leur fichier à la page 40. Demandez aux élèves de décrire l'image, puis faites le lien avec l'activité qu'ils viennent de réaliser. Énoncez ensuite la consigne et assurez-vous de sa bonne compréhension. Maintenez l'échange avec les élèves afin qu'ils vous décrivent clairement les situations représentées sur leur fichier : « Combien va-t-il y avoir de boutons dans la tasse ? Il y en a quatre. En êtes-vous sûrs ? Oui, seulement s'il n'y avait pas de boutons avant dans la tasse ; sur le dessin, nous ne pouvons pas en être sûrs ! »

## DIFFÉRENCIATION

**Soutien :** Guidez les élèves qui ont du mal à comprendre la conservation des quantités en verbalisant et en leur faisant verbaliser chaque étape de leurs réalisations : posez-leur des questions sur ce qu'ils doivent faire ensuite, ce qu'ils remarquent, etc.
**Approfondissement :** Proposez aux élèves à l'aise avec la notion de conservation des quantités de refaire la même activité que dans la partie *Je manipule* en changeant la quantité de jetons de départ et les récipients.

# Séance 36 - Associer chiffre et quantité jusqu'à 6

**Notions abordées**

**Prérequis :** dénombrer jusqu'à 6, reconnaître les chiffres de 1 à 6.
**Objectifs didactiques :** associer chiffre et quantité jusqu'à 6.
**Graphisme :** tracer des ponts.

**Matériel pédagogique**

**Matériel :** 21 aimants pour la classe. 6 feuilles A4, 1 barquette et de la pâte à modeler pour chaque élève.
**Annexes :** 1 feuille modèle (annexe 2-8) imprimée en A3 pour la classe. 1 jeu de cartes-chiffres (annexe 2-1) et 1 jeu de cartes-images (annexe 2-9) par élève.
**Fichier :** page 41.

## DÉMARCHE PÉDAGOGIQUE

### 1 Je découvre (en classe entière, 10 minutes)

Sur le tapis de regroupement, revenez sur les acquis et interrogez les élèves : « Qu'avons-nous appris la dernière fois ? Nous avons appris qu'une quantité d'éléments ne change pas si on change sa disposition. » Accrochez la feuille modèle (annexe 2-8) imprimée en A3 au tableau. Demandez : « Que voyez-vous ? Il y a des chiffres disposés en lignes. Nous allons associer chaque chiffre à la quantité d'aimants qui lui correspond. » Montrez du doigt le chiffre 1 et demandez : « Combien d'aimants devrais-je placer à côté de ce chiffre ? » Une fois que les élèves ont trouvé, placez un aimant à côté du chiffre 1. Procédez de même jusqu'au chiffre 6, puis annoncez l'objectif du jour : « Aujourd'hui, nous allons apprendre à associer chiffre et quantité jusqu'à 6. »

### 2 Je manipule (par groupes de 6 à 8 élèves, 15 minutes)

Distribuez à chaque élève une barquette contenant les cartes-chiffres de l'annexe 2-1 et les cartes-images de l'annexe 2-9 ainsi que six feuilles de format A4. Chaque élève doit maintenant rassembler les collections d'images par groupes entre un et six éléments, les coller sur les feuilles (une feuille pour la quantité 1, une feuille pour la quantité 2, une feuille pour la quantité 3, etc.) puis y ajouter la carte-chiffre correspondant à la quantité représentée. Si le temps vous le permet, proposez aux élèves de compléter leurs feuilles en réalisant un dessin correspondant à chaque quantité sur les feuilles correspondantes. Vous pouvez enfin rassembler leurs feuilles en un petit livre propre à chaque élève en agrafant les pages entre elles.

### 3 Je représente (par groupes de 6 à 8 élèves, 5 minutes)

Demandez aux élèves d'ouvrir leur fichier à la page 41. Invitez-les à décrire ce qu'ils voient et faites le lien avec l'activité qu'ils viennent de réaliser. Énoncez ensuite la consigne et assurez-vous de sa bonne compréhension. Demandez aux élèves de commencer par compter la quantité de dinosaures sur la première ligne, puis de repasser avec leur index sur le chiffre. Procédez de même pour toutes les lignes.

## DIFFÉRENCIATION

**Soutien :** Proposez aux élèves en difficulté de créer des quantités en pâte à modeler. Faites-leur tirer au sort une carte-chiffre (annexe 2-1) dans leur barquette, puis demandez-leur de créer la bonne quantité de boules de pâte.
**Approfondissement :** Proposez aux élèves à l'aise avec la reconnaissance des chiffres de s'entraîner à les reproduire sur leur ardoise, en prévision des séances suivantes.

# Séance 37 - Écrire le chiffre 1

**Notions abordées**

**Prérequis :** reconnaître l'écriture chiffrée du 1.
**Objectifs didactiques :** écrire le chiffre 1.
**Graphisme :** tracer des ponts.

**Matériel pédagogique**

**Matériel :** 1 photocopie de la page 42 du fichier, 1 pochette plastique, 1 feutre effaçable, 1 barquette de semoule ou de sable fin et 1 en chiffre rugueux pour chaque élève.
**Annexes :** 1 jeu de cartes-chiffres (annexe 2-1) et 1 boîte de 5 (annexe 2-10) avec 1 case remplie pour la classe.
**Fichier :** page 42.

## DÉMARCHE PÉDAGOGIQUE

### 1 Je découvre (en classe entière, 10 minutes)

Sur le tapis de regroupement, revenez sur les acquis et interrogez les élèves : « Qu'avons-nous appris la dernière fois ? Nous avons appris à associer chiffre et quantité jusqu'à 6. » Montrez aux élèves les cartes-chiffres (annexe 2-1) dans le désordre et demandez-leur de vous donner les noms de chaque chiffre que vous montrerez du doigt, pour en tester la reconnaissance. Montrez la boîte de 5 avec une case remplie (annexe 2-10) et dites : « Quelle quantité est représentée sur cette boîte ? » Demandez ensuite à un élève de venir chercher la carte-chiffre à associer à cette quantité, puis annoncez l'objectif du jour : « Aujourd'hui, nous allons apprendre à tracer le chiffre 1. » Présentez le geste graphique du 1 à l'aide de la petite histoire du 1 : « Le 1 aime la randonnée en montagne. Le matin, il grimpe la montagne *(faites le geste du trait oblique)* et quand il arrive en haut, il est très fatigué, il glisse tout droit jusqu'en bas *(faites le geste d'un trait vertical)*. » Racontez cette histoire une fois seul en mimant, puis une seconde fois en la faisant mimer en même temps par les élèves.

### 2 Je manipule (par groupes de 6 à 8 élèves, 10 minutes)

Rappelez aux enfants l'histoire du 1, puis demandez-leur de tracer dans les airs le chiffre 1 en même temps que vous (si vous êtes face aux élèves, pensez à tracer votre 1 en écriture en miroir). Faites-les s'entraîner à plusieurs reprises dans les airs puis à l'aide du 1 en chiffre rugueux, en repassant avec leur index et leur majeur. Une fois le geste bien acquis, distribuez à chaque élève une barquette de sable fin ou de semoule et laissez-les s'entraîner à écrire le chiffre 1 avec un crayon.

### 3 Je représente (par groupes de 6 à 8 élèves, 10 minutes)

Demandez aux élèves d'ouvrir leur fichier à la page 42. Invitez-les à décrire ce qu'ils voient et faites le lien avec l'activité qu'ils viennent de réaliser. Faites-leur observer l'image et demandez : « Combien y a-t-il de briques de jus ? Il y en a une. » Énoncez ensuite la consigne et assurez-vous de sa bonne compréhension. Les enfants repassent d'abord sur les pointillés de la brique de jus pour s'échauffer la main, d'abord avec leur index puis au crayon. Ils doivent ensuite tracer le chiffre 1, toujours en commençant par tracer avec leur index puis au crayon.

## DIFFÉRENCIATION

**Soutien :** Les chiffres rugueux de la pédagogie Montessori sont un outil très intéressant pour aider les élèves en difficulté. Montrez-leur le chiffre 1, nommez-le puis, sans faire de commentaire, montrez le geste pour repasser avec l'index et le majeur sur le chiffre rugueux. Invitez-les à faire de même. Vous pouvez également les inviter à s'entraîner sur une photocopie de la page 42 du fichier que vous placerez dans une pochette plastique : les élèves peuvent repasser sur le 1 sur la pochette plastique à l'aide d'un feutre effaçable et sur laquelle ils pourront s'entraîner autant de fois que nécessaire.
**Approfondissement :** Proposez aux élèves à l'aise avec l'écriture du chiffre de tracer des 1 sans modèle sur leur ardoise.

# Séance 38 - Écrire le chiffre 2

## Notions abordées

**Prérequis :** écrire le chiffre 1 et reconnaître l'écriture chiffrée du 2.
**Objectifs didactiques :** écrire le chiffre 2.
**Graphisme :** tracer le chiffre 1.

## Matériel pédagogique

**Matériel :** 1 photocopie de la page 43 du fichier, 1 pochette plastique, 1 feutre effaçable, 1 barquette de semoule ou de sable fin et 2 en chiffre rugueux pour chaque élève.
**Annexes :** 1 jeu de cartes-chiffres (annexe 2-1) et 1 boîte de 5 (annexe 2-10) avec 2 cases remplies pour la classe.
**Fichier :** page 43.

## DÉMARCHE PÉDAGOGIQUE

### 1 Je découvre (en classe entière, 10 minutes)

Sur le tapis de regroupement, revenez sur les acquis et interrogez les élèves : « Qu'avons-nous appris la dernière fois ? Nous avons appris à écrire le chiffre 1. » Revenez sur cet apprentissage en demandant aux élèves de tracer des 1 dans les airs. Montrez dans le désordre les **cartes-chiffres (annexe 2-1)** à la classe et demandez aux enfants de vous donner le nom du chiffre. Montrez la **boîte de 5 avec deux cases remplies (annexe 2-10)** et dites : « Quelle quantité est représentée ? » Demandez ensuite à un élève de venir chercher la carte-chiffre à associer à cette quantité puis annoncez l'objectif du jour : « Aujourd'hui, nous allons apprendre à tracer le chiffre 2. » Présentez le geste graphique du 2 à l'aide de la petite histoire du 2 : « Le 2 se lève d'un bond *(faites le geste d'un pont)* puis glisse sur un toboggan *(faites le geste d'un trait oblique)*. Il ne faut pas oublier ses pieds sinon il pourrait tomber *(faites le geste d'un trait horizontal)*. »

### 2 Je manipule (par groupes de 6 à 8 élèves, 10 minutes)

Rappelez aux enfants l'histoire du 2, puis demandez-leur de tracer dans les airs le 2 en même temps que vous (si vous êtes face aux élèves, pensez à tracer votre 2 en écriture en miroir). Faites-les s'entraîner à plusieurs reprises puis à l'aide du **2 en chiffre rugueux**, en repassant avec leur index et leur majeur. Une fois le geste bien acquis, distribuez à chaque élève une **barquette de sable fin ou de semoule** et laissez-les s'entraîner à écrire le chiffre 2 avec un crayon.

### 3 Je représente (par groupes de 6 à 8 élèves, 10 minutes)

Demandez aux élèves d'ouvrir leur fichier à la **page 43**. Invitez-les à décrire ce qu'ils voient et faites le lien avec l'activité qu'ils viennent de réaliser. Faites-leur observer l'image et demandez : « Combien y a-t-il de nœuds papillon ? Il y en a deux. » Énoncez ensuite la consigne et assurez-vous de sa bonne compréhension. Les enfants repassent d'abord sur les pointillés des nœuds papillon pour s'échauffer la main, d'abord avec leur index puis au crayon. Ils doivent ensuite tracer le chiffre 2, toujours en commençant par tracer avec leur index puis au crayon.

## DIFFÉRENCIATION

**Soutien :** Les **chiffres rugueux** de la pédagogie Montessori sont un outil très intéressant pour aider les élèves en difficulté. Montrez-leur le chiffre 2, nommez-le puis, sans faire de commentaire, montrez le geste pour repasser avec l'index et le majeur sur le chiffre rugueux. Invitez-les à faire de même. Vous pouvez également les inviter à s'entraîner sur une **photocopie de la page 43** du fichier que vous placerez dans une **pochette plastique** : les élèves peuvent repasser sur le 2 sur la pochette plastique à l'aide d'un **feutre effaçable** et sur laquelle ils pourront s'entraîner autant de fois que nécessaire.
**Approfondissement :** Proposez aux élèves à l'aise avec l'écriture du chiffre de tracer des 2 sans modèle sur leur ardoise.

# Séance 39 - Dénombrer et écrire les chiffres jusqu'à 2

**Notions abordées**

**Prérequis :** écrire les chiffres 1 et 2 et dénombrer jusqu'à 2 éléments.
**Objectifs didactiques :** associer écriture chiffrée et quantité jusqu'à 2.
**Graphisme :** tracer le chiffre 2.

**Matériel pédagogique**

**Matériel :** 4 photos de collections d'objets de la classe (2 éléments maximum par collection), 1 barquette de semoule ou de sable fin et chiffres rugueux 1 et 2 pour chaque élève.
**Annexes :** 1 aide à l'écriture (annexe 2-11) et 1 jeu des gabarits des chiffres (annexe 2-12) par élève.
**Fichier :** page 44.

## DÉMARCHE PÉDAGOGIQUE

### 1 Je découvre (en classe entière, 10 minutes)

Sur le tapis de regroupement, revenez sur les acquis et interrogez les élèves : « Qu'avons-nous appris la dernière fois ? Nous avons appris à écrire le chiffre 2 ; et, avant cela, le chiffre 1. » Demandez aux élèves de vous montrer dans les airs comment tracer le chiffre 1, puis le chiffre 2. En suivant leurs gestes et instructions, tracez les chiffres au tableau. Affichez ensuite une **photo d'un objet de la classe** au tableau. Demandez : « Combien y a-t-il d'objets sur cette photo ? Il y en a un. » À côté de la photo, écrivez le chiffre 1. Faites de même avec une photo de deux objets et le chiffre 2. Annoncez l'objectif du jour : « Aujourd'hui, nous allons apprendre à dénombrer un ou deux éléments puis à écrire le chiffre correspondant. »

### 2 Je manipule (par groupes de 6 à 8 élèves, 10 minutes)

Revenez sur l'activité de la partie *Je découvre* : « Qui peut rappeler au groupe ce que nous avons fait durant l'activité en grand groupe ? Nous avons revu l'écriture des chiffres 1 et 2. » Distribuez à chaque élève un ensemble de **quatre photos de collections d'objets de la classe** ainsi qu'une **barquette de semoule ou de sable fin** et leur ardoise puis dites : « Comptez les objets de la photo puis écrivez le chiffre de la quantité trouvée, d'abord dans la barquette puis sur l'ardoise. » Profitez de ce moment pour corriger les élèves ou les conseiller sur la façon de tenir leur stylo, de le bouger, etc.

### 3 Je représente (par groupes de 6 à 8 élèves, 10 minutes)

Demandez aux élèves d'ouvrir leur fichier à la **page 44**. Invitez-les à décrire ce qu'ils voient et faites le lien avec l'activité qu'ils viennent de réaliser. Énoncez ensuite la consigne et assurez-vous de sa bonne compréhension. Demandez aux enfants de dénombrer la collection d'une case, puis de tracer le chiffre avec l'index avant d'écrire au crayon. Vous pouvez leur proposer **l'aide à l'écriture (annexe 2-11)** pour les aider dans les tracés des chiffres.

## DIFFÉRENCIATION

**Soutien :** Repassez par une étape de manipulation des **chiffres rugueux 1 et 2** avec les élèves en difficulté. Si malgré cela les difficultés persistent, vous pouvez leur proposer de s'appuyer sur **l'aide à l'écriture (annexe 2-11)** pour s'entraîner en repassant sur les **gabarits des chiffres (annexe 2-12)**.
**Approfondissement :** Proposez aux élèves avancés de s'entraîner à tracer des 1 et des 2 sur une feuille en changeant d'outils scripteurs : crayon de papier, crayon de couleur, feutre fin, stylo bille, etc.

# Séance 40 - Écrire le chiffre 3

**Notions abordées**

**Prérequis :** écrire les chiffres 1 et 2 et dénombrer jusqu'à 3 éléments.
**Objectifs didactiques :** écrire le chiffre 3.
**Graphisme :** tracer le chiffre 1.

**Matériel pédagogique**

**Matériel :** 1 photocopie de la page 45 du fichier par élève, 1 pochette plastique, 1 feutre effaçable, 1 barquette de semoule ou de sable fin et 3 en chiffre rugueux pour chaque élève.
**Annexes :** 1 jeu de cartes-chiffres (annexe 2-1) et 1 boîte de 5 (annexe 2-10) avec 3 cases remplies pour la classe.
**Fichier :** page 45.

## DÉMARCHE PÉDAGOGIQUE

### 1 Je découvre (en classe entière, 10 minutes)

Sur le tapis de regroupement, revenez sur les acquis et interrogez les élèves : « Qu'avons-nous appris la dernière fois ? Nous avons appris à compter et à écrire les chiffres jusqu'à 2. » Revenez sur ces apprentissages en demandant aux élèves de tracer des 1 puis des 2 dans les airs. Montrez dans le désordre les cartes-chiffres (annexe 2-1) à la classe et demandez aux enfants de dire le nom du chiffre. Montrez la boîte de 5 avec trois cases remplies (annexe 2-10) et dites : « Quelle quantité est représentée ? » Demandez ensuite à un élève de venir chercher la carte-chiffre à associer à cette quantité puis annoncez l'objectif du jour : « Aujourd'hui, nous allons apprendre à tracer le chiffre 3. » Présentez le geste graphique du 3 à l'aide de la petite histoire du 3, dites : « Le 3 est très gourmand, il a un premier ventre *(faites le geste d'un demi-cercle vertical)* et un deuxième gros ventre *(faites le geste d'un demi-cercle vertical)*. »

### 2 Je manipule (par groupes de 6 à 8 élèves, 10 minutes)

Rappelez aux enfants l'histoire du 3, puis demandez-leur de tracer dans les airs le chiffre 3 en même temps que vous (si vous êtes face aux élèves, pensez à tracer votre 3 en écriture en miroir). Faites-les s'entraîner à plusieurs reprises à l'aide du 3 en chiffre rugueux, en repassant avec leur index et leur majeur. Une fois le geste bien acquis, distribuez à chaque élève une barquette de sable fin ou de semoule et laissez-les s'entraîner à écrire le chiffre 3 avec un crayon.

### 3 Je représente (par groupes de 6 à 8 élèves, 10 minutes)

Demandez aux élèves d'ouvrir leur fichier à la page 45. Invitez-les à décrire ce qu'ils voient et faites le lien avec l'activité qu'ils viennent de réaliser. Faites-leur observer l'image et demandez : « Combien y a-t-il de ballons ? Il y en a trois. » Énoncez ensuite la consigne et assurez-vous de sa bonne compréhension. Les enfants repassent d'abord sur les pointillés des ballons pour s'échauffer la main, d'abord avec leur index puis au crayon. Ils doivent ensuite tracer le chiffre 3, toujours en commençant par tracer avec leur index puis au crayon.

## DIFFÉRENCIATION

**Soutien :** Les chiffres rugueux de la pédagogie Montessori sont un outil très intéressant pour aider les élèves en difficulté. Montrez-leur le chiffre 3, nommez-le puis sans faire de commentaire, montrez le geste pour repasser avec l'index et le majeur sur le chiffre rugueux. Invitez-les à faire de même. Vous pouvez également les inviter à s'entraîner sur une photocopie de la page 45 du fichier que vous placerez dans une pochette plastique : les élèves peuvent repasser sur le 3 sur la pochette plastique à l'aide d'un feutre effaçable et sur laquelle ils pourront s'entraîner autant de fois que nécessaire.
**Approfondissement :** Proposez aux élèves à l'aise avec l'écriture du chiffre de tracer des 3 sans modèle sur leur ardoise.

# Séance 41 - Dénombrer et écrire les chiffres jusqu'à 3

**Notions abordées**

**Prérequis :** écrire les chiffres 1, 2 et 3 et dénombrer jusqu'à 3 éléments.
**Objectifs didactiques :** associer écriture chiffrée et quantité jusqu'à 3.
**Graphisme :** tracer le chiffre 2.

**Matériel pédagogique**

**Matériel :** 6 photos de collections d'objets de la classe (3 maximum par collection), 1 barquette de semoule ou de sable fin, chiffres rugueux de 1 à 3 et 1 feuille par élève.
**Annexes :** 1 aide à l'écriture (annexe 2-11) et 1 jeu des gabarits des chiffres (annexe 2-12) par élève.
**Fichier :** page 46.

## DÉMARCHE PÉDAGOGIQUE

### 1 Je découvre (en classe entière, 10 minutes)

Sur le tapis de regroupement, revenez sur les acquis et interrogez les élèves : « Qu'avons-nous appris la dernière fois ? Nous avons appris à écrire le chiffre 3 ; mais, avant cela, les chiffres 1 et 2. » Demandez aux élèves de vous rappeler comment tracer le chiffre 1, le chiffre 2 puis le chiffre 3. Ils peuvent vous raconter les petites histoires des chiffres, ou bien seulement mimer le geste d'écriture. En suivant leurs instructions, tracez les chiffres au tableau. Montrez ensuite une **photo de trois objets de la classe** puis affichez-la au tableau. Demandez : « Combien y a-t-il d'objets ? Il y en a trois. » À côté de la photo, écrivez le chiffre 3, puis annoncez l'objectif du jour : « Aujourd'hui, nous allons apprendre à associer chiffre et quantité jusqu'à 3. »

### 2 Je manipule (par groupes de 6 à 8 élèves, 10 minutes)

Revenez sur l'activité de la partie *Je découvre* : « Qui peut rappeler au groupe ce que nous avons fait durant l'activité en grand groupe ? Nous avons revu l'écriture des chiffres 1, 2 et 3. » Distribuez à chaque enfant un ensemble de **six photos de collections d'objets de la classe** ainsi qu'une **barquette de semoule ou de sable fin** et une ardoise puis dites : « Comptez les objets de la photo puis écrivez le chiffre de la quantité trouvée, d'abord dans la barquette puis sur l'ardoise. » Profitez de ce moment pour corriger les élèves ou les conseiller sur la façon de tenir leur stylo, de le bouger, etc.

### 3 Je représente (par groupes de 6 à 8 élèves, 10 minutes)

Demandez aux élèves d'ouvrir leur fichier à la **page 46**. Invitez-les à décrire ce qu'ils voient et faites le lien avec l'activité qu'ils viennent de réaliser. Énoncez ensuite la consigne et assurez-vous de sa bonne compréhension. Demandez aux enfants de dénombrer la collection d'une case, puis de tracer le chiffre avec l'index avant d'écrire au crayon. Vous pouvez leur proposer **l'aide à l'écriture (annexe 2-11)** pour les aider dans les tracés des chiffres.

## DIFFÉRENCIATION

**Soutien :** Repassez par une étape de manipulation des **chiffres rugueux 1, 2 et 3** avec les élèves en difficulté. Si malgré cela les difficultés persistent, vous pouvez leur proposer de s'appuyer sur **l'aide à l'écriture (annexe 2-11)** pour s'entraîner en repassant sur les **gabarits des chiffres (annexe 2-12)**.
**Approfondissement :** Proposez aux élèves avancés de s'entraîner à tracer des 1, des 2 et des 3 sur une **feuille** en changeant d'outils scripteurs : crayon de papier, crayon de couleur, feutre fin, stylo bille, etc.

# Séance 42 - Écrire le chiffre 4

**Notions abordées**

**Prérequis :** écrire les chiffres 1, 2 et 3 et dénombrer jusqu'à 4 éléments.
**Objectifs didactiques :** écrire le chiffre 4.
**Graphisme :** tracer le chiffre 3.

**Matériel pédagogique**

**Matériel :** 1 photocopie de la page 47 du fichier par élève, 1 pochette plastique et 1 feutre effaçable par élève, 1 barquette de semoule ou de sable fin par élève et 4 en chiffre rugueux pour chaque élève.
**Annexes :** 1 jeu de cartes-chiffres (annexe 2-1) et 1 boîte de 5 (annexe 2-10) avec 4 cases remplies pour la classe.
**Fichier :** page 47.

## DÉMARCHE PÉDAGOGIQUE

### 1 Je découvre (en classe entière, 10 minutes)

Sur le tapis de regroupement, revenez sur les acquis et interrogez les élèves : « Qu'avons-nous appris la dernière fois ? Nous avons appris à compter et écrire les chiffres 1, 2 et 3. » Revenez sur ces apprentissages en demandant aux élèves de tracer des 1, des 2 puis des 3 dans les airs. Montrez dans le désordre les cartes-chiffres (annexe 2-1) à la classe et demandez aux enfants de dire le nom du chiffre. Montrez la boîte de 5 avec quatre cases remplies (annexe 2-10) et dites : « Quelle quantité est représentée ? » Demandez ensuite à un élève de venir chercher la carte-chiffre à associer à cette quantité, puis annoncez l'objectif du jour : « Aujourd'hui, nous allons apprendre à tracer le chiffre 4. » Présentez le geste graphique du 4 à l'aide de la petite histoire du 4 : « Le 4 est le meilleur copain du 2. Il glisse sur le toboggan *(faites le geste d'un trait oblique)*. Il ne faut pas oublier ses pieds *(faites le geste d'un trait horizontal)*. Comme il a peur, il ne sort jamais sans son bâton *(faites le geste d'un trait vertical).* »

### 2 Je manipule (par groupes de 6 à 8 élèves, 10 minutes)

Rappelez aux enfants l'histoire du 4, puis demandez-leur de tracer dans les airs le 4 en même temps que vous (si vous êtes face aux élèves, pensez à tracer votre 4 en écriture en miroir). Faites-les s'entraîner à plusieurs reprises puis à l'aide du 4 en chiffre rugueux, en repassant avec leur index et leur majeur. Une fois le geste bien acquis, distribuez à chaque élève une barquette de sable fin ou de semoule et laissez-les s'entraîner à écrire avec un crayon.

### 3 Je représente (par groupes de 6 à 8 élèves, 10 minutes)

Demandez aux élèves d'ouvrir leur fichier à la page 47. Invitez-les à décrire ce qu'ils voient et faites le lien avec l'activité qu'ils viennent de réaliser. Faites-leur observer l'image et demandez : « Combien y a-t-il de poissons ? Il y en a quatre. » Énoncez ensuite la consigne et assurez-vous de sa bonne compréhension. Les enfants repassent d'abord sur les pointillés des poissons pour s'échauffer la main, d'abord avec leur index puis au crayon. Ils doivent ensuite tracer le chiffre 4, toujours en commençant par tracer avec leur index puis au crayon.

## DIFFÉRENCIATION

**Soutien :** Les chiffres rugueux de la pédagogie Montessori sont un outil très intéressant pour aider les élèves en difficulté. Montrez-leur le chiffre 4, nommez-le puis sans faire de commentaire, montrez le geste pour repasser avec l'index et le majeur sur le chiffre rugueux. Invitez-les à faire de même. Vous pouvez également les inviter à s'entraîner sur une photocopie de la page 47 du fichier que vous placerez dans une pochette plastique : les élèves peuvent repasser sur le 4 sur la pochette plastique à l'aide d'un feutre effaçable et sur laquelle ils pourront s'entraîner autant de fois que nécessaire.
**Approfondissement :** Proposez aux élèves à l'aise avec l'écriture du chiffre de tracer des 4 sans modèle sur leur ardoise.

# Séance 43 - Dénombrer et écrire les chiffres jusqu'à 4

**Notions abordées**

**Prérequis :** écrire les chiffres 1, 2, 3 et 4 et dénombrer jusqu'à 4 éléments.
**Objectifs didactiques :** associer écriture chiffrée et quantité jusqu'à 4.
**Graphisme :** tracer le chiffre 4.

**Matériel pédagogique**

**Matériel :** 4 photos de collections d'objets de la classe (4 maximum par collection), 1 barquette de semoule ou de sable fin, chiffres rugueux de 1 à 4 et 4 bandes de papier colorées et de tailles différentes par élève.
**Annexes :** 1 aide à l'écriture (annexe 2-11) et 1 jeu des gabarits des chiffres (annexe 2-12) par élève.
**Fichier :** page 48.

## DÉMARCHE PÉDAGOGIQUE

### 1 Je découvre (en classe entière, 10 minutes)

Sur le tapis de regroupement, revenez sur les acquis et interrogez les élèves : « Qu'avons-nous appris la dernière fois ? Nous avons appris à écrire le chiffre 4. Quels autres chiffres avez-vous appris à écrire ? » Demandez aux élèves de vous rappeler comment tracer le chiffre 4 puis revoyez l'écriture des autres chiffres. Ils peuvent vous raconter les petites histoires des chiffres, ou bien seulement mimer le geste d'écriture. En suivant leurs instructions, tracez les chiffres au tableau. Montrez ensuite une photo d'un objet de la classe puis affichez-la au tableau. Demandez : « Combien y a-t-il d'objets ? Il y en a quatre. » À côté de la photo, écrivez le chiffre 4, puis annoncez l'objectif du jour : « Aujourd'hui, nous allons apprendre à associer chiffre et quantité jusqu'à 4. »

### 2 Je manipule (par groupes de 6 à 8 élèves, 10 minutes)

Revenez sur l'activité de la partie *Je découvre* : « Qui peut rappeler au groupe ce que nous avons fait durant l'activité en grand groupe ? Nous avons revu l'écriture des chiffres 1, 2, 3 et 4. » Distribuez à chaque enfant un ensemble de quatre photos de collections d'objets de la classe ainsi qu'une barquette de semoule ou de sable fin et une ardoise puis dites : « Comptez les objets de la photo puis écrivez le chiffre de la quantité trouvée, d'abord dans la barquette puis sur l'ardoise. » Profitez de ce moment pour corriger les élèves ou les conseiller sur la façon de tenir leur stylo, de le bouger, etc.

### 3 Je représente (par groupes de 6 à 8 élèves, 10 minutes)

Demandez aux élèves d'ouvrir leur fichier à la page 48. Invitez-les à décrire ce qu'ils voient et faites le lien avec l'activité qu'ils viennent de réaliser. Énoncez ensuite la consigne et assurez-vous de sa bonne compréhension. Explicitez en montrant l'orange : « Dans la case au-dessous de l'orange, nous allons écrire le nombre d'oranges. » Demandez aux enfants de tracer le chiffre d'abord avec l'index, puis au crayon. Vous pouvez leur proposer l'aide à l'écriture (annexe 2-11) pour les aider dans les tracés des chiffres.

## DIFFÉRENCIATION

**Soutien :** Repassez par la manipulation des chiffres rugueux de 1 à 4 avec les élèves en difficulté. Si malgré cela les difficultés persistent, vous pouvez leur proposer de s'appuyer sur l'aide à l'écriture (annexe 2-11) pour s'entraîner en repassant sur les gabarits des chiffres (annexe 2-12).
**Approfondissement :** Proposez aux élèves plus à l'aise avec l'écriture des chiffres de tracer les chiffres de 1 à 4 sur des bandes de papier colorées et de tailles différentes. Les chiffres doivent être de la même taille que la bande de papier (ils ne doivent pas être trop petits, ni dépassant). La largeur des bandes étant décroissante, les élèves devront écrire de plus en plus petit. C'est aussi un excellent exercice pour préparer à l'écriture calibrée.

# Séance 44 - Écrire le chiffre 5

**Notions abordées**

**Prérequis :** écrire les chiffres jusqu'à 4 et dénombrer jusqu'à 5 éléments.
**Objectifs didactiques :** écrire le chiffre 5.
**Graphisme :** tracer le chiffre 1.

**Matériel pédagogique**

**Matériel :** 1 photocopie de la page 49 du fichier, 1 pochette plastique, 1 feutre effaçable, 1 barquette de semoule ou de sable fin et 5 en chiffre rugueux pour chaque élève.
**Annexes :** 1 jeu de cartes-chiffres (annexe 2-1) et 1 jeu de boîte de 5 (annexe 2-10) avec toutes les cases remplies pour la classe.
**Fichier :** page 49.

## DÉMARCHE PÉDAGOGIQUE

### 1 Je découvre (en classe entière, 10 minutes)

Sur le tapis de regroupement, revenez sur les acquis et interrogez les élèves : « Qu'avons-nous appris la dernière fois ? Nous avons appris à écrire les chiffres 1, 2, 3 et 4. » Revenez sur ces apprentissages en demandant aux élèves de tracer des 1, des 2, des 3 puis des 4 dans les airs. Montrez dans le désordre les **cartes-chiffres (annexe 2-1)** à la classe et demandez aux élèves de dire le nom du chiffre. Montrez la **boîte de 5 avec toutes les cases remplies (annexe 2-10)** et dites : « Quelle quantité est représentée ? » Demandez ensuite à un élève de venir chercher la carte-chiffre à associer à cette quantité puis annoncez l'objectif du jour : « Aujourd'hui, nous allons apprendre à tracer le chiffre 5. » Présentez le geste graphique du 5 à l'aide de la petite histoire du 5 : « Le 5, c'est le gendarme. Il a le dos bien droit *(faites le geste d'un trait vertical)*, un gros ventre *(faites le geste d'un demi-cercle vertical)*. On n'oublie surtout pas son képi *(faites le geste d'un trait horizontal)* ! »

### 2 Je manipule (par groupes de 6 à 8 élèves, 10 minutes)

Rappelez aux enfants l'histoire du 5 puis demandez-leur de tracer dans les airs le 5 en même temps que vous (si vous êtes face aux élèves, pensez à tracer votre 5 en écriture en miroir). Faites-les s'entraîner à plusieurs reprises puis à l'aide du **5 en chiffre rugueux** en repassant avec leur index et leur majeur. Une fois le geste bien acquis, distribuez à chaque élève une **barquette de sable fin ou de semoule** et laissez-les s'entraîner à écrire le chiffre 5 avec un crayon.

### 3 Je représente (par groupes de 6 à 8 élèves, 10 minutes)

Demandez aux élèves d'ouvrir leur fichier à la **page 49**. Invitez-les à décrire ce qu'ils voient et faites le lien avec l'activité qu'ils viennent de réaliser. Faites-leur observer l'image et demandez : « Combien y a-t-il de fleurs ? Il y en a cinq. » Énoncez ensuite la consigne et assurez-vous de sa bonne compréhension. Les enfants repassent d'abord sur les pointillés des fleurs pour s'échauffer la main, d'abord avec leur index puis au crayon. Ils doivent ensuite tracer le chiffre 5, toujours en commençant par tracer avec leur index puis au crayon.

## DIFFÉRENCIATION

**Soutien :** Les **chiffres rugueux** de la pédagogie Montessori sont un outil très intéressant pour aider les élèves en difficulté. Montrez-leur le chiffre 5, nommez-le puis sans faire de commentaire, montrez le geste pour repasser avec l'index et le majeur sur le chiffre rugueux. Invitez-les à faire de même. Vous pouvez également les inviter à s'entraîner sur une **photocopie de la page 49** du fichier que vous placerez dans une **pochette plastique** : les élèves peuvent repasser sur le 5 sur la pochette plastique à l'aide d'un **feutre effaçable** et sur laquelle ils pourront s'entraîner autant de fois que nécessaire.
**Approfondissement :** Proposez aux élèves à l'aise avec l'écriture du chiffre de tracer des 5 sans modèle sur leur ardoise.

# Séance 45 - Dénombrer et écrire les chiffres jusqu'à 5

**Notions abordées**

**Prérequis :** écrire les chiffres 1, 2, 3, 4 et 5.
**Objectifs didactiques :** associer écriture chiffrée et quantité jusqu'à 5.
**Graphisme :** tracer le chiffre 2.

**Matériel pédagogique**

**Matériel :** 5 photos de collections d'objets de la classe (de 1 à 5 par collection), 1 barquette de semoule ou de sable fin par élève, chiffres rugueux de 1 à 5 et 5 bandes de papier colorées et de tailles différentes par élève.
**Annexes :** 1 aide à l'écriture (annexe 2-11) et 1 jeu des gabarits des chiffres (annexe 2-12) par élève.
**Fichier :** page 50.

## DÉMARCHE PÉDAGOGIQUE

### 1 Je découvre (en classe entière, 10 minutes)

Sur le tapis de regroupement, revenez sur les acquis et interrogez les élèves : « Qu'avons-nous appris la dernière fois ? Nous avons appris à écrire le chiffre 5. » Demandez aux élèves de vous rappeler comment tracer le chiffre 5 puis les autres chiffres. Ils peuvent vous raconter les petites histoires des chiffres, ou bien seulement mimer le geste d'écriture. En suivant leurs instructions, tracez les chiffres au tableau. Montrez ensuite une photo de cinq objets de la classe puis affichez-la au tableau. Demandez : « Combien y a-t-il d'objets ? Il y en a cinq. » À côté de la photo, écrivez le chiffre 5, puis annoncez l'objectif du jour : « Aujourd'hui, nous allons apprendre à associer chiffre et quantité jusqu'à 5. »

### 2 Je manipule (par groupes de 6 à 8 élèves, 10 minutes)

Revenez sur l'activité de la partie *Je découvre* : « Qui peut rappeler au groupe ce que nous avons fait durant l'activité en grand groupe ? Nous avons revu l'écriture des chiffres 1, 2, 3, 4 et 5. » Distribuez à chaque enfant un ensemble de cinq photos de collections d'objets de la classe ainsi qu'une barquette de semoule ou de sable fin et une ardoise puis dites : « Comptez les objets de la photo puis écrivez le chiffre de la quantité trouvée, d'abord dans la barquette puis sur l'ardoise. » Profitez de ce moment pour corriger les élèves ou les conseiller sur la façon de tenir leur stylo, de le bouger, etc.

### 3 Je représente (par groupes de 6 à 8 élèves, 10 minutes)

Demandez aux élèves d'ouvrir leur fichier à la page 50. Invitez-les à décrire ce qu'ils voient et faites le lien avec l'activité qu'ils viennent de réaliser. Énoncez ensuite la consigne et assurez-vous de sa bonne compréhension. Explicitez en montrant la vache : « Il y a une vache. Dans la case à côté de la vache, nous allons écrire le chiffre 1. » Demandez aux enfants de tracer les chiffres avec l'index dans un premier temps, puis au crayon dans un second temps. Vous pouvez leur proposer l'aide à l'écriture (annexe 2-11) pour les aider dans les tracés des chiffres.

## DIFFÉRENCIATION

**Soutien :** Repassez par la manipulation des chiffres rugueux jusqu'à 5 avec les élèves en difficulté. Si malgré cela les difficultés persistent, vous pouvez leur proposer de s'appuyer sur l'aide à l'écriture (annexe 2-11) pour s'entraîner en repassant sur les gabarits des chiffres (annexe 2-12).
**Approfondissement :** Proposez aux élèves plus à l'aise avec l'écriture des chiffres de tracer les chiffres de 1 à 5 sur des bandes de papier colorées et de tailles différentes. Les chiffres doivent être de la même taille que la bande de papier (ni trop petit, ni dépassant). La largeur des bandes étant décroissante, les élèves devront écrire de plus en plus petit. C'est aussi un excellent exercice pour préparer à l'écriture calibrée.

# Séance 46 - Écrire les chiffres de 1 à 5

**Notions abordées**

**Prérequis :** écrire les chiffres de 1 à 5.
**Objectifs didactiques :** réviser l'écriture des chiffres de 1 à 5.
**Graphisme :** tracer le chiffre 3.

**Matériel pédagogique**

**Matériel :** 15 gommettes, 15 jetons, 1 photocopie de la page 51, 1 pochette plastique et 1 feutre effaçable par élève.
**Annexe :** 1 jeu des boîtes de 5 (annexe 2-10) avec 1 à 5 cases remplies pour la classe et 5 vierges par élève.
**Fichier :** page 51.

## DÉMARCHE PÉDAGOGIQUE

### 1 Je découvre (en classe entière, 10 minutes)

Sur le tapis de regroupement, revenez sur les acquis et interrogez les élèves : « Qu'avons-nous appris la dernière fois ? Nous avons appris à écrire les chiffres 1, 2, 3, 4 et 5. » Revenez sur ces apprentissages en demandant aux élèves de tracer des 1, des 2, des 3, des 4 puis des 5 dans les airs ; ils peuvent également vous raconter les histoires de ces chiffres. Montrez aux enfants les cinq boîtes de 5 (annexe 2-10) complétées de 1 à 5 et demandez pour chacune : « Combien y a-t-il de points dans cette boîte ? » Affichez chaque boîte au tableau, puis demandez à un élève de venir écrire le nombre de points correspondant. Annoncez l'objectif du jour : « Aujourd'hui, nous allons revoir l'écriture des chiffres de 1 à 5. »

### 2 Je manipule (par groupes de 6 à 8 élèves, 10 minutes)

Distribuez à chaque enfant cinq boîtes de 5 vierges (annexe 2-10) ainsi que quinze jetons et des quinze gommettes puis dites : « Collez des gommettes dans chaque boîte de sorte que les quantités 1, 2, 3, 4 et 5 soient représentées. » Une fois que vous avez vérifié que chaque feuille a une quantité de gommettes différentes et correctes, dites : « Tracez à côté de chaque boîte le chiffre correspondant à la quantité que vous venez de créer. » Demandez aux élèves de commencer par vous expliquer le chiffre qu'ils ont l'intention d'écrire à côté de chaque boîte, puis demandez-leur de s'entraîner à le tracer d'abord avec leur index puis leur crayon.

### 3 Je représente (par groupes de 6 à 8 élèves, 10 minutes)

Demandez aux élèves d'ouvrir leur fichier à la page 51. Invitez-les à décrire ce qu'ils voient et faites le lien avec l'activité qu'ils viennent de réaliser. Énoncez ensuite la consigne et assurez-vous de sa bonne compréhension. Demandez aux élèves de procéder ligne par ligne : ils doivent d'abord pointer du doigt chaque point dans la boîte de 5 en comptant à voix haute. Demandez ensuite aux élèves d'écrire avec leur index le chiffre en suivant le pointillé, puis de le tracer au crayon ; ils pourront reproduire ces deux étapes sur les lignes sans pointillés. Procédez de même pour chaque ligne.

## DIFFÉRENCIATION

**Soutien :** Poursuivez l'entraînement des élèves en difficulté en les faisant écrire au feutre effaçable sur une photocopie de la page 51 placée dans une pochette plastique. Vous pouvez placer un point rouge sur toute la ligne, à l'endroit où ils doivent écrire les chiffres, afin de les aider dans le repérage dans l'espace de la feuille, et ajouter éventuellement des flèches.
**Approfondissement :** Proposez aux élèves à l'aise avec le comptage et l'écriture de réaliser un dessin selon des consignes précises : « Dessinez trois arbres, un soleil, deux bonshommes, quatre nuages, cinq fleurs… »

# Séance 47 - Écrire le chiffre 6

## Notions abordées

**Prérequis :** écrire les chiffres de 1 à 5 et dénombrer jusqu'à 6 éléments.
**Objectifs didactiques :** écrire le chiffre 6.
**Graphisme :** tracer le chiffre 4.

## Matériel pédagogique

**Matériel :** 1 photocopie de la page 52 du fichier par élève, 1 pochette plastique et 1 feutre effaçable par élève, 1 barquette de semoule ou de sable fin par élève et 6 en chiffre rugueux pour chaque élève.
**Annexes :** 1 jeu de cartes-chiffres (annexe 2-1) et 1 boîte de 10 (annexe 2-10) aux 6 cases remplies pour la classe.
**Fichier :** page 52.

## DÉMARCHE PÉDAGOGIQUE

### 1 Je découvre (en classe entière, 10 minutes)

Sur le tapis de regroupement, revenez sur les acquis et interrogez les élèves : « Qu'avons-nous appris la dernière fois ? Nous avons appris à écrire les chiffres 1, 2, 3, 4 et 5. » Revenez sur ces apprentissages en demandant aux élèves de tracer des 1, des 2, des 3, des 4 et des 5 dans les airs. Montrez dans le désordre les **cartes-chiffres (annexe 2-1)** à la classe et demandez aux élèves de vous donner le nom du chiffre. Montrez la **boîte de 10 aux six cases complétées (annexe 2-10)** et demandez : « Quelle quantité est représentée ? » Demandez ensuite à un élève de venir chercher la carte-chiffre à associer à cette quantité puis annoncez l'objectif du jour : « Aujourd'hui, nous allons apprendre à tracer le chiffre 6. » Présentez le geste graphique du 6 à l'aide de la petite histoire du 6 : « Le 6 est fatigué. Son dos est arrondi comme la lune. Il est si fatigué qu'il n'a pas terminé son rond et s'est endormi sur son gros bidon ! »

### 2 Je manipule (par groupes de 6 à 8 élèves, 10 minutes)

Rappelez aux enfants l'histoire du 6 puis demandez-leur de tracer dans les airs le 6 en même temps que vous (si vous êtes face aux élèves, pensez à tracer votre 6 en écriture en miroir). Faites-les s'entraîner à plusieurs reprises puis à l'aide du **6 en chiffre rugueux** en repassant avec leur index et leur majeur. Une fois le geste bien acquis, distribuez à chaque élève une **barquette de sable fin ou de semoule** et laissez-les s'entraîner à écrire le chiffre 6 avec un crayon.

### 3 Je représente (par groupes de 6 à 8 élèves, 10 minutes)

Demandez aux élèves d'ouvrir leur fichier à la **page 52**. Invitez-les à décrire ce qu'ils voient et faites le lien avec l'activité qu'ils viennent de réaliser. Faites-leur observer l'image et demandez : « Combien y a-t-il de cordes à sauter ? Il y en a six. » Énoncez ensuite la consigne et assurez-vous de sa bonne compréhension. Les enfants repassent d'abord sur les pointillés des cordes à sauter pour s'échauffer la main, d'abord avec leur index puis au crayon. Ils doivent ensuite tracer le chiffre 6, toujours en commençant par tracer avec leur index puis au crayon.

## DIFFÉRENCIATION

**Soutien :** Les **chiffres rugueux** de la pédagogie Montessori sont un outil très intéressant pour aider les élèves en difficulté. Montrez-leur le chiffre 6, nommez-le puis sans faire de commentaire, montrez le geste pour repasser avec l'index et le majeur sur le chiffre rugueux. Invitez-les à faire de même. Vous pouvez également les inviter à s'entraîner sur une **photocopie de la page 52** du fichier que vous placerez dans une **pochette plastique** : les élèves peuvent repasser sur le 6 sur la pochette plastique à l'aide d'un **feutre effaçable** et sur laquelle ils pourront s'entraîner autant de fois que nécessaire.
**Approfondissement :** Proposez aux élèves à l'aise avec l'écriture du chiffre de tracer des 6 sans modèle sur leur ardoise.

# Séance 48 - Dénombrer et écrire les chiffres jusqu'à 6 (1)

**Notions abordées**

**Prérequis :** écrire les chiffres de 1 à 6.
**Objectifs didactiques :** associer écriture chiffrée et quantité jusqu'à 6.
**Graphisme :** tracer le chiffre 5.

**Matériel pédagogique**

**Matériel :** 1 foulard par groupe d'élèves. 6 photos de collections d'objets de la classe (de 1 à 6 par collection), 1 barquette de semoule ou de sable fin, chiffres rugueux de 1 à 6 et de la pâte à modeler pour chaque élève.
**Annexes :** 1 aide à l'écriture (annexe 2-11) et 1 jeu des gabarits des chiffres (annexe 2-12) par élève.
**Fichier :** page 53.

## DÉMARCHE PÉDAGOGIQUE

### 1 Je découvre (en classe entière, 10 minutes)

Sur le tapis de regroupement, revenez sur les acquis et interrogez les élèves : « Qu'avons-nous appris la dernière fois ? Nous avons appris à écrire le chiffre 6. » Demandez aux élèves de vous rappeler comment tracer le chiffre 6 puis revoyez l'écriture des autres chiffres. Ils peuvent vous raconter les petites histoires des chiffres, ou bien seulement mimer le geste d'écriture. En suivant leurs instructions, tracez les chiffres au tableau. Montrez ensuite une photo de six objets de la classe puis affichez-la au tableau. Demandez : « Combien y a-t-il d'objets ? Il y en a six. » À côté de la photo, écrivez le chiffre 6, puis annoncez l'objectif du jour : « Aujourd'hui, nous allons apprendre à associer chiffre et quantité jusqu'à 6. »

### 2 Je manipule (par groupes de 6 à 8 élèves, 10 minutes)

Revenez sur l'activité de la partie *Je découvre* : « Qui peut rappeler au groupe ce que nous avons fait durant l'activité en grand groupe ? Nous avons revu l'écriture des chiffres jusqu'à 6. » Distribuez à chaque enfant un ensemble de six photos de collections d'objets de la classe ainsi qu'une barquette de semoule ou de sable fin et une ardoise puis dites : « Comptez les objets de la photo puis écrivez le chiffre de la quantité trouvée, d'abord dans la barquette puis sur l'ardoise. » Profitez de ce moment pour corriger les élèves ou les conseiller sur la façon de tenir leur stylo, de le bouger, etc.

### 3 Je représente (par groupes de 6 à 8 élèves, 10 minutes)

Demandez aux élèves d'ouvrir leur fichier à la page 53. Invitez-les à décrire ce qu'ils voient et faites le lien avec l'activité qu'ils viennent de réaliser. Énoncez ensuite la consigne et assurez-vous de sa bonne compréhension. Explicitez en montrant la poule : « Dans la case à côté de la poule, nous allons écrire le nombre de poules. » Demandez aux enfants de tracer le chiffre avec l'index dans un premier temps, puis au crayon dans un second temps. Vous pouvez leur proposer l'aide à l'écriture (annexe 2-11) pour les aider dans les tracés des chiffres.

## DIFFÉRENCIATION

**Soutien :** Repassez par la manipulation des chiffres rugueux avec les élèves en difficulté. Si malgré cela les difficultés persistent, vous pouvez leur proposer de s'appuyer sur l'aide à l'écriture (annexe 2-11) pour s'entraîner en repassant sur les gabarits des chiffres (annexe 2-12).
**Approfondissement :** Proposez aux élèves qui ont terminé leur activité en avance de jouer à un jeu : chaque élève doit réaliser un chiffre de 1 à 6 en pâte à modeler. Un des chiffres est ensuite caché sous un foulard, puis un volontaire doit, les yeux bandés, deviner de quel chiffre il s'agit par le toucher.

# Séance 49 - Écrire les chiffres de 1 à 6

**Notions abordées**

**Prérequis :** écrire les chiffres de 1 à 6.
**Objectifs didactiques :** réviser l'écriture des chiffres de 1 à 6.
**Graphisme :** tracer le chiffre 6.

**Matériel pédagogique**

**Matériel :** 1 ensemble de 6 objets et 1 barquette de sable fin ou de semoule par élève.
**Annexe :** 1 jeu de boîtes de 5 et de 10 (annexe 2-10) de 1 à 6 cases remplies par élève.
**Fichier :** page 54.

## DÉMARCHE PÉDAGOGIQUE

### 1 Je découvre (en classe entière, 10 minutes)

Sur le tapis de regroupement, revenez sur les acquis et interrogez les élèves : « Qu'avons-nous appris la dernière fois ? Nous avons appris à associer chiffre et quantité jusqu'à 6. » Revenez sur ces apprentissages en demandant aux élèves de tracer dans les airs les chiffres de 1 à 6. Ils peuvent également vous raconter à nouveau les petites histoires des chiffres. Écrivez les chiffres au tableau en écoutant les indications des élèves. Montrez dans le désordre les boîtes de 5 avec une à cinq cases remplies et la boîte de 10 avec six cases remplies (annexe 2-10) à la classe et demandez aux enfants de donner la quantité représentée dans chaque boîte. Un volontaire vient ensuite écrire le chiffre au tableau. Annoncez l'objectif du jour : « Aujourd'hui, nous allons réviser l'écriture des chiffres de 1 à 6. »

### 2 Je manipule (par groupes de 6 à 8 élèves, 10 minutes)

Distribuez à chaque élève les boîtes remplies (annexe 2-10) ainsi qu'un ensemble de six objets et une barquette de sable fin ou de semoule. Dites ensuite un nombre, demandez à un élève de venir écrire ce nombre au tableau. Les autres élèves doivent montrer la boîte correspondante et y associer la quantité d'objets dénombrés. Demandez-leur ensuite de s'entraîner à écrire le chiffre qu'ils viennent de dénombrer sur leur barquette de sable fin ou de semoule avec un crayon. N'hésitez pas à les guider s'ils éprouvent encore de la difficulté à exécuter les gestes d'écriture, ou à leur demander de vous réciter l'histoire du chiffre en question avant de s'exercer.

### 3 Je représente (par groupes de 6 à 8 élèves, 10 minutes)

Demandez aux élèves d'ouvrir leur fichier à la page 54. Invitez-les à décrire ce qu'ils voient et faites le lien avec l'activité qu'ils viennent de réaliser. Énoncez ensuite la consigne et assurez-vous de sa bonne compréhension. Vérifiez bien que les élèves ont compris le sens de travail de cet exercice : ils doivent écrire les chiffres en colonnes. Faites-leur passer leur index du haut d'une colonne jusqu'en bas pour insister sur le sens de lecture. Ensuite, demandez-leur de compter les feuilles en les pointant du doigt et en énonçant à voix haute le chiffre en question. Enfin, demandez aux élèves d'écrire avec leur index le chiffre en suivant le pointillé, puis de le tracer au crayon ; ils pourront reproduire ces deux étapes dans les cases sans pointillés. Procédez de même pour chaque colonne. Les élèves associent ainsi trois représentations des nombres de 1 à 5 : concrète (les feuilles), schématique (les points) et abstraite (les chiffres).

## DIFFÉRENCIATION

**Soutien :** Décomposez les gestes d'écriture à l'oral avec les élèves en difficulté. Posez-leur des questions pour les guider : « Que dois-tu faire en premier ? Où poses-tu la pointe de ton crayon ? ».
**Approfondissement :** Proposez aux élèves avancés de tracer des chiffres sur leur ardoise. S'ils sont vraiment très à l'aise, vous pouvez leur demander d'écrire ces chiffres dans l'ordre de la suite numérique.

# Séance 50 - Dénombrer et écrire les chiffres jusqu'à 6 (2)

**Notions abordées**

**Prérequis :** dénombrer les quantités jusqu'à 6 et écrire les chiffres correspondants.
**Objectifs didactiques :** associer écriture chiffrée et quantité jusqu'à 6, apprendre à lire un tableau.
**Graphisme :** tracer le chiffre 1.

**Matériel pédagogique**

**Matériel :** 1 barquette contenant 17 jetons (6 jetons d'une couleur, 5 d'une couleur différente, 4 d'une autre couleur et 2 d'une dernière couleur) par élève.
**Annexes :** 1 jeu de cartes-chiffres (annexe 2-1), 1 aide à l'écriture (annexe 2-11) et 1 tableau de 4 colonnes × 7 lignes (annexe 2-13) par élève.
**Fichier :** page 55.

## DÉMARCHE PÉDAGOGIQUE

### 1 Je découvre (en classe entière, 5 minutes)

Sur le tapis de regroupement, revenez sur les acquis et interrogez les élèves : « Qu'avons-nous appris la dernière fois ? Nous nous sommes entraînés à écrire les chiffres de 1 à 6. » Présentez aux élèves un tableau de quatre colonnes sur six lignes (annexe 2-13), demandez-leur de vous décrire ce que cela peut bien être et expliquez : « Ceci est un tableau. Les tableaux peuvent se lire de deux façons : horizontalement (de gauche à droite) et verticalement (de haut en bas). Aujourd'hui, nous allons apprendre à compter à l'aide d'un tableau présenté verticalement. »

### 2 Je manipule (par groupe de 6 à 8 élèves, 15 minutes)

Distribuez à chaque élève un tableau de l'annexe 2-13 ainsi qu'une barquette contenant des jetons de quatre couleurs différentes et les cartes-chiffres (annexe 2-1) de 1 à 6. Demandez-leur, dans un premier temps, de trier les jetons par couleur, puis de les placer dans une même colonne lorsqu'ils sont identiques. Vérifiez bien que les élèves lisent les colonnes, et non les lignes. Les élèves doivent ensuite dénombrer les jetons par colonne puis écrire le chiffre correspondant sur la case prévue à cet effet dans leur tableau. Un élève vient vérifier par dénombrement et place la carte-chiffre correspondante en bas de la colonne.

### 3 Je représente (par groupe de 6 à 8 élèves, 10 minutes)

Demandez aux élèves d'ouvrir leur fichier à la page 55. Invitez-les à décrire ce qu'ils voient et faites le lien avec l'activité qu'ils viennent de réaliser. Énoncez ensuite la consigne et assurez-vous de sa bonne compréhension. Explicitez en montrant la première case : « Je compte deux coquillages de cette forme en éventail, j'écris le chiffre 2 dans cette case. » Demandez aux élèves de compter à voix haute en pointant du doigt chaque élément, puis de tracer le chiffre avec l'index dans un premier temps et au crayon dans un second temps. Vous pouvez leur proposer l'aide à l'écriture (annexe 2-11) pour les aider dans les tracés des chiffres.

## DIFFÉRENCIATION

**Soutien :** Proposez aux élèves en difficulté de placer des jetons sur les dessins du fichier pour les aider à dénombrer. À chaque pose de jetons, ils doivent énoncer le chiffre correspondant, puis écrire le dernier chiffre énoncé dans la case blanche.
**Approfondissement :** Proposez aux élèves avancés de réaliser l'activité de la partie *Je manipule* seuls : ils devront donc à nouveau trier et dénombrer leurs jetons.

# Séance 51 - Révision 1 - Dénombrer des quantités et écrire les chiffres jusqu'à 6

## Notions abordées

**Prérequis :** dénombrer des quantités et écrire les chiffres jusqu'à 6.
**Objectifs didactiques :** réinvestir les connaissances et les compétences acquises durant l'unité 2.
**Graphisme :** colorier en respectant un code donné (2 couleurs).

## Matériel pédagogique

**Matériel :** 1 sac et 1 jeu Mecki and Co© pour la classe. 1 jeu de chiffres rugueux, 1 dé à points et 1 dé avec des couleurs par groupe d'élèves. 1 pochette plastique, 1 feutre effaçable, 1 bande de carton de 15 × 10 cm et entre 1 et 6 gommettes par élève.
**Annexe :** 1 jeu de cartes-chiffres (annexe 2-1) pour la classe.
**Fichier :** page 56.

## DÉMARCHE PÉDAGOGIQUE

### 1 Je me remémore (en classe entière, 10 minutes)

Sur le tapis de regroupement, annoncez : « Vous savez maintenant compter et écrire les chiffres de 1 à 6. Aujourd'hui, nous allons continuer à jouer avec les chiffres ! » Révisez maintenant les écritures chiffrées : placez les cartes-chiffres de l'annexe 2-1 dans un petit sac, demandez à un élève de venir piocher une carte qu'il montre ensuite au reste de la classe. Les enfants, sans en donner le nom, doivent vous décrire les gestes graphiques à effectuer pour écrire le chiffre inscrit sur la carte.

### 2 Je m'entraîne (par groupes de 6 à 8 élèves, 10 minutes)

Pour cette partie, vous avez le choix. Vous pouvez proposer aux élèves avancés :

- **de reprendre l'une des activités des parties « Différenciation » des séances de l'unité 2.** Parmi les activités les plus appropriées, nous vous conseillons de proposer aux enfants de jouer avec un dé. Chacun leur tour, ils doivent lancer le dé et aller chercher dans la classe une quantité d'objets correspondante à la quantité tirée au sort. Vous pouvez compliquer la tâche en ajoutant un dé avec des couleurs.
- **de jouer à un des jeux suggérés dans la partie « Activités complémentaires ».** Le jeu Mecki and Co© est tout particulièrement conseillé. Les piquants des hérissons sont placés dans un petit panier au milieu du plateau. Chacun leur tour, les joueurs lancent le dé et gagnent la quantité de piquants indiquée par la constellation qu'ils peuvent placer sur leur hérisson dessiné sur le plateau. Le premier à avoir recouvert son hérisson de piquants a gagné.

Vous pouvez utiliser ce temps comme remédiation sur des points précis avec les élèves en difficulté.

- **Si les difficultés proviennent de l'écriture des chiffres de 1 à 6**, demandez aux enfants de prendre un chiffre rugueux et d'y passer leur index afin de se remémorer le geste. Distribuez-leur ensuite une pochette plastique dans laquelle vous glisserez une feuille sur laquelle est tracée plusieurs chiffres identiques au chiffre rugueux que l'enfant vient de manipuler. D'abord avec leur index puis avec un feutre effaçable, les enfants doivent repasser sur le chiffre. Insistez sur la verbalisation : « Que fais-tu ? Que vas-tu faire ensuite ? » Laissez-les s'entraîner dans un second temps sur leur ardoise.
- **Si les difficultés proviennent de la capacité à dénombrer une quantité de 1 à 6**, distribuez aux enfants des bandes de cartons (de 15 × 10 cm environ) sur lesquelles vous aurez collé entre une et six gommettes et demandez-leur de dénombrer les gommettes sur leur carton. Placez ces cartons dans des pochettes plastiques afin que les enfants puissent barrer les gommettes comptées au feutre effaçable. Insistez sur le fait de barrer chaque élément dénombré, car bien souvent les élèves en difficulté comptent deux fois le même élément.

### 3 Je révise (par groupes de 6 à 8 élèves, 10 minutes)

Demandez aux élèves d'ouvrir leur fichier à la page 56. Demandez aux enfants de commencer par pointer les moutons du doigt puis de les compter. Les enfants montrent ensuite la case « mouton » puis inscrivent le nombre correspondant à la quantité dénombrée, avec l'index tout d'abord puis au crayon. Passez ensuite aux catégories suivantes en procédant de même.

# Séance 52 - Révision 2 - Dénombrer des quantités et écrire les chiffres jusqu'à 6

**Notions abordées**

**Prérequis :** dénombrer des quantités et écrire les chiffres jusqu'à 6.
**Objectifs didactiques :** réinvestir les connaissances et les compétences acquises durant l'unité 2.
**Graphisme :** colorier en respectant un code donné (2 couleurs).

**Matériel pédagogique**

**Matériel :** 1 jeu Les chiens tachetés© pour la classe. 6 animaux de tri, 6 cubes, 6 jetons, 1 sac, 1 bande de papier, 6 gommettes, 5 perles d'une couleur, 5 perles d'une autre couleur et du fil pour chaque élève.
**Fichier :** page 57.

## DÉMARCHE PÉDAGOGIQUE

### 1 Je me remémore (en classe entière, 5 minutes)

Sur le tapis de regroupement, annoncez : « Vous savez maintenant compter jusqu'à 6 et écrire les chiffres jusqu'à 6. Aujourd'hui, nous allons continuer à nous amuser avec les chiffres ! » Dessinez au tableau une collection de quatre ronds puis dites : « Combien y a-t-il de ronds ? » Faites venir un élève au tableau pour dénombrer et donner la réponse. Demandez : « Comment faire pour connaître la quantité de ronds ? Je pose mon doigt sur le premier, je dis 1 et je le barre, je pose mon doigt sur un autre rond, je dis 2 et je le barre… Le dernier chiffre dit correspond à la quantité de ronds. »

### 2 Je m'entraîne (par groupes de 6 à 8 élèves, 15 minutes)

Pour cette partie, vous avez le choix. Vous pouvez proposer aux élèves avancés :

- **de reprendre l'une des activités des parties « Différenciation » des séances de l'unité 2.** Parmi les activités les plus appropriées, nous vous conseillons de proposer aux enfants de réaliser des colliers de cinq perles de même couleur. Lorsqu'ils ont réalisé un groupe de cinq perles d'une même couleur, ils doivent alors changer de couleur et à nouveau réaliser un groupe de cinq perles.
- **de jouer à un des jeux suggérés dans la partie « Activités complémentaires ».** Le jeu Les chiens tachetés© est tout particulièrement conseillé : chacun leur tour, les enfants font tourner la flèche de la roue et trouvent parmi les cartes un chien ayant la même quantité de taches qu'indiquée par la flèche. Lorsqu'il n'y a plus de cartes, les élèves retournent leurs cartes et dénombrent les os dessinés au dos. Celui qui a le plus d'os gagne la partie.

Vous pouvez utiliser ce temps comme remédiation sur des points précis avec les élèves en difficulté.

- **Si les difficultés proviennent de la capacité à réaliser des collections identiques**, distribuez à chaque enfant six cubes et six jetons. Demandez-leur tout d'abord de construire une tour constituée de un à six cubes maximum. Ils échangent ensuite leur tour avec celle de leur voisin : pour que l'échange soit possible, ils doivent donner autant de jetons qu'il y a de cubes dans la tour. Dans un second temps, procédez de même sauf que les tours seront remplacées par des bandes de papier sur lesquelles les enfants auront collé entre une et six gommettes.
- **Si les difficultés proviennent du dénombrement d'une quantité de 1 à 6**, à l'écart de la table de travail, placez entre un et six jetons dans des sacs. Chacun leur tour, les enfants vont dénombrer la quantité de jetons contenue dans l'un des sacs. Ils reviennent ensuite à leur bureau où ils doivent alors reproduire la même quantité avec les animaux de tri.

### 3 Je révise (par groupes de 6 à 8 élèves, 10 minutes)

Demandez aux élèves d'ouvrir leur fichier à la page 57. Invitez-les à décrire ce qu'ils voient et faites le lien avec ce qu'ils ont appris durant l'unité 2. Énoncez ensuite la consigne et assurez-vous de sa bonne compréhension. Demandez tout d'abord aux enfants de dénombrer la quantité de chats, puis de passer leur doigt sur la ligne « chat » située en bas à gauche du fichier. Les élèves doivent alors placer autant de jetons sur cette même ligne qu'il y a de chats. Assurez-vous qu'ils aient bien placé un jeton par case. Ils n'ont ensuite plus qu'à retirer chaque jeton un à un et à colorier les cases. Les enfants peuvent ensuite passer à la catégorie suivante en suivant les mêmes étapes.

# ACTIVITÉS COMPLÉMENTAIRES
## Unité 2

| Nom | Compétences travaillées | Matériel | But du jeu | Règle du jeu |
|---|---|---|---|---|
| **Mecki & Co©, Beleduc** | • Réalisation de collections de 1 à 6 | • 1 plateau avec 4 hérissons dessinés avec plusieurs encoches,<br>• 120 piquants,<br>• 1 petit panier,<br>• 1 sac en tissu,<br>• 1 dé de 1 à 3 et 1 dé de 1 à 6. | Être le premier à recouvrir son hérisson de piquants | De 2 à 4 joueurs (15 min)<br>Les piquants des hérissons sont placés dans un petit panier au milieu du plateau. Chacun leur tour, les joueurs lancent le dé et gagnent la quantité de piquants indiquée par le dé et qu'ils peuvent placer sur leur hérisson. Le jeu s'arrête au premier joueur qui a recouvert son hérisson de piquants. |
| **Les chiens tachetés©, Orchard Toys** | • Reconnaissance des chiffres<br>• Dénombrement<br>• Discrimination visuelle | • 1 roue en carton,<br>• 24 cartes. | Récupérer le plus d'os. | De 2 à 4 joueurs (10 min environ)<br>Chacun leur tour, les joueurs font tourner la flèche de la roue et doivent trouver parmi les cartes un chien ayant la même quantité de taches qu'indiquée par la flèche. Lorsqu'il n'y a plus de cartes, les joueurs retournent les cartes et dénombrent les os dessinés au dos pour trouver quel joueur en a le plus. |
| **Mon Domino©, Les Maternelles** | • Association de l'écriture chiffrée et de la quantité | • 26 dominos. | Être le premier à avoir posé tous ses dominos. | De 2 à 6 joueurs (10 min environ)<br>Chaque domino représente soit un chiffre de 1 à 5, soit une quantité dessinée. Le jeu se joue comme un domino classique : il faut placer le bon chiffre à côté des images représentant la même quantité. |

# Unité 3 : Ordonner les nombres de 1 à 6 (12 séances)

## Objectifs d'apprentissage

- Connaître la suite numérique dans l'ordre jusqu'à 6.
- Connaître la suite numérique à rebours en partant de 6.
- Compléter une suite numérique dans l'ordre.
- Compléter une suite numérique à rebours.

## Liens avec les programmes officiels de l'Éducation nationale

- Avoir compris que le cardinal ne change pas si on modifie la disposition spatiale ou la nature des éléments.
- Avoir compris que tout nombre s'obtient en ajoutant 1 au nombre précédent et que cela correspond à l'ajout d'une unité à la quantité précédente.
- Quantifier des collections jusqu'à 10 au moins ; les composer et les décomposer par manipulations effectives puis mentales.
- Mémoriser la suite des nombres jusqu'à 30.
- Lire les nombres écrits en chiffres jusqu'à 10.

## Déroulé de l'unité

Cette unité va permettre de représenter la suite numérique de 1 à 6 de différentes manières, proportionnelles et non proportionnelles, afin de faire progresser les enfants en abstraction et les familiariser avec la notion d'ordre croissant et décroissant. Les séances 53 à 58 présentent l'ordre croissant, du concret à l'abstrait : des cerceaux placés sur des plots (séances 53 et 54) puis des tours de cubes (séances 55 et 56) et enfin des chiffres placés sur la ligne numérique horizontale aux séances 57 et 58. La même progression présente la suite numérique décroissante (séances 59 à 62). Les séances 63 et 64 permettent de réviser la suite numérique dans les deux ordres simultanément.

## Progression du graphisme

- **Tracer les chiffres de 1 à 6 :** Cette unité permet de continuer à travailler le tracé des chiffres. Comme dans l'unité précédente, n'hésitez pas à utiliser d'autres outils, comme les chiffres rugueux Montessori. En cas d'écriture en miroir, corrigez l'élève avec bienveillance, ne laissez pas une écriture erronée. Pour éviter que les élèves gauchers ne cassent leur poignet en écrivant, faites-leur tourner le support d'écriture et veillez à ce qu'ainsi le poignet reste droit. Les explications détaillées des tracés des chiffres 3 et 4 se trouvent dans l'introduction à l'unité 5 page 95 et celles des chiffres 5 et 6 se trouvent dans l'introduction à l'unité 7 page 125.
- **Tracé du 1 :** Assurez-vous que les enfants commencent bien par réaliser le trait oblique afin d'éviter l'écriture en miroir du 1, qui se produit souvent lorsque l'enfant commence par tracer le trait vertical. N'hésitez pas à leur faire travailler le geste en le leur faisant expérimenter avec tout leur corps, par exemple en utilisant l'image de l'avion qui décolle pour les aider à se repérer : le bras de la main qui écrit part du sol pour monter progressivement vers le ciel, puis redescendre.
- **Tracé du 2 :** Les enfants ont souvent des difficultés à tracer le trait oblique. Pour les aider, utilisez de la pâte à modeler ou tout élément permettant de « construire » physiquement le chiffre.
- **Colorier pour compléter des motifs de couleur :** Aux séances de révisions, l'exercice de graphisme consiste à compléter des motifs de deux couleurs alternées : il faut ici repérer les deux choix de couleurs utilisées et continuer les dessins pour la révision 1, le coloriage pour la révision 2, de façon à poursuivre la suite logique.

# Séance 53 - Connaître la suite numérique de 1 à 6

**Notions abordées**

**Prérequis :** dénombrer jusqu'à 6.
**Objectifs didactiques :** associer suite numérique et quantité jusqu'à 6.
**Graphisme :** tracer le chiffre 2.

**Matériel pédagogique**

**Matériel :** 6 plots et 21 cerceaux par groupe d'élèves. 21 cubes par élève.
**Fichier :** page 58.

## DÉMARCHE PÉDAGOGIQUE

### 1 Je découvre (en classe entière, 10 minutes)

Sur le tapis de regroupement, annoncez : « Vous savez maintenant à quelles quantités correspondent les nombres jusqu'à 6. Aujourd'hui, nous allons commencer un nouveau chapitre : nous allons nous entraîner à représenter les nombres de façons différentes, pour connaître parfaitement l'ordre des nombres jusqu'à 6. » Disposez en face de vous six plots, et décrivez ce que vous faites : « Je passe un cerceau sur le premier plot. Sur le deuxième plot, je vais placer un cerceau de plus que sur le premier. 2, c'est 1 de plus que 1 ; sur le troisième plot, je vais placer un cerceau de plus que sur le deuxième ; 3, c'est 1 de plus que 2. » Procédez ainsi jusqu'à 6. Concluez en disant : « Les plots sont placés dans l'ordre croissant : cela veut dire que chaque pile de cerceaux est plus grande que la précédente. » Demandez aux élèves de vérifier le nombre de cerceaux sur chaque plot en les ôtant un par un.

### 2 Je manipule (par groupes de 6 à 8 élèves, 15 minutes)

Disposez devant chaque groupe six plots et 21 cerceaux, et demandez-leur de reproduire l'activité faite en classe entière. Demandez ensuite aux élèves de vérifier le nombre de cerceaux sur chaque plot et de les placer dans l'ordre croissant. Encouragez les élèves à verbaliser en disant : « 1 de plus que 1, c'est 2. » À la fin du processus, demandez aux élèves de vérifier qu'aucun nombre n'a été oublié et qu'ils respectent bien l'ordre de la suite numérique ; pour y parvenir, ils peuvent réciter la comptine numérique.

### 3 Je représente (par groupes de 6 à 8 élèves, 5 minutes)

Demandez aux élèves d'ouvrir leur fichier à la page 58. Invitez-les à décrire ce qu'ils voient et faites le lien avec l'activité qui vient d'être réalisée. Énoncez ensuite la consigne à voix haute et assurez-vous de sa compréhension. Demandez aux élèves de dénombrer les cerceaux sur chaque plot. Demandez-leur ensuite de vous montrer quel enfant a mis le plus de cerceaux et quel enfant a mis le moins de cerceaux. Faites remarquer la différence avec l'activité menée en atelier : la hauteur de la pile de cerceaux ne permet pas de savoir quel plot en comporte le plus grand nombre. Laissez un temps d'observation et de verbalisation aux élèves devant cette image : les enfants sont ici amenés à comprendre que le plot de droite est celui où les cerceaux sont le plus nombreux, car plus serrés.

## DIFFÉRENCIATION

**Soutien :** Faites manipuler des cubes par les élèves en difficulté : demandez-leur de réaliser des tours de cubes représentant les mêmes quantités que les plots du fichier. Faites-leur ensuite dénombrer les cubes de leurs tours. Placez les tours de cubes dans l'ordre de la suite numérique, puis recomptez avec les élèves afin de leur faire remarquer que plus on progresse vers la droite, plus la tour est haute et plus il y a de cubes.
**Approfondissement :** Proposez aux élèves avancés de relier chaque enfant dessiné à son plot, d'abord avec l'index puis au crayon, et d'écrire sous chaque plot la quantité de cerceaux.

# Séance 54 - Écrire la suite numérique de 1 à 6

**Notions abordées**

**Prérequis :** dénombrer jusqu'à 6, reconnaître les chiffres jusqu'à 6.
**Objectifs didactiques :** associer écriture chiffrée et quantité jusqu'à 6.
**Graphisme :** tracer le chiffre 3.

**Matériel pédagogique**

**Matériel :** 1 plot et 10 cerceaux par groupe d'élèves. 1 dé par trio d'élèves.
**Annexe :** 1 jeu de cartes-chiffres (annexe 3-1) par élève.
**Fichier :** page 59.

## DÉMARCHE PÉDAGOGIQUE

### 1 Je découvre (en classe entière, 10 minutes)

Sur le tapis de regroupement, revenez sur les acquis et interrogez les élèves : « Qu'avons-nous appris la dernière fois ? Nous avons fait des piles de cerceaux sur des plots et nous avons appris à compter pour ranger des quantités de la plus petite à la plus grande. Aujourd'hui, nous allons faire la même activité, mais cette fois-ci en écrivant le chiffre correspondant à la quantité. » Écrivez au tableau les chiffres en disant au fur et à mesure : « 1 de plus que 1, c'est 2. 1 de plus que 3, c'est 4. 1 de plus que 4 c'est 5. » et ainsi de suite jusqu'au chiffre 6. Pointez alors du doigt le chiffre 1 : « 1 est le chiffre qui est dit en premier, il représente la plus petite quantité. » puis le chiffre 6 : « 6 est le chiffre qui a été dit en dernier, c'est la plus grande quantité inscrite au tableau. »

### 2 Je manipule (par groupes de 6 à 8 élèves, 10 minutes)

Donnez à chaque groupe un plot avec dix cerceaux. Désignez un élève qui devra ajouter un à un les cerceaux sur le plot ; ses camarades devront, à chaque fois, énoncer le nombre de cerceaux sur le plot puis écrire sur son ardoise le chiffre correspondant à cette quantité. Encouragez les élèves à expliciter à chaque fois ce qui est en train d'être fait : « 1 de plus que 2, c'est 3. 1 de plus que 3, c'est 4. », etc. Refaites cet exercice plusieurs fois, jusqu'à ce que les élèves se sentent à l'aise avec l'activité.

### 3 Je représente (par groupes de 6 à 8 élèves, 10 minutes)

Demandez aux élèves d'ouvrir leur fichier à la page 59. Invitez-les à décrire ce qu'ils voient et faites le lien avec l'activité qui vient d'être réalisée. Énoncez ensuite la consigne à voix haute et assurez-vous de sa compréhension. Demandez aux élèves de commencer par compter les anneaux, puis d'énoncer le nombre à voix haute avant de s'entraîner à l'écrire d'abord avec leur index et enfin avec leur crayon.

## DIFFÉRENCIATION

**Soutien :** Distribuez aux élèves en difficulté les cartes-chiffres de l'annexe 3-1 afin qu'ils aient un modèle lorsqu'il faudra écrire les chiffres.
**Approfondissement :** Proposez aux élèves avancés de faire une bataille de dés : par groupes de trois, chacun leur tour, les enfants lancent le dé. Ils doivent ensuite déterminer qui est le vainqueur en comparant leur résultat.

# Séance 55 - Construire la suite numérique de 1 à 6 (1)

## Notions abordées

**Prérequis :** dénombrer jusqu'à 6, reconnaître les chiffres jusqu'à 6.
**Objectifs didactiques :** comprendre le lien entre suite numérique et quantité.
**Graphisme :** tracer le chiffre 4.

## Matériel pédagogique

**Matériel :** 21 cubes et 1 feuille par élève.
**Annexe :** 1 jeu de cartes-chiffres (annexe 3-1) par élève.
**Fichier :** page 60.

## DÉMARCHE PÉDAGOGIQUE

### 1 Je découvre (en classe entière, 10 minutes)

Sur le tapis de regroupement, revenez sur les acquis et interrogez les élèves : « Qu'avons-nous appris la dernière fois ? Nous avons appris à trouver les nombres manquants dans une suite numérique. » Révisez avec les élèves la comptine numérique en la faisant réciter jusqu'à 6 au moins, jusqu'à 10 si possible. Faites ensuite venir les élèves autour de votre bureau et placez-y un premier cube. Demandez aux élèves de vous dire combien il y a de cubes sur votre bureau : « J'ai déposé un cube. » Placez-en un deuxième de façon à former une petite tour de deux cubes. Interrogez ensuite les élèves à nouveau en leur demandant combien de cubes il y a sur le bureau. Dites : « Il y avait un cube, j'ai ajouté un autre cube. 1 de plus que 1, c'est 2. Il y a donc deux cubes sur le bureau. Aujourd'hui, nous allons apprendre à construire la suite numérique jusqu'à 6 avec des cubes. » Contrairement aux deux séances précédentes, la représentation de la suite numérique est ici proportionnelle : une tour de trois cubes est trois fois plus haute qu'une tour d'un cube, etc.

### 2 Je manipule (par groupes de 6 à 8 élèves, 15 minutes)

Distribuez à chaque élève 21 cubes, puis demandez-leur de construire chacun six tours, de un à six cubes. Une fois ces tours construites, placez-les dans l'ordre croissant et faites-leur remarquer leur particularité : placées dans l'ordre, les tours de cubes ressemblent à un petit escalier. Distribuez ensuite à chacun les cartes-chiffres de l'annexe 3-1 et demandez-leur de placer la carte-chiffre correspondante sous la tour de cubes qui convient. Les enfants doivent ensuite réciter la comptine numérique tous en chœur, une première fois en pointant du doigt leurs cartes-chiffres, puis une seconde fois en pointant du doigt les tours correspondantes pour vérifier que tout est dans le bon ordre.

### 3 Je représente (par groupes de 6 à 8 élèves, 5 minutes)

Demandez aux élèves d'ouvrir leur fichier à la page 60. Invitez-les à décrire ce qu'ils voient et faites le lien avec l'activité qui vient d'être réalisée. Énoncez ensuite la consigne à voix haute et assurez-vous de sa compréhension. Demandez aux élèves dans un premier temps de compter la quantité de cubes, puis demandez-leur ce qu'ils observent : « Adèle a réalisé des tours de cubes suivant l'ordre de la suite numérique, tout comme vous venez de faire. »

## DIFFÉRENCIATION

**Soutien :** Faites placer aux élèves en difficulté les cartes-chiffres (annexe 3-1) sous les différentes illustrations du fichier puis faites-les recompter afin qu'ils associent l'écriture chiffrée aux quantités de cubes. Si la difficulté provient du dénombrement, demandez-leur de barrer un cube à chaque fois qu'il a été dénombré.

**Approfondissement :** Proposez aux élèves avancés d'écrire les nombres correspondants sur une feuille sous chaque tour de cubes plutôt que d'y placer les cartes-chiffres. Faites-les d'abord écrire le chiffre avec leur index, puis au crayon.

# Séance 56 - Construire la suite numérique de 1 à 6 (2)

**Notions abordées**

**Prérequis :** dénombrer jusqu'à 6, reconnaître les chiffres jusqu'à 6, savoir écrire les chiffres jusqu'à 6.
**Objectifs didactiques :** faire le lien entre quantités et suite numérique.
**Graphisme :** tracer le chiffre 5.

**Matériel pédagogique**

**Matériel :** 21 cubes et 6 étiquettes vierges (6 de plus pour les élèves en difficulté) par élève.
**Annexe :** 1 jeu de cartes-chiffres (annexe 3-1) par élève.
**Fichier :** page 61.

## DÉMARCHE PÉDAGOGIQUE

### 1 Je découvre (en classe entière, 10 minutes)

Sur le tapis de regroupement, revenez sur les acquis et interrogez les élèves : « Qu'avons-nous appris la dernière fois ? Nous avons appris à construire une suite numérique avec des cubes. » Montrez aux élèves l'escalier de cubes construit à la séance précédente dans l'ordre et demandez aux élèves de dénombrer le nombre de cubes de chaque tour, en verbalisant : « 1 de plus que 1, c'est 2. 1 de plus que 2, c'est 3. » et ainsi de suite. Annoncez l'objectif du jour : « Aujourd'hui, nous allons refaire cette activité mais en écrivant, pour chaque tour de cubes, le chiffre qui lui correspond. »

### 2 Je manipule (par groupes de 6 à 8 élèves, 10 minutes)

Distribuez à chaque élève 21 cubes et des étiquettes vierges. Écrivez les chiffres de 1 à 6 au tableau dans l'ordre comme modèles. Demandez aux élèves, comme à la séance précédente, de construire un « escalier de cubes » de 1 à 6, puis d'écrire sur une étiquette le chiffre correspondant à chaque quantité, et de placer chaque tour sur l'étiquette-chiffre. Pour les élèves qui auraient encore trop de difficulté à écrire les chiffres, distribuez des cartes-chiffres (annexe 3-1) pour faire l'exercice. Les enfants doivent ensuite réciter la comptine numérique tous en chœur, une première fois en pointant du doigt leurs étiquettes-chiffres, puis une seconde fois en pointant du doigt les tours correspondantes pour vérifier que tout est dans le bon ordre.

### 3 Je représente (par groupes de 6 à 8 élèves, 10 minutes)

Demandez aux élèves d'ouvrir leur fichier à la page 61. Invitez-les à décrire ce qu'ils voient et faites le lien avec l'activité qu'ils viennent de réaliser. Énoncez ensuite la consigne à voix haute et assurez-vous de sa compréhension. Demandez aux élèves, dans un premier temps, de compter la quantité de cubes de la première case, puis de tracer le chiffre dans la case qui convient avec l'index puis enfin au crayon. Terminez la séance en continuant la verbalisation afin d'inscrire l'apprentissage des élèves dans le concret : « 1 de plus que 1, c'est 2. 1 de plus que 2, c'est 3. », etc.

## DIFFÉRENCIATION

**Soutien :** Procédez plus lentement avec les élèves en difficulté : faites-leur construire leurs tours au fur et à mesure et demandez-leur de verbaliser à chaque étape : « J'ai un cube. Si je mets un cube de plus, ça fait deux cubes ; maintenant, j'ai deux cubes. Si je mets un cube de plus, ça fait trois cubes. », etc.
**Approfondissement :** Proposez aux élèves avancés de représenter des suites numériques avec d'autres objets de la classe : ils doivent poser un premier objet et écrire la quantité correspondante sur une étiquette, puis ajouter un objet de plus et écrire la nouvelle quantité sur une autre étiquette, et ainsi de suite.

# Séance 57 - Compléter la suite numérique de 1 à 6 (1)

**Notions abordées**

**Prérequis :** dénombrer jusqu'à 6, reconnaître les chiffres jusqu'à 6, savoir écrire les chiffres de 1 à 6.
**Objectifs didactiques :** compléter une suite numérique.
**Graphisme :** tracer le chiffre 6.

**Matériel pédagogique**

**Matériel :** 1 foulard par groupe d'élèves. 21 gommettes (27 de plus pour les élèves en difficulté), 6 assiettes en carton, 1 feuille, 21 perles de 6 couleurs différentes et du fil pour chaque élève.
**Annexe :** 1 aide à l'écriture des chiffres (annexe 3-2) par élève.
**Fichier :** page 62.

## DÉMARCHE PÉDAGOGIQUE

### 1 Je découvre (en classe entière, 5 minutes)

Sur le tapis de regroupement, revenez sur les acquis et interrogez les élèves : « Qu'avons-nous appris la dernière fois ? Nous avons construit un escalier de cubes dans l'ordre croissant en écrivant le chiffre correspondant à chaque quantité en suivant l'ordre de la suite numérique. » Récitez la comptine numérique de 1 à 6, mais remplacez un nombre par le mot « chut » et demandez aux élèves de trouver le nombre que vous n'avez pas cité. Vous pouvez peu à peu augmenter la difficulté en ajoutant plus de « chut » au sein de votre récitation. Annoncez l'objectif du jour : « Aujourd'hui, nous allons apprendre à compléter une suite numérique. »

### 2 Je manipule (par groupes de 6 à 8 élèves, 15 minutes)

Distribuez à chaque élève **six assiettes en carton** et **21 gommettes**. Dites : « Collez dans une première assiette une gommette, puis deux gommettes dans la deuxième assiette, puis trois gommettes dans la troisième assiette, et ainsi de suite jusqu'à ce qu'il y ait six assiettes remplies de gommettes. » Après avoir vérifié que les enfants ont bien respecté la consigne, demandez-leur de placer leurs assiettes face à eux dans l'ordre croissant. Demandez-leur ensuite d'inscrire dans chaque assiette le chiffre correspondant à la quantité de gommettes qui s'y trouve. Faites à nouveau réciter la comptine numérique à vos élèves, d'abord en la récitant avec eux puis sans votre aide, pour vérifier leur suite d'assiette. Passez ensuite voir chaque élève et, à l'aide d'un **foulard**, cachez l'une des assiettes de sa suite. Demandez-lui : « Combien de gommettes sont cachées sous le foulard ? » Faites-leur ensuite dessiner autant de ronds que de gommettes cachées, puis inscrire la quantité cachée sur une **feuille** à part avant de vérifier sa réponse. Répétez cet exercice autant de fois que le temps vous le permet.

### 3 Je représente (par groupes de 6 à 8 élèves, 10 minutes)

Demandez aux élèves d'ouvrir leur fichier à la **page 62**. Invitez-les à décrire ce qu'ils voient et faites le lien avec l'activité qui vient d'être réalisée. Énoncez ensuite la consigne à voix haute et assurez-vous de sa compréhension. Demandez aux élèves, dans un premier temps, de dessiner les ronds (de la même manière qu'avec les gommettes à l'activité précédente) puis, dans un second temps, de compléter avec les nombres correspondants. Les nombres doivent être écrits d'abord avec l'index, puis au crayon.

## DIFFÉRENCIATION

**Soutien :** Proposez aux élèves en difficulté de coller des **gommettes** sur leur fichier plutôt que de tracer des ronds : ils pourront ainsi se concentrer sur l'aspect mathématique de l'exercice plus que sur leur motricité. Vous pouvez également leur proposer l'**aide à l'écriture des chiffres (annexe 3-2)** si le tracé de chiffres leur pose problème.

**Approfondissement :** Proposez aux élèves avancés de fabriquer un collier de **perles** qui suivrait la suite numérique suivante : une perle d'une première couleur, puis deux perles d'une autre couleur, trois perles d'une couleur encore différente, etc.

# Séance 58 - Compléter la suite numérique de 1 à 6 (2)

**Notions abordées**

**Prérequis :** dénombrer jusqu'à 6, reconnaître les chiffres jusqu'à 6.
**Objectifs didactiques :** compléter une suite numérique.
**Graphisme :** tracer le chiffre 1.

**Matériel pédagogique**

**Matériel :** 1 abaque pour la classe. 1 foulard par groupe d'élèves. 21 jetons et 6 étiquettes par élève.
**Annexe :** 1 jeu de cartes-chiffres (annexe 3-1) par élève.
**Fichier :** page 63.

## DÉMARCHE PÉDAGOGIQUE

### 1 Je découvre (en classe entière, 10 minutes)

Sur le tapis de regroupement, revenez sur les acquis et interrogez les élèves : « Qu'avons-nous appris la dernière fois ? Nous avons appris à représenter la suite numérique avec des gommettes, et à la compléter quand il manquait des nombres. Aujourd'hui, nous allons apprendre à compléter la suite numérique quand il manque des nombres. Pour cela, nous allons nous aider de l'abaque (*ou de jetons si vous n'en avez pas*). » Si vous avez un abaque, montrez comment les jetons peuvent être rangés dans l'ordre de 1 à 6 en vous inspirant du fichier page 63. Si vous n'avez pas d'abaque, faites des piles de jetons, de manière à reproduire un escalier de 1 à 6, comme cela été fait avec des cubes à la séance précédente. Dans les deux cas, comptez avec les élèves et écrivez au fur et à mesure (au tableau ou dans des étiquettes) les chiffres de 1 à 6 en face de chaque quantité correspondante. Ces chiffres vont servir de référence aux élèves pour l'activité qui suit.

### 2 Je manipule (par groupes de 6 à 8 élèves, 10 minutes)

Distribuez à chaque élève 21 jetons. Dites : « Nous allons faire des piles de jetons dans l'ordre croissant : d'abord on pose un jeton, puis deux, puis trois, puis quatre, puis cinq, puis six. » Amenez les élèves à vérifier que les piles sont bien dans l'ordre en verbalisant : « 1 de plus que 1, c'est 2. », puis à écrire sur des étiquettes le nombre de jetons de chaque pile. Si le temps vous le permet, faites un jeu : un élève doit couvrir avec un foulard l'une de ces piles, et un autre élève doit deviner combien de jetons se trouvent dans la pile. Le jeu peut être intéressant avec ou sans l'étiquette chiffre.

### 3 Je représente (par groupes de 6 à 8 élèves, 10 minutes)

Demandez aux élèves d'ouvrir leur fichier à la page 63. Invitez-les à décrire ce qu'ils voient et faites le lien avec l'activité qui vient d'être réalisée. Énoncez ensuite la consigne à voix haute et assurez-vous de sa compréhension. Guidez-les au fur et à mesure de l'activité : « Qu'est-ce qui vient avant 6 ? Qu'est-ce qui vient après 3 ? » Faites-leur écrire les réponses d'abord avec l'index puis au crayon.

## DIFFÉRENCIATION

**Soutien :** Proposez aux élèves en difficulté de se référer aux quantités de jetons sur leur bureau au moment de compléter les cases blanches du fichier. Insistez également sur la suite numérique illustrée par le boulier sur le fichier : il doit constituer un repère visuel pour les élèves.
**Approfondissement :** Vous pouvez distribuer aux élèves avancés un ensemble de cartes-chiffres (annexe 3-1) dans lequel vous aurez pris soin d'« oublier » une ou deux cartes. Les enfants devront remettre les cartes dans l'ordre de la suite numérique et trouver les cartes manquantes.

# Séance 59 - Connaître la suite numérique à rebours

## Notions abordées

**Prérequis :** connaître la suite numérique jusqu'à 6.
**Objectifs didactiques :** réciter la comptine numérique à rebours de 6 à 1.
**Graphisme :** tracer le chiffre 2.

## Matériel pédagogique

**Matériel :** 6 boîtes à chaussures pour la classe. 6 cubes et 1 collection de 21 objets à dénombrer (jetons, boutons, bouchons, trombones...) par élève.
**Fichier :** page 64.

## DÉMARCHE PÉDAGOGIQUE

### 1 Je découvre (en classe entière, 15 minutes)

Sur le tapis de regroupement, revenez sur les acquis et interrogez les élèves : « Qu'avons-nous appris la dernière fois ? Nous avons appris à compléter une suite numérique. » Montrez aux élèves les boîtes à chaussures. Faites-les dénombrer et concluez à voix haute : « Il y a six boîtes à chaussures. » Demandez aux élèves de construire une tour avec les boîtes puis invitez un élève à enlever 1 boîte : « Combien reste-il de boîtes ? » Faites venir un volontaire pour dénombrer, puis concluez en récapitulant : « 6 boîtes moins 1, ça fait 5 boîtes. » Poursuivez l'exercice jusqu'à ce qu'il ne reste qu'une seule boîte. Incitez vos élèves à trouver la quantité et à utiliser le dénombrement uniquement pour vérifier. Demandez : « Vous souvenez-vous ce que signifie "à rebours" ? Aujourd'hui, nous allons nous entraîner à compter à rebours de 6 à 1. » Cette séance reprend l'étape concrète du dénombrement décroissant de 6 à 1, sur le modèle des séances 53 et 54 pour l'ordre croissant de 1 à 6.

### 2 Je manipule (par groupes de 6 à 8 élèves, 10 minutes)

Donnez six cubes à chaque élève et demandez-leur de construire une tour. Faites-leur dénombrer la quantité de cubes sur leur tour à voix haute, puis demandez-leur de retirer ensuite un cube avant de les interroger : « Il y avait six cubes, on en enlève un. Combien en reste-t-il ? » Faites-leur dénombrer les cubes restants puis concluez : « 1 de moins que 6, c'est 5. » Continuez ce cheminement jusqu'à ce qu'il ne reste plus qu'un seul cube dans les mains des élèves.

### 3 Je représente (par groupes de 6 à 8 élèves, 5 minutes)

Demandez aux élèves d'ouvrir leur fichier à la page 64. Invitez-les à décrire ce qu'ils voient et faites le lien avec l'activité qui vient d'être réalisée. Énoncez ensuite la consigne à voix haute et assurez-vous de sa compréhension. Demandez aux élèves, dans un premier temps, de dénombrer les cubes puis de réciter la comptine numérique à rebours en pointant du doigt l'image correspondant à la quantité énoncée.

## DIFFÉRENCIATION

**Soutien :** Reproduisez l'exercice du fichier avec des cubes pour guider les élèves en difficulté. Demandez-leur de construire des tours de 1 à 6 cubes. Prenez la tour de la quantité 6 et dites : « Si j'enlève un cube, combien en restera-t-il ? » Chaque élève retire un cube et cherche la tour identique sur son fichier. Procédez de même jusqu'à la tour d'un seul cube. Placez les tours de la plus grande à la plus petite puis demandez aux élèves de réciter la comptine numérique à l'envers, en s'aidant des tours si besoin.
**Approfondissement :** Proposez aux élèves avancés de créer des suites numériques à rebours à l'aide de collections d'objets divers (jetons, boutons, bouchons, trombones...).

# Séance 60 - Construire la suite numérique à rebours

**Notions abordées**

**Prérequis :** comprendre la notion de comptage à rebours.
**Objectifs didactiques :** construire une suite numérique à rebours.
**Graphisme :** tracer le chiffre 3.

**Matériel pédagogique**

**Matériel :** 1 dé numérique et 1 dé avec 2 cases rouges, 2 cases vertes et 2 cases blanches par groupe d'élèves. 21 jetons et 21 cubes par élève.
**Fichier :** page 65.

## DÉMARCHE PÉDAGOGIQUE

### 1 Je découvre (en classe entière, 10 minutes)

Sur le tapis de regroupement, revenez sur les acquis et interrogez les élèves : « Qu'avons-nous appris la dernière fois ? Nous avons appris ce qu'était une suite numérique à rebours. » Construisez comme à la séance précédente un escalier de un à six cubes, mais cette fois-ci, placez-le de manière à ce que les élèves voient un escalier « qui descend » ; c'est-à-dire en plaçant la tour de six cubes à leur gauche, et la tour d'un cube à droite. Comptez en verbalisant : « 1 de moins que 6, c'est 5. 1 de moins que 5, c'est 4. Nous avons mis les cubes dans l'ordre de la suite numérique à rebours. » Mimez avec une figurine une descente de l'escalier. Annoncez l'objectif du jour : « Aujourd'hui, nous allons apprendre à construire une suite numérique à rebours. »

### 2 Je manipule (par groupes de 6 à 8 élèves, 10 minutes)

Invitez les élèves à reproduire les escaliers de un à six cubes et à placer leur escalier dans l'ordre décroissant, puis de se pencher de manière à observer leur escalier de profil ; expliquez que vous allez le dessiner. Au tableau, construisez un escalier (en vous servant du modèle sur le fichier page 65) et demandez aux élèves de vous aider à écrire en chiffres le nombre de « cubes » que vous avez dessiné pour chaque tour.

### 3 Je représente (par groupes de 6 à 8 élèves, 10 minutes)

Demandez aux élèves d'ouvrir leur fichier à la page 65. Invitez-les à décrire ce qu'ils voient et faites le lien avec l'activité qui vient d'être réalisée. Énoncez ensuite la consigne à voix haute et assurez-vous de sa compréhension. Demandez aux élèves de d'abord tracer un trait de couleur dans la case à colorier, puis de colorier les cases.

## DIFFÉRENCIATION

**Soutien :** Guidez les élèves en difficulté en leur faisant d'abord placer des jetons comme ils l'ont fait dans la partie *Je manipule* puis demandez-leur d'écrire les chiffres qui conviennent et, enfin, de colorier les cases sur lesquelles se trouvent les jetons.
**Approfondissement :** Proposez un jeu aux élèves qui ont terminé leur activité en avance : l'objectif est de construire la plus grande tour de cubes. Formez des groupes de deux à quatre élèves et donnez-leur des cubes, un dé numérique et un dé avec deux cases rouges, deux cases vertes et deux cases blanches. Chacun leur tour, les élèves lancent le dé numérique et le dé de couleur. Ils construisent en tour la quantité de cubes donnée par le dé numérique. Si le dé de couleur tombe sur la couleur blanche, rien ne change ; s'il tombe sur la couleur rouge, il faut retirer un cube de la tour ; s'il tombe sur la couleur verte, il faut ajouter un cube à la tour. Le gagnant est celui qui a la plus haute tour lorsque tous les cubes ont été utilisés.

# Séance 61 - Compléter la suite numérique dans l'ordre et à rebours

**Notions abordées**

**Prérequis :** dénombrer jusqu'à 6, reconnaître les chiffres jusqu'à 6.
**Objectifs didactiques :** compléter une suite numérique.
**Graphisme :** tracer le chiffre 4.

**Matériel pédagogique**

**Matériel :** 1 jeu de cartes traditionnel (seulement les cartes de 1 à 6), 6 morceaux de papier découpés (environ 5 × 5 cm) sur lesquels sont inscrits les chiffres de 1 à 6 et 18 gommettes par élève.
**Annexe :** 1 aide à l'écriture des chiffres (annexe 3-2) par élève.
**Fichier :** page 66.

## DÉMARCHE PÉDAGOGIQUE

### 1 Je découvre (en classe entière, 10 minutes)

Sur le tapis de regroupement, revenez sur les acquis et interrogez les élèves : « Qu'avons-nous appris la dernière fois ? Nous avons appris à construire une suite numérique à rebours. » Revoyez la comptine numérique avec les élèves en la faisant réciter à plusieurs reprises, dans l'ordre et à rebours. Vous pouvez ajouter des variantes : le plus vite possible, le plus lentement possible, avec une voix aiguë ou très grave… Volontairement, ajoutez des « chut » lors des récitations afin que les élèves identifient le chiffre que vous n'avez pas cité. Annoncez l'objectif du jour : « Aujourd'hui, nous allons apprendre à compléter des suites numériques dans l'ordre et à rebours. »

### 2 Je manipule (par groupes de 6 à 8 élèves, 10 minutes)

Distribuez à chaque élève des cartes à jouer allant de 1 à 6. Demandez-leur, dans un premier temps, de les classer dans l'ordre de la suite numérique. Montrez-leur ensuite comment créer une suite numérique à rebours à partir de ces cartes placées dans l'ordre : ils doivent inverser le sens des cartes. Demandez aux enfants de mélanger leurs cartes puis de former, seuls, une suite numérique à rebours. Distribuez-leur des morceaux de papier sur lesquels vous aurez au préalable noté les chiffres de 1 à 6 puis demandez-leur de placer ces morceaux de papier sous les cartes. Faites réciter la comptine numérique dans l'ordre puis à rebours en montrant les cartes du doigt.

### 3 Je représente (par groupes de 6 à 8 élèves, 10 minutes)

Demandez aux élèves d'ouvrir leur fichier à la page 66. Invitez-les à décrire ce qu'ils voient et faites le lien avec l'activité qui vient d'être réalisée. Énoncez ensuite la consigne à voix haute et assurez-vous de sa compréhension. Les enfants doivent d'abord dénombrer case par case, puis compléter les cases blanches avec les nombres manquants pour enfin tracer les ronds correspondants à la quantité donnée. Travaillez d'abord sur la première ligne et à la seconde qu'une fois la première terminée. Faites remarquer aux élèves la différence entre ces deux lignes, et voyez s'ils peuvent juger par eux-mêmes : la première est dans l'ordre et la deuxième à rebours.

## DIFFÉRENCIATION

**Soutien :** Remplacez le tracé de ronds par des gommettes à coller pour les élèves en difficulté. Vous pouvez également leur proposer l'aide à l'écriture des chiffres (annexe 3-2) si le tracé de chiffres leur pose problème.
**Approfondissement :** Vous pouvez apprendre aux élèves avancés le jeu de la bataille simplifiée. Les enfants ne jouent qu'avec les cartes de 1 à 6, posées en pile face cachée ; celui qui pose la carte représentant la plus grande quantité gagne les cartes.

# Séance 62 - Compléter la suite numérique à rebours

**Notions abordées**

**Prérequis :** construire une suite numérique dans l'ordre et à rebours.
**Objectifs didactiques :** compléter une suite numérique à rebours.
**Graphisme :** tracer le chiffre 5.

**Matériel pédagogique**

**Matériel :** 1 abaque pour la classe. 21 jetons par élève.
**Annexe :** 1 jeu de cartes-chiffres (annexe 3-1) par élève.
**Fichier :** page 67.

## DÉMARCHE PÉDAGOGIQUE

### 1 Je découvre (en classe entière, 10 minutes)

Sur le tapis de regroupement, revenez sur les acquis et interrogez les élèves : « Qu'avons-nous appris la dernière fois ? Nous avons appris à compléter une suite numérique dans l'ordre et à rebours. Aujourd'hui, nous allons apprendre à compléter la suite numérique quand il manque des nombres. Pour cela, nous allons nous aider d'un abaque (*ou de* jetons *si vous n'avez pas d'abaque*). » Si vous avez un abaque, montrez comment les jetons peuvent être rangés dans l'ordre de 6 à 1 en vous inspirant du fichier page 67. Si vous n'avez pas d'abaque, faites des piles de jetons, comme vous l'aviez fait avec les cubes, de manière à reproduire un escalier de 6 à 1. Dans les deux cas, comptez avec les élèves dans l'ordre puis dans le désordre et écrivez au fur et à mesure au tableau les chiffres de 1 à 6 en face de chaque quantité correspondante. Ces chiffres vont servir de référence à vos élèves pour l'activité qui suit.

### 2 Je manipule (par groupes de 6 à 8 élèves, 10 minutes)

Distribuez à chaque élève des cartes-chiffres de 1 à 6 (annexe 3-1) et 21 jetons. Montrez une carte-chiffre et demandez : « Quel nombre vient après celui écrit sur la carte ? Montrez-moi la carte correspondante. » Lorsque les élèves ont trouvé la bonne carte, demandez-leur de faire une pile avec autant de jetons que la quantité énoncée. Une fois que vous avez cité toutes les cartes, demandez aux élèves de ranger leurs piles de jetons et leurs cartes-chiffres sur leur bureau dans l'ordre décroissant de la suite numérique. Venez ensuite retirer une carte différente dans la suite de chaque élève, puis demandez-leur de vous dire quelle carte vous leur avez enlevée. Reprenez l'activité en retirant deux, puis trois cartes dans chaque suite des élèves.

### 3 Je représente (par groupes de 6 à 8 élèves, 10 minutes)

Demandez aux élèves d'ouvrir leur fichier à la page 67. Invitez-les à décrire ce qu'ils voient et faites le lien avec l'activité qui vient d'être réalisée. Énoncez ensuite la consigne à voix haute et assurez-vous de sa compréhension. Demandez aux élèves de réciter la comptine numérique dans l'ordre (jusqu'à 6) puis à rebours (en partant de 6). Faites-leur pointer du doigt la première suite numérique, en lisant le premier chiffre de cette suite, puis demandez-leur de continuer à la réciter à rebours en pointant chaque case du doigt. Une fois que les élèves ont lu les nombres de cet exercice, demandez-leur d'inscrire le nombre manquant, d'abord avec l'index puis au crayon. Procédez ainsi avec chaque suite.

## DIFFÉRENCIATION

**Soutien :** Insistez sur les éléments en haut du fichier pour que les élèves en difficulté apprennent à s'y référer. Guidez-les par des questions si le boulier n'est pas un repère suffisant : « 1 de moins de 5, c'est … ? » Vous pouvez également leur donner les cartes-chiffres de l'annexe 3-1 et leur demander de placer un nombre manquant : cela leur permettra de manipuler en même temps qu'ils apprennent à représenter.
**Approfondissement :** Proposez aux élèves avancés de réaliser, au choix, l'une des activités proposées précédemment dans la partie *Approfondissement*, comme le jeu des suites (séance 58), le jeu des tours (séance 60), ou celui de la bataille simplifiée (séance 61).

# Séance 63 - Révision 1 - Compléter la suite numérique dans l'ordre et à rebours

**Notions abordées**

**Prérequis :** compléter une suite numérique dans l'ordre et à rebours.
**Objectifs didactiques :** réinvestir les connaissances et les compétences acquises tout au long de l'unité 3.
**Graphisme :** tracer des croix pour poursuivre une suite logique simple (2 couleurs).

**Matériel pédagogique**

**Matériel :** 1 triangle musical ou 1 petite clochette et 1 jeu Perles à lacer© pour la classe. 1 jeu de chiffres rugueux de 1 à 6 et 1 foulard par groupe d'élèves. 1 jeu de cartes de 1 à 6 par binôme d'élèves. 6 cubes numérotés de 1 à 6, 6 boutons et 6 jetons par élève.
**Annexe :** 1 jeu de cartes-chiffres (annexe 3-1) par élève.
**Fichier :** page 68.

## DÉMARCHE PÉDAGOGIQUE

### 1 Je me remémore (en classe entière, 5 minutes)

Sur le tapis de regroupement, pendant un temps calme, annoncez : « Vous savez désormais compléter une suite numérique dans l'ordre et à rebours. Qui peut me rappeler ce qu'est une suite numérique ? Il s'agit des nombres qui sont récités ou écrits dans l'ordre. » Demandez aux élèves de vous réciter la comptine numérique dans l'ordre et à rebours. Pour éviter que certains aillent trop vite, vous pouvez utiliser un triangle musical ou une petite clochette : chacun leur tour, les élèves se passent l'instrument et le reste de la classe doit donner le nombre suivant qu'après avoir entendu le son de la clochette.

### 2 Je m'entraîne (par groupes de 6 à 8 élèves, 15 minutes)

Pour cette partie, vous avez le choix. Vous pouvez proposer aux élèves avancés :

- **de reprendre l'une des activités des parties « Différenciation » des séances de l'unité 3**. Vous pouvez par exemple leur proposer de jouer au jeu de la bataille simplifié. Les enfants ne jouent qu'avec des cartes de 1 à 6, posées en pile face cachée ; celui qui pose la carte représentant la plus grande quantité gagne les cartes.
- **de jouer à un des jeux suggérés dans la partie « Activités complémentaires ».** L'activité Perles à lacer© est particulièrement conseillée : le joueur choisit les perles-chiffres dont il a besoin pour réaliser sa suite numérique, puis les enfile sur le lacet prévu à cet effet.

Vous pouvez utiliser ce temps comme remédiation sur des points précis avec les élèves en difficulté.

- **Si les difficultés proviennent de la reconnaissance des chiffres**, renforcez cette compétence en leur proposant un jeu de toucher. Cachez sous un foulard un chiffre rugueux et demandez aux élèves de deviner seulement par le toucher de quel chiffre il s'agit.
- **Si les difficultés proviennent de la maîtrise de la suite des nombres**, proposez aux enfants un ensemble de cubes sur lesquels un chiffre est noté. Ils doivent alors former une suite numérique en empilant les cubes selon la suite numérique. Variez ensuite les supports pour renforcer cet apprentissage : boutons, jetons, etc.

### 3 Je révise (par groupes de 6 à 8 élèves, 10 minutes)

Demandez aux élèves d'ouvrir leur fichier à la page 68. Invitez-les à décrire ce qu'ils voient et faites le lien avec ce qu'ils ont appris durant l'unité. Énoncez ensuite la consigne et demandez aux élèves d'identifier les suites dans l'ordre et celles à rebours. Proposez aux élèves en difficulté des cartes-chiffres (annexe 3-1) pour qu'ils puissent s'y référer. Ils placent le jeton correspondant au bon endroit, puis l'écrivent dans la case dans un second temps.

# Séance 64 - Révision 2 - Compléter la suite numérique dans l'ordre et à rebours

**Notions abordées**

**Prérequis :** compléter une suite numérique dans l'ordre et à rebours.
**Objectifs didactiques :** réinvestir les connaissances et les compétences acquises durant l'unité 3.
**Graphisme :** colorier en respectant un code donné (2 couleurs).

**Matériel pédagogique**

**Matériel :** 1 bâton de parole pour la classe. 12 gros cotillons, du fil et 6 jetons numérotés de 1 à 6 par élève.
**Annexes :** 2 jeux de cartes-chiffres (annexe 3-1) par élève.
**Fichier :** page 69.

## DÉMARCHE PÉDAGOGIQUE

### 1 Je me remémore (en classe entière, 5 minutes)

Sur le tapis de regroupement, pendant un temps de calme, annoncez : « Vous savez désormais compléter une suite numérique dans l'ordre et à rebours. Qui peut me rappeler ce qu'est une suite numérique ? Il s'agit des nombres qui sont récités ou écrits dans l'ordre. » Demandez aux élèves de vous réciter la comptine numérique : faites passer un bâton de parole à travers la classe, afin que chaque enfant puisse avoir la possibilité d'énoncer un nombre. Procédez de même pour la comptine numérique à rebours.

### 2 Je m'entraîne (par groupes de 6 à 8 élèves, 15 minutes)

Pour cette partie, vous avez le choix. Vous pouvez proposer aux élèves avancés :

- **de reprendre l'une des activités proposées dans la partie « Différenciation » des séances de l'unité 3.** Vous pouvez leur proposer de jouer au jeu des suites : distribuez aux élèves un ensemble de cartes-chiffres (annexe 3-1) dans lequel vous aurez pris soin d'« oublier » une ou deux cartes. Les enfants devront remettre les cartes dans l'ordre de la suite numérique et trouver les cartes manquantes.
- **de jouer à un des jeux suggérés dans la partie « Activités complémentaires ».** Le jeu des Gros cubes « chiffres »© est particulièrement conseillé : les élèves peuvent construire des tours de cubes dans l'ordre de la suite numérique ou à rebours.

Vous pouvez utiliser ce temps comme remédiation sur des points précis avec les élèves en difficulté.

- **Si les difficultés proviennent de la reconnaissance des chiffres,** proposez aux élèves de jouer au memory avec deux jeux de cartes-chiffres (annexe 3-1) pour tester ainsi leur mémorisation des formes des chiffres.
- **Si les difficultés proviennent de la maîtrise de la suite des nombres,** distribuez aux élèves des gros cotillons sur lesquels vous aurez noté au feutre les chiffres de 1 à 6, ainsi qu'une boule sur laquelle dessiner les yeux et la bouche de ce qui va devenir une chenille. Dites : « Fabriquez une chenille en enfilant sur le fil les différentes parties du corps de la chenille. Attention, il y a un ordre à respecter. » Prévoyez deux chenilles à construire par enfant : une avec la suite des nombres dans l'ordre et une autre pour la suite à rebours.

### 3 Je révise (par groupes de 6 à 8 élèves, 10 minutes)

Demandez aux élèves d'ouvrir leur fichier à la page 69. Invitez-les à décrire ce qu'ils voient et faites le lien avec ce qu'ils ont appris durant l'unité 3. Énoncez ensuite la consigne : « Complètez les wagons avec les nombres manquants. » Proposez aux élèves en difficulté de poser dans un premier temps des jetons sur lesquels sont écrits les chiffres de 1 à 6. Ils peuvent d'abord placer le jeton correspondant au bon endroit, puis écrire le nombre en question dans la case.

# ACTIVITÉS COMPLÉMENTAIRES
## Unité 3

| Nom | Compétences travaillées | Matériel | But du jeu | Règle du jeu |
|---|---|---|---|---|
| De chiffres en chiffres©, Haba | • Mémorisation de la suite numérique de 1 à 6 | • 44 cartes « tuiles »,<br>• 5 cartes « tuiles » de départ,<br>• 1 carte « gland doré ». | Réaliser une suite numérique de 1 à 6. | De 5 à 4 joueurs (10 min environ)<br>Attention : pour ce jeu, il faut bien penser à n'utiliser que les tuiles allant de 1 à 6.<br>Les cartes « tuiles » sont posées face cachée. Chaque joueur à son tour tire une carte « tuile de départ », puis retourne une carte « tuile » : si le chiffre est celui qui vient juste avant ou après sa carte de départ, il place la carte à côté ; sinon il la repose face cachée. Le premier à avoir réalisé une suite de six chiffres a gagné. |
| Perles à lacer « chiffres »©, Wesco | • Mémorisation de la suite numérique de 1 à 6<br>• Développement de la motricité fine | • 250 perles-chiffres,<br>• 15 lacets. | Réaliser une suite numérique de 1 à 6 dans l'ordre ou à rebours. | 1 joueur (5 min environ)<br>Le joueur choisit les perles-chiffres dont il a besoin pour réaliser sa suite numérique, puis les enfile sur le lacet prévu à cet effet. |
| Gros cubes « chiffres »©, Celda | • Mémorisation de la suite numérique de 1 à 6 | • 6 cubes avec des chiffres inscrits. | Réaliser une suite numérique de 1 à 6 dans l'ordre ou à rebours. | De 1 à 2 joueurs (5 min environ)<br>Le ou les joueurs doivent empiler les cubes en respectant la suite numérique. |

# Unité 4 : Les formes géométriques (16 séances)

## Objectifs d'apprentissage

- Savoir ce qu'est une forme géométrique.
- Trier et classer des formes géométriques simples.
  - Reconnaître et nommer le rond.
  - Reconnaître et nommer le rectangle.
  - Reconnaître et nommer le carré.
  - Reconnaître et nommer le triangle.
  - Reconnaître et nommer l'hexagone.
- Associer formes géométriques et objets du quotidien.
- Créer une forme géométrique complexe à partir de formes géométriques simples.

## Liens avec les programmes officiels de l'Éducation nationale

- Classer des objets en fonction de caractéristiques liées à leur forme.
- Savoir nommer quelques formes planes.
- Reproduire des formes planes.
- Reproduire un assemblage à partir d'un modèle (puzzle, pavage).

## Déroulé de l'unité

L'unité 4 invite les élèves à s'initier à un nouveau domaine mathématique : la géométrie. Ils vont ainsi s'intéresser aux formes planes, l'étude des solides étant proposée dans le niveau GS de la même collection. Une première approche générale des formes qu'ils vont découvrir leur est proposée dans les séances 65 et 66. Les élèves consacreront ensuite deux séances à l'étude de chaque forme afin de les observer, d'identifier leurs caractéristiques et de mémoriser leur nom (séances 67 et 68 pour le rond, 69 et 70 pour le rectangle, 71 et 72 pour le carré, 73 et 74 pour le triangle). Une séance est également prévue pour l'étude des hexagones, forme géométrique qui n'est pas au programme de maternelle mais qui leur permet de s'exercer à la composition de formes complexes à partir de formes simples (séance 75). Forts de ces connaissances nouvellement acquises, les élèves vont pouvoir comparer des formes géométriques deux à deux, puis les classer en différentes catégories selon leurs caractéristiques (séances 76 à 78). Enfin, les séances 79 et 80 invitent les élèves à réviser ce qu'ils ont appris tout au long de l'unité.

## Progression du graphisme

- L'unité 4 étant consacrée aux formes géométriques, les exercices de graphisme y sont volontairement destinés au tracé des ronds et des carrés, afin que les élèves associent le geste graphique à la reconnaissance visuelle des formes. Le tracé des triangles, plus difficile, sera abordé en unité 6.
- **Tracer des ronds :** Dans l'unité 4, l'objectif est que les enfants sachent reconnaître des formes géométriques simples. Nous commençons par le rond car il s'agit d'un tracé connu des élèves depuis la PS. Comme cela a été abordé au préalable dans le fichier, les enfants commenceront par repasser sur un puis plusieurs cercles en pointillés avant de tracer des cercles à partir d'un point donné et en respectant un calibrage donné par des lignes. Portez une attention toute particulière au sens du tracé (du haut vers le bas et dans le sens inverse des aiguilles d'une montre) ainsi qu'au respect du calibrage imposé par les lignes.
- **Tracer des carrés :** On demandera tout d'abord aux enfants de repasser sur des carrés de plus en plus petits à l'aide des tracés en pointillés. Ils devront ensuite tracer des traits verticaux, puis horizontaux, pour enfin réaliser des quadrillages au sein de carrés pour exercer leur motricité fine. Il s'agit là de consolidation de différentes notions vues précédemment. Vous devrez veiller à ce que le sens des tracés soit précis (de la gauche vers la droite et de haut en bas).
- **Colorier pour compléter des motifs de couleur :** Aux séances de révisions, l'exercice de graphisme consiste à compléter des motifs de deux couleurs alternées : il faut ici repérer les deux choix de couleurs utilisées et continuer les dessins pour la révision 1, le coloriage pour la révision 2, de façon à poursuivre la suite logique.

# Séance 65 - Découvrir les formes géométriques

**Notions abordées**

**Prérequis :** reconnaître des éléments identiques ou différents.
**Objectifs didactiques :** reconnaître une forme géométrique.
**Graphisme :** tracer des ronds.

**Matériel pédagogique**

**Matériel :** 1 ensemble d'attrimaths© (si vous n'avez pas ce matériel, fabriquez les formes en les découpant dans du papier mousse ou du carton) par groupe d'élèves. 1 feuille par élève.
**Annexe :** 1 ensemble de gabarits de formes (annexe 4-1) par élève.
**Fichier :** page 70.

## DÉMARCHE PÉDAGOGIQUE

### 1 Je découvre (en classe entière, 5 minutes)

Sur le tapis de regroupement, annoncez : « Vous savez maintenant ce qu'est une suite numérique dans l'ordre et à rebours. Nous allons commencer un nouveau chapitre aujourd'hui : nous allons découvrir les formes géométriques. » Posez votre **boîte de formes géométriques issues d'attrimaths© (ou découpées dans du papier mousse ou du carton)** au milieu du groupe. Laissez chacun les manipuler, commentez ce qu'ils voient, touchent et laissez-les vous poser des questions sur ce qu'ils vous montrent ou plus généralement sur la géométrie. Concluez en demandant aux élèves d'identifier dans la classe des objets de même forme que celles distribuées.

### 2 Je manipule (par groupes de 6 à 8 élèves, 15 minutes)

Distribuez aux élèves les **gabarits de formes de l'annexe 4-1** que vous aurez découpées au préalable. Dessinez au tableau un rond, puis dites : « Parmi les différentes formes que je vous ai données, retrouvez celle qui représente la forme que je viens de dessiner et montrez-la moi. » Laissez les élèves trouver le rond puis demandez-leur de le colorier en rouge. Dessinez maintenant un rectangle au tableau et demandez aux élèves de le retrouver parmi leurs formes. Faites-le colorier en jaune. Poursuivez en dessinant un carré au tableau, en le faisant retrouver et colorier en bleu. Terminez enfin en traçant un triangle. À nouveau, faites-le retrouver parmi les formes distribuées aux élèves et faites-le colorier en orange.

### 3 Je représente (par groupes de 6 à 8 élèves, 10 minutes)

Demandez aux élèves d'ouvrir leur fichier à la **page 70.** Invitez-les à décrire ce qu'ils voient et faites le lien avec l'activité qu'ils viennent de réaliser. Énoncez ensuite la consigne à voix haute et assurez-vous de sa compréhension. Invitez les élèves à faire le lien entre les formes du fichier et celles qu'ils ont coloriées plus tôt dans la séance. Demandez-leur d'utiliser le même code couleur que précédemment pour colorier les formes de leur fichier.

## DIFFÉRENCIATION

**Soutien :** Distribuez aux élèves en difficulté une **feuille** et demandez-leur de des formes à l'aide des **gabarits de l'annexe 4-1**. Revenez ensuite au fichier et faites le lien avec les formes présentes.
**Approfondissement :** Proposez aux élèves qui ont des facilités de jouer avec des puzzles géométriques.

# Séance 66 - Classer les formes géométriques

## Notions abordées

**Prérequis :** reconnaître une forme géométrique.
**Objectifs didactiques :** distinguer les formes géométriques pour les classer.
**Graphisme :** tracer des ronds.

## Matériel pédagogique

**Matériel :** 1 ensemble de modèles de formes en mousse (type attrimaths©) par groupe d'élèves. 3 allumettes, de la pâte à modeler et, 1 dizaine de gommettes de formes géométriques différentes (ronds, triangles, rectangles, de tailles et de couleurs différentes) par élève.
**Fichier :** page 71.

## DÉMARCHE PÉDAGOGIQUE

### 1 Je découvre (en classe entière, 10 minutes)

Sur le tapis de regroupement, revenez sur les acquis et interrogez les élèves : « Qu'avons-nous appris la dernière fois ? Nous avons découvert plusieurs formes géométriques. » Dessinez un rond au tableau et interrogez les élèves : « Vous souvenez-vous de cette forme ? De quelle couleur l'avions-nous coloriée ? » Reprenez ce questionnement après avoir tracé au tableau un rectangle, un carré et un triangle. Enfin, pointez du doigt chaque forme au tableau et demandez aux élèves d'identifier dans la classer des objets de la même forme. Annoncez aux élèves l'objectif de la séance : « Aujourd'hui, nous allons apprendre à identifier et classer les formes géométriques. »

### 2 Je manipule (par groupes de 6 à 8 élèves, 10 minutes)

Distribuez de la **pâte à modeler** aux élèves, montrez le dessin du rond au tableau et demandez-leur d'en façonner un. Ils peuvent aplatir la pâte et lui donner une forme circulaire ou créer un cercle avec un boudin fin de pâte. Montrez-leur ensuite le triangle au tableau et demandez-leur d'en créer un avec des **allumettes** dans de la pâte à modeler aplatie pour maintenir le triangle en place. Faites de même avec le rectangle. Distribuez ensuite aux élèves des **modèles de formes en mousse** et dites : « Classez les formes sous les modèles en pâte à modeler que vous venez de créer. » Ce faisant, encouragez les élèves à justifier à voix haute leur classement. Ils différencieront les ronds des deux autres formes en remarquant qu'ils n'ont pas de « coins qui piquent » par exemple. De la même façon, ils différencieront les rectangles des triangle en fonction du nombre de « coins qui piquent ».

### 3 Je représente (par groupes de 6 à 8 élèves, 10 minutes)

Demandez aux élèves d'ouvrir leur fichier à la **page 71.** Invitez-les à décrire ce qu'ils voient et faites le lien avec l'activité qui vient d'être réalisée. Distribuez à chaque élève une feuille contenant une **dizaine de gommettes de formes géométriques** (ronds, triangles, rectangles), de tailles et de couleurs différentes. Énoncez ensuite la consigne à voix haute et assurez-vous de sa compréhension. Guidez les élèves en leur posant des questions sur l'aspect des formes.

## DIFFÉRENCIATION

**Soutien :** Faites manipuler des **formes en mousse** avec les élèves en difficulté avant de les faire travailler sur le fichier. Jouez au jeu du « ouille » avec eux : demandez-leur de passer le doigt sur le contour de chaque forme et de dire « ouille » lorsqu'ils touchent un « coin qui pique ».
**Approfondissement :** Proposez aux élèves avancés de faire une chasse au trésor dans la classe : ils doivent retrouver des objets de la même forme que celles du fichier.

# Séance 67 - Découvrir le rond

**Notions abordées**

**Prérequis :** identifier une forme géométrique.
**Objectifs didactiques :** découvrir la forme ronde.
**Graphisme :** tracer des ronds.

**Matériel pédagogique**

**Matériel :** 1 ensemble d'objets (voitures miniatures, pièces de monnaie, rouleaux et cubes) par groupe d'élèves.
1 catalogue, 1 album jeunesse et 1 rond en mousse par élève.
**Annexes :** 1 ensemble de gabarits de ronds (annexe 4-2) par élève.
**Fichier :** page 72.

## DÉMARCHE PÉDAGOGIQUE

### 1 Je découvre (en classe entière, 5 minutes)

Sur le tapis de regroupement, revenez sur les acquis et interrogez les élèves : « Qu'avons-nous appris la dernière fois ? Nous avons appris à classer différentes formes géométriques. » Présentez aux élèves un **ensemble d'objets : voitures miniatures, pièces de monnaie, rouleaux et cubes**. Montrez-leur que certains objets roulent, tandis que d'autres non. Interrogez-les : « Quel est le point commun entre tous les objets qui roulent ? » Amenez-les à remarquer que tous les objets qui roulent sont composés d'une forme qu'ils ont déjà vue lors des deux séances précédentes (mais qu'ils ne savent pas encore nommer) : le rond. Annoncez l'objectif du jour : « Aujourd'hui, nous allons étudier plus précisément cette forme géométrique. »

### 2 Je manipule (par groupes de 6 à 8 élèves, 15 minutes)

Laissez les élèves manipuler librement les **objets** vus en classe entière, observer les éléments et les identifier. Tracez ensuite un rond au tableau et demandez-leur de trouver parmi les objets de la boîte ceux sur lesquels on peut voir cette forme. Distribuez-leur ensuite un **catalogue** ou un **album jeunesse** et invitez-les à identifier le plus possible de ronds.

### 3 Je représente (par groupes de 6 à 8 élèves, 10 minutes)

Demandez aux élèves d'ouvrir leur fichier à la **page 72**. Énoncez la consigne à voix haute et assurez-vous de sa compréhension. Invitez-les à décrire ce qu'ils voient et laissez-les s'exprimer librement pendant quelques minutes. Montrez à nouveau le rond tracé au tableau, puis demandez aux élèves d'identifier cette forme sur leur dessin. Chaque fois qu'ils trouvent un rond, invitez-les à repasser son contour avec leur index afin de l'ancrer dans leur mémoire.

## DIFFÉRENCIATION

**Soutien :** Mettez à disposition des élèves en difficulté un ensemble de **gabarits de ronds de l'annexe 4-2** afin qu'ils puissent les poser sur les ronds de l'image et ainsi vérifier leur forme.
**Approfondissement :** Proposez aux élèves qui ont terminé l'activité du fichier en avance de jouer à une chasse au trésor. Ils doivent vous rapporter le plus d'objets de forme ronde (ou ayant un rond dessiné dessus) trouvés dans la classe. Mettez si nécessaire à leur disposition un **rond en mousse** comme modèle.

# Séance 68 - Reconnaître le rond

**Notions abordées**

**Prérequis :** reconnaître visuellement une forme ronde.
**Objectifs didactiques :** utiliser le mot « rond » et reconnaître les caractéristiques de cette forme.
**Graphisme :** tracer des ronds.

**Matériel pédagogique**

**Matériel :** 2 feuilles par élève.
**Annexes :** 1 ensemble de gabarits de formes (4-1) et de ronds (annexe 4-2) par élève.
**Fichier :** page 73.

## DÉMARCHE PÉDAGOGIQUE

### 1 Je découvre (en classe entière, 5 minutes)

Sur le tapis de regroupement, revenez sur les acquis et interrogez les élèves : « Qu'avons-nous appris la dernière fois ? Nous avons appris à reconnaître cette forme. » Tracez alors un rond au tableau. Présentez ensuite un gabarit de rond (annexe 4-1) et dites : « Voici un rond. » Faites répéter ce mot aux élèves. Posez le gabarit sur une feuille et tracez son contour. Montrez la feuille et demandez : « Qu'est-ce que j'ai dessiné ? C'est un rond. » Prenez la feuille, passez votre main dessus et dites : « Un rond est plat. » Faites à nouveau répéter les élèves, puis concluez en demandant : « Que venons-nous d'apprendre ? Nous venons d'apprendre que le rond est une forme plate. » Annoncez l'objectif du jour : « Aujourd'hui, nous allons continuer à étudier les ronds. »

### 2 Je manipule (par groupes de 6 à 8 élèves, 15 minutes)

Placez au milieu du groupe d'élèves un ensemble de gabarits de ronds (annexe 4-2) et demandez aux élèves de tracer des ronds en s'aidant des gabarits : ils doivent poser un gabarit sur leur feuille, puis suivre le contour du gabarit d'abord avec leur index, puis au crayon. Assurez-vous qu'ils verbalisent leurs actions en nommant les formes : « J'ai suivi le contour du rond avec mon doigt. J'ai tracé des ronds. Le rond ne pique pas ! » Demandez-leur ensuite de passer leur main sur la feuille pour qu'ils prennent à nouveau conscience du caractère plat du rond. Enfin, demandez à chaque élève de faire un dessin au crayon à papier comportant au moins un rond qu'ils traceront avec leur gabarit sur une feuille. Échangez ensuite les productions et demandez aux élèves de colorier uniquement le ou les ronds du dessin qu'ils viennent de recevoir.

### 3 Je représente (par groupes de 6 à 8 élèves, 10 minutes)

Demandez aux élèves d'ouvrir leur fichier à la page 73. Invitez-les à décrire ce qu'ils voient et faites le lien avec l'activité qu'ils viennent de réaliser. Énoncez ensuite la consigne à voix haute et assurez-vous de sa compréhension. Demandez aux élèves, dans un premier temps, de montrer les ronds en les nommant à voix haute pour qu'ils mémorisent le vocabulaire, puis d'en suivre le contour avec leur index. Si vous souhaitez conserver une trace écrite de l'activité, vous pouvez demander aux enfants d'entourer les ronds qu'ils repèrent dans l'image.

## DIFFÉRENCIATION

**Soutien :** Repassez par une phase de manipulation avec les élèves en difficulté. Donnez-leur un ensemble de gabarits de formes (annexe 4-1) et demandez-leur de retrouver les ronds et de les nommer.
**Approfondissement :** Proposez aux élèves avancés de tracer des ronds de différentes tailles à main levée sur une feuille.

# Séance 69 - Découvrir le rectangle

**Notions abordées**

**Prérequis :** identifier une forme géométrique.
**Objectifs didactiques :** découvrir la forme rectangulaire.
**Graphisme :** tracer des ronds.

**Matériel pédagogique**

**Matériel :** 1 catalogue, 1 album jeunesse ou 1 reproduction d'œuvre d'art abstrait type Vasarely ou Mondrian et 15 gommettes de 4 formes différentes par élève.
**Annexe :** 1 ensemble de gabarits de rectangles (annexe 4-3) par élève.
**Fichier :** page 74.

## DÉMARCHE PÉDAGOGIQUE

### 1 Je découvre (en classe entière, 10 minutes)

Sur le tapis de regroupement, revenez sur les acquis et interrogez les élèves : « Qu'avons-nous appris la dernière fois ? Nous avons appris à reconnaître, tracer et nommer un rond. » Dessinez plusieurs rectangles de dimensions et d'orientations différentes au tableau. Laissez aux élèves un temps d'observation, puis recueillez leurs différentes remarques. Amenez-les à conclure que, malgré les différences de dimensions et d'orientation, il s'agit à chaque fois de la même forme géométrique. Annoncez l'objectif de la séance : « Aujourd'hui, nous allons étudier plus précisément cette forme géométrique. »

### 2 Je manipule (par groupes de 6 à 8 élèves, 10 minutes)

Dessinez un grand rectangle au tableau. Faites décrire cette forme aux élèves, en les encourageant à parler des « coins qui piquent ». Distribuez ensuite des catalogues, des albums jeunesse ou encore des reproductions d'une œuvre d'art abstrait type Vasarely ou Mondrian à chaque enfant et faites-leur identifier (sans les nommer) le plus de rectangles possibles. Encouragez-les à justifier leur réponse en décrivant les formes qu'ils auront identifiées comme étant des rectangles. S'il vous reste du temps, remobilisez les connaissances des élèves en leur demandant également de trouver des ronds.

### 3 Je représente (par groupes de 6 à 8 élèves, 10 minutes)

Demandez aux élèves d'ouvrir leur fichier à la page 74. Invitez-les à décrire ce qu'ils voient et faites le lien avec l'activité qu'ils viennent de réaliser. Énoncez ensuite la consigne à voix haute et assurez-vous de sa compréhension. Demandez aux enfants de chercher les rectangles dans l'image. Lorsqu'ils ont trouvé un rectangle, après vous avoir fait valider leur réponse, ils doivent repasser le contour de la forme avec l'index afin de l'ancrer dans leur mémoire. Vous pouvez ensuite, s'il vous reste du temps, leur demander d'entourer les rectangles de l'image.

## DIFFÉRENCIATION

**Soutien :** Proposez aux élèves en difficulté de s'aider des gabarits de rectangles (annexe 4-3) pour s'y référer en cas de doute au fil des étapes *Je manipule* et *Je représente*.
**Approfondissement :** Proposez aux élèves avancés de recréer les dessins de la page 74 à l'aide de gommettes.

# Séance 70 - Reconnaître le rectangle

**Notions abordées**

**Prérequis :** reconnaître visuellement une forme rectangulaire.
**Objectifs didactiques :** utiliser le mot « rectangle » et reconnaître les caractéristiques de cette forme.
**Graphisme :** tracer des ronds.

**Matériel pédagogique**

**Matériel :** 1 grand rectangle en carton pour la classe. 2 feuilles par élève.
**Annexes :** 1 ensemble de gabarits de formes (annexe 4-1) et 1 ensemble de gabarits de rectangles (annexe 4-3) par élève.
**Fichier :** page 75.

## DÉMARCHE PÉDAGOGIQUE

### 1 Je découvre (en classe entière, 5 minutes)

Sur le tapis de regroupement, revenez sur les acquis et interrogez les élèves : « Qu'avons-nous appris la dernière fois ? Nous avons appris reconnaître cette forme. » Montrez ensuite un grand rectangle en carton que vous aurez fabriqué en amont de la séance et dites : « Cette forme est un rectangle. » Faites répéter les élèves. Tournez-le pour le montrer sous différentes orientations et dites qu'il s'agit toujours d'un rectangle. Tracez son contour au tableau, passez la main dessus et dites : « Qu'est-ce que j'ai dessiné ? Un rectangle. Les rectangles sont plats. » Faites de nouveau répéter les élèves et concluez : « Que venons-nous d'apprendre ? Nous venons d'apprendre que le rectangle est une forme plate. » Annoncez enfin l'objectif du jour : « Aujourd'hui, nous allons continuer à étudier les rectangles. »

### 2 Je manipule (par groupes de 6 à 8 élèves, 15 minutes)

Placez au milieu du groupe d'élèves un ensemble de gabarits de rectangles (annexe 4-3) et demandez aux élèves de tracer des rectangles en s'aidant des gabarits ; ils doivent poser un gabarit sur leur feuille, puis suivre le contour du gabarit d'abord avec l'index, puis au crayon. Assurez-vous qu'ils verbalisent leurs actions en nommant les formes : « J'ai suivi le contour du rectangle avec mon doigt. J'ai tracé des rectangles. Le rectangle a quatre coins qui piquent, ouille ! » Demandez-leur ensuite de passer leur main sur la feuille pour qu'ils prennent à nouveau conscience du caractère plat du rectangle. Enfin, demandez à chaque élève de faire un dessin au crayon à papier comportant au moins un rectangle qu'ils traceront avec leur gabarit. Échangez ensuite les productions et demandez aux élèves de colorier uniquement le ou les rectangles du dessin qu'ils viennent de recevoir.

### 3 Je représente (par groupes de 6 à 8 élèves, 10 minutes)

Demandez aux élèves d'ouvrir leur fichier à la page 75. Invitez-les à décrire ce qu'ils voient et faites le lien avec l'activité qu'ils viennent de réaliser. Énoncez ensuite la consigne à voix haute et assurez-vous de sa compréhension. Demandez aux enfants de montrer les rectangles en les nommant à voix haute pour qu'ils mémorisent le vocabulaire, de repasser leur contour avec l'index, puis de les colorier.

## DIFFÉRENCIATION

**Soutien :** Repassez par une phase de manipulation avec les élèves en difficulté. Donnez-leur un ensemble de gabarits de formes (annexe 4-1) et demandez-leur de retrouver les rectangles et de les nommer.
**Approfondissement :** Proposez aux élèves avancés de tracer des rectangles de différentes tailles à main levée sur une feuille.

# Séance 71 - Créer des formes géométriques simples

**Notions abordées**

**Prérequis :** connaître 2 formes géométriques : les ronds et les rectangles.
**Objectifs didactiques :** découvrir et nommer le carré.
**Graphisme :** tracer des carrés.

**Matériel pédagogique**

**Matériel :** 3 éponges (en formes de rond, carré et rectangle) et 3 petits pots de peinture pour chaque élève.
**Annexes :** 1 ensemble de gabarits de ronds (annexe 4-2), 1 ensemble de gabarits de rectangles (annexe 4-3) et 1 ensemble de gabarits de carrés (annexe 4-4) par élève.
**Fichier :** page 76.

## DÉMARCHE PÉDAGOGIQUE

### 1 Je découvre (en classe entière, 5 minutes)

Sur le tapis de regroupement, revenez sur les acquis et interrogez les élèves : « Qu'avons-nous appris la dernière fois ? Nous avons appris à reconnaître, tracer et nommer un rectangle. » Dessinez un rectangle au tableau et faites nommer cette forme par les élèves. Dessinez maintenant un carré et dites que cette forme n'est pas un rectangle. Nommez-la : « Voici un carré. » Faites répéter aux élèves. Invitez-les ensuite à identifier les différences entre les deux formes. Longez les côtés du rectangle avec votre index et dites que certains sont grands, d'autres petits. Faites de même avec les côtés du carré et dites qu'ils sont pareils. Annoncez enfin l'objectif de la séance : « Aujourd'hui, nous allons étudier plus précisément cette forme géométrique. »

### 2 Je manipule (par groupes de 6 à 8 élèves, 15 minutes)

Distribuez à chaque élève des **éponges de formes différentes (carrées, rectangulaires et rondes)**, préparez des **petits pots de peinture**, et dites : « Réalisez des empreintes de formes en trempant les éponges dans la peinture. » Une fois les empreintes réalisées et sèches, demandez aux élèves d'en repasser le contour avec leur index puis de nommer les formes. Faites en sorte que chaque élève réalise une peinture de chacune des formes.

### 3 Je représente (par groupes de 6 à 8 élèves, 10 minutes)

Demandez aux élèves d'ouvrir leur fichier à la **page 76.** Invitez-les à décrire ce qu'ils voient et faites le lien avec l'activité qu'ils viennent de réaliser. Énoncez ensuite la consigne à voix haute et assurez-vous de sa compréhension. Invitez les élèves à repasser le contour de chaque forme avec leur index, puis à annoncer leur nom à voix haute. Vous pouvez alors noter en dictée à l'adulte ce que les enfants disent afin d'en garder une trace écrite.

## DIFFÉRENCIATION

**Soutien :** Proposez aux élèves en difficulté de s'aider de **gabarits carrés et rectangulaires (annexes 4-3 et 4-4)** qu'ils pourront superposer l'un sur l'autre afin de leur permettre de distinguer le carré du rectangle.
**Approfondissement :** Proposez aux élèves avancés une chasse au trésor : à eux de tirer au sort une forme parmi les **gabarits de ronds, de carrés et de rectangles des annexes 4-2, 4-3 et 4-4**, puis de rassembler le plus d'objets possibles de cette forme sur leur bureau.

# Séance 72 - Reconnaître le carré

**Notions abordées**

**Prérequis :** reconnaître visuellement une forme carrée.
**Objectifs didactiques :** utiliser le mot « carré » et reconnaître les caractéristiques de cette forme.
**Graphisme :** tracer des carrés.

**Matériel pédagogique**

**Matériel :** 1 dé avec des formes à la place des points (2 ronds, 2 carrés, 2 rectangles) par groupe d'élèves.
**Annexes :** 1 ensemble de gabarits de formes (annexe 4-1) pour la classe. 1 ensemble de gabarits rectangulaires (annexe 4-3) et 1 ensemble de gabarits carrés (annexe 4-4) par élève.
**Fichier :** page 77.

## DÉMARCHE PÉDAGOGIQUE

### 1 Je découvre (en classe entière, 5 minutes)

Sur le tapis de regroupement, revenez sur les acquis et interrogez les élèves : « Qu'avons-nous appris la dernière fois ? Nous avons appris à reconnaître plusieurs formes géométriques différentes et en avons découvert une nouvelle : le carré. » À l'aide des gabarits de l'annexe 4-1 (à l'exception des carrés et des triangles), revenez sur ces différentes formes. Montrez-les les unes à la suite des autres et demandez aux élèves de les nommer. Faites rappeler que ces formes sont plates. Reprenez le questionnement en dessinant ces mêmes formes au tableau. Dessinez ensuite un carré et demandez aux élèves : « Quelqu'un peut-il me donner le nom de cette forme ? C'est un carré. Attention, un carré est différent d'un rectangle : les côtés du carré sont tous les mêmes. » Passez votre main sur le carré et dites : « Le carré est plat lui aussi. » Faites répéter les élèves, puis annoncez l'objectif du jour : « Aujourd'hui, nous allons continuer à étudier le carré. »

### 2 Je manipule (par groupes de 6 à 8 élèves, 15 minutes)

Placez au milieu du groupe d'élèves les gabarits de carrés de l'annexe 4-4 et demandez aux élèves de tracer des carrés en s'aidant des gabarits ; ils doivent poser un gabarit sur leur feuille, puis suivre le contour du gabarit d'abord avec l'index, puis au crayon. Assurez-vous qu'ils verbalisent leurs actions en nommant les formes : « J'ai suivi le contour du carré avec mon doigt. J'ai tracé des carrés. Le carré a quatre coins qui piquent, ouille ! » Demandez-leur ensuite de passer leur main sur la feuille pour qu'ils prennent à nouveau conscience du caractère plat du carré. Enfin, demandez à chaque élève de faire un dessin au crayon à papier comportant au moins un carré qu'ils traceront avec leur gabarit. Échangez ensuite les productions et demandez aux élèves de colorier uniquement le ou les carrés du dessin qu'ils viennent de recevoir.

### 3 Je représente (par groupes de 6 à 8 élèves, 10 minutes)

Demandez aux élèves d'ouvrir leur fichier à la page 77. Invitez-les à décrire ce qu'ils voient et faites le lien avec l'activité qu'ils viennent de réaliser. Énoncez ensuite la consigne à voix haute et assurez-vous de sa compréhension. Demandez aux enfants de vous montrer un carré, de repasser son contour à l'index, de le nommer à voix haute pour qu'ils mémorisent le vocabulaire, puis de le colorier. Si les élèves sont à l'aise, vous pouvez les laisser compléter l'exercice sans votre aide. Attention cependant à bien vérifier qu'ils ne colorient pas de rectangles.

## DIFFÉRENCIATION

**Soutien :** Proposez aux élèves en difficulté de s'aider de gabarits rectangulaires et carrés (annexes 4-3 et 4-4) qu'ils pourront superposer l'un sur l'autre afin de leur permettre de distinguer le carré du rectangle.
**Approfondissement :** Proposez aux élèves ayant terminé leur activité en avance de jouer à un jeu. Donnez-leur un dé sur lequel figurent deux ronds, deux carrés et deux rectangles. Chacun leur tour, les enfants lancent le dé puis doivent aller chercher un objet ayant la forme demandée.

# Séance 73 - Découvrir le triangle

**Notions abordées**

**Prérequis :** identifier une forme géométrique.
**Objectifs didactiques :** découvrir la forme triangulaire.
**Graphisme :** tracer des carrés.

**Matériel pédagogique**

**Matériel :** 1 tangram composé de carrés et de triangles et fiches d'activités issue de cahiers *Mon premier cahier d'activités sensorielles* ou *Je découvre les formes et les couleurs* des Petits Montessori par élève.
**Fichier :** page 78.

## DÉMARCHE PÉDAGOGIQUE

### 1 Je découvre (en classe entière, 10 minutes)

Sur le tapis de regroupement, revenez sur les acquis et interrogez les élèves : « Qu'avons-nous appris la dernière fois ? Nous avons appris à reconnaître, tracer et nommer un carré. » Présentez les tangrams et expliquez-en le principe : « Ce sont des formes qui s'imbriquent en puzzle. » Faites-en la démonstration. Montrez ensuite les différentes pièces de votre tangram et demandez aux enfants de nommer les formes que vous montrez. Prenez maintenant un triangle et indiquez le nom de cette nouvelle forme aux élèves : « C'est un triangle. » Faites-leur répéter ce nouveau mot. Montrez les autres pièces triangulaires du tangram et faites-les nommer par les élèves afin de leur faire mémoriser ce nouveau mot de vocabulaire. Passez votre main sur cette pièce et dites : « Le triangle est plat. » Faites à nouveau répéter les élèves. Annoncez l'objectif de la séance : « Aujourd'hui, nous allons étudier plus précisément cette forme géométrique. »

### 2 Je manipule (par groupes de 6 à 8 élèves, 15 minutes)

Distribuez à chaque élève un jeu de tangram. Laissez-leur un temps de découverte libre, puis faites-leur manipuler les pièces en les assemblant pour composer de nouvelles formes. Veuillez à ce qu'ils nomment chacun des pièces utilisées. Concluez en leur faisant observer les différentes créations du groupe. Montrez en quelques-unes du doigt et demandez aux élèves d'indiquer le nom des pièces qui ont été utilisées. Enfin, si les créations finales prennent la forme de grands carrés, de grands rectangles ou de grands triangles, faites-le remarquer aux élèves : « Vous avez utilisé plusieurs formes géométriques pour composer une grande forme géométrique déjà connue. »

### 3 Je représente (par groupes de 6 à 8 élèves, 5 minutes)

Demandez aux élèves d'ouvrir leur fichier à la page 78. Invitez-les à décrire ce qu'ils voient et faites le lien avec l'activité qu'ils viennent de réaliser. Énoncez ensuite la consigne à voix haute et assurez-vous de sa compréhension. Demandez-leur de nommer et de compter les pièces qui ont été utilisées pour chaque création (ils doivent remarquer qu'il ne s'agit que de triangles), de nommer la forme du résultat final, puis de reproduire les formes à l'aide des éléments du tangram. Vous pouvez prendre en photo leur travail afin de garder une trace.

## DIFFÉRENCIATION

**Soutien :** Proposez aux élèves des fiches d'activités issues des cahiers ***Mon premier cahier d'activités sensorielles*** ou ***Je découvre les formes et les couleurs*** de la collection Les Petits Montessori, publiés par La Librairie des Écoles.
**Approfondissement :** Proposez d'autres modèles de tangrams à faire réaliser par les élèves avancés.

# Séance 74 - Reconnaître le triangle

**Notions abordées**

**Prérequis :** reconnaître visuellement une forme triangulaire.
**Objectifs didactiques :** utiliser le mot « triangle » et reconnaître les caractéristiques de cette forme.
**Graphisme :** tracer des carrés.

**Matériel pédagogique**

**Matériel :** 1 objet triangulaire (biscuits, fanions, équerres, images de panneaux de signalisation) et 2 feuilles par élève.
**Annexes :** 1 ensemble de gabarits de formes (annexe 4-1) et 1 ensemble de gabarits de triangles (annexe 4-5) par élève.
**Fichier :** page 79.

## DÉMARCHE PÉDAGOGIQUE

### 1 Je découvre (en classe entière, 5 minutes)

Sur le tapis de regroupement, revenez sur les acquis et interrogez les élèves : « Qu'avons-nous appris la dernière fois ? Nous avons appris ce qu'était un triangle. » À l'aide des gabarits de l'annexe 4-1, revenez sur les différentes formes que les élèves connaissent. Montrez-les les unes à la suite des autres et demandez aux élèves de les nommer. Rappelez à chaque fois aux élèves que ces formes sont plates. Annoncez l'objectif du jour : « Aujourd'hui, nous allons continuer à étudier le triangle. »

### 2 Je manipule (par groupes de 6 à 8 élèves, 10 minutes)

Placez au milieu du groupe d'élèves les gabarits de triangles de l'annexe 4-5 et demandez aux élèves de tracer des triangles en s'aidant des gabarits ; ils doivent poser un gabarit sur leur feuille, puis suivre le contour du gabarit d'abord avec l'index, puis au crayon. Assurez-vous qu'ils verbalisent leurs actions en nommant les formes : « J'ai suivi le contour du triangle avec mon doigt. J'ai tracé des triangles. Le triangle a trois coins qui piquent, ouille ! » Demandez-leur ensuite de passer leur main sur la feuille pour qu'ils prennent à nouveau conscience du caractère plat du triangle. Enfin, demandez à chaque élève de faire un dessin au crayon à papier comportant au moins un triangle qu'ils traceront avec leur gabarit. Échangez ensuite les productions et demandez aux élèves de colorier uniquement le ou les triangles du dessin qu'ils viennent de recevoir.

### 3 Je représente (par groupes de 6 à 8 élèves, 15 minutes)

Demandez aux élèves d'ouvrir leur fichier à la page 79. Invitez-les à décrire ce qu'ils voient et questionnez-les : « Où se passe la scène ? Aimez-vous aller à la plage ? » Faites le lien avec l'activité qu'ils viennent de réaliser. Énoncez ensuite la consigne à voix haute et assurez-vous de sa compréhension. Demandez aux élèves de montrer les triangles, de repasser leurs contours avec leur index, de les nommer à voix haute puis, après votre validation, de les entourer.

## DIFFÉRENCIATION

**Soutien :** Proposez aux élèves en difficulté de s'aider des gabarits des triangles (annexe 4-5). S'ils ne reconnaissent pas les triangles, repassez par une activité de tri de formes parmi celles de l'annexe 4-1 : parmi une dizaine de formes, ils doivent trier et placer les triangles à part.
**Approfondissement :** Proposez aux élèves avancés de tracer des triangles de différentes tailles à main levée sur une feuille.

# Séance 75 - Créer des formes géométriques complexes

**Notions abordées**

**Prérequis :** reconnaître les formes géométriques simples (carré, rectangle, triangle, rond).
**Objectifs didactiques :** réaliser des formes complexes à partir de formes géométriques simples.
**Graphisme :** tracer des carrés.

**Matériel pédagogique**

**Matériel :** 1 ensemble d'attrimaths© (si vous n'avez pas ce matériel, fabriquez les formes en les découpant dans du papier mousse ou du carton) par groupe d'élèves. 1 feuille par élève.
**Annexe :** 1 ensemble de gabarits de formes (annexe 4-1) par élève.
**Fichier :** page 80.

## DÉMARCHE PÉDAGOGIQUE

### 1 Je découvre (en classe entière, 10 minutes)

Sur le tapis de regroupement, revenez sur les acquis et interrogez les élèves : « Qu'avons-nous appris la dernière fois ? Nous avons appris à reconnaître, tracer et nommer un triangle. » Présentez aux élèves le matériel des attrimaths© (ou des formes découpées dans du papier mousse ou du carton). Demandez à un élève de piocher une des formes et de la nommer, et ainsi de suite jusqu'à avoir revu les quatre formes désormais connues des élèves : le rond, le carré, le triangle et le rectangle. Présentez ensuite l'hexagone : faites circuler plusieurs gabarits pour que les enfants puissent les toucher et les décrire, puis dites : « Cette forme est un hexagone. » Faites répéter les élèves. Annoncez ensuite l'objectif du jour : « Aujourd'hui, nous allons apprendre à créer de nouvelles formes géométriques avec les formes que vous connaissez. »

### 2 Je manipule (par groupes de 6 à 8 élèves, 10 minutes)

Laissez les élèves découvrir librement le matériel attrimaths© puis sollicitez-les en leur demandant de vous montrer un triangle, un rectangle, un carré, un rond et pour terminer un hexagone. Faites ensuite l'exercice inverse : montrez-leur une forme et demandez-leur de la nommer ; assurez-vous que l'hexagone apparaisse moins souvent que les autres formes, la mémorisation de son nom n'étant pas une compétence indispensable en MS. Montrez-leur comment combiner les formes de façon aléatoire pour en faire de nouvelles, puis laissez-les manipuler librement les formes afin de créer des formes uniques. Insistez bien cependant sur la condition suivante : « Pour créer de nouvelles formes, il faut que chacune soit reliée par un côté. »

### 3 Je représente (par groupes de 6 à 8 élèves, 10 minutes)

Demandez aux élèves d'ouvrir leur fichier à la page 80. Invitez-les à décrire ce qu'ils voient et faites le lien avec l'activité qu'ils viennent de réaliser. Énoncez ensuite la consigne à voix haute et assurez-vous de sa compréhension. Demandez aux élèves, dans un premier temps, de chercher les formes des attrimaths© identiques aux modèles de leur fichier, puis de vous les nommer (vous pouvez noter en dictée à l'adulte les réponses des élèves sur leur fichier si vous souhaitez en conserver une trace écrite). Dans un second temps, invitez les élèves à combiner leurs formes afin de reproduire les modèles de formes complexes du bas de la page du fichier. Prenez en photo ou photocopiez le travail de chacun afin d'en conserver une trace.

## DIFFÉRENCIATION

**Soutien :** Autorisez les élèves en difficulté à superposer les formes de l'annexe 4-1 sur leur fichier afin de faciliter leurs constructions.

**Approfondissement :** Proposez aux élèves avancés de dessiner sur une feuille les contours de leurs formes créées à l'aide des attrimaths©. Ils pourront ensuite colorier leur forme finale.

# Séance 76 - Comparer des formes géométriques

**Notions abordées**

**Prérequis :** reconnaître et nommer les formes géométriques simples.
**Objectifs didactiques :** comparer des formes géométriques.
**Graphisme :** tracer des carrés.

**Matériel pédagogique**

**Matériel :** 1 sac pour la classe.
**Annexe :** 1 ensemble de gabarits de formes (annexe 4-1) par binôme d'élèves et 2 (pour réaliser le memory) par élève.
**Fichier :** page 81.

## DÉMARCHE PÉDAGOGIQUE

### 1 Je découvre (en classe entière, 10 minutes)

Sur le tapis de regroupement, revenez sur les acquis et interrogez les élèves : « Qu'avons-nous appris la dernière fois ? Nous avons appris à créer une forme complexe à partir de formes géométriques. » Montrez aux élèves un sac rempli de gabarits de formes (annexe 4-1). Demandez à un élève de venir piocher une forme et d'en donner le nom, puis demandez : « Comment as-tu reconnu cette forme ? Qu'a-t-elle de particulier ? » Revoyez avec eux le fait que toutes les formes sont plates, puis voyez leurs spécificités, la présence ou non de « coins qui piquent », leur nombre, la taille des côtés, etc. Annoncez l'objectif du jour : « Aujourd'hui, nous allons apprendre à repérer et comparer les caractéristiques de formes géométriques. »

### 2 Je manipule (par groupes de 6 à 8 élèves, 10 minutes)

Placez un ensemble de gabarits (annexe 4-1) au milieu des élèves. Formez des binômes, puis demandez à chaque membre d'un binôme de piocher un gabarit. Interrogez-les : « Ces deux formes sont-elles identiques ? Qu'ont-elles de semblable ? Qu'ont-elles de différent ? » Pour aider les élèves à percevoir les différences, invitez-les à superposer les formes qu'ils ont piochées, à les manipuler, à en suivre le contour avec leur index… Reproduisez cet exercice autant de fois que le temps vous le permet.

### 3 Je représente (par groupes de 6 à 8 élèves, 10 minutes)

Demandez aux élèves d'ouvrir leur fichier à la page 81. Invitez-les à décrire ce qu'ils voient et faites le lien avec l'activité qu'ils viennent de réaliser. Énoncez ensuite la consigne à voix haute et assurez-vous de sa compréhension. Pour chaque paire de formes, demandez aux enfants de pointer du doigt et de nommer les formes (à noter éventuellement sur le fichier si vous souhaitez garder une trace), puis selon le niveau du groupe, en collectif ou en individuel, demandez aux enfants de vous dire ce que les formes ont de semblable et ce qu'elles ont de différent. Vous pouvez prévoir un récapitulatif, en dictée à l'adulte, des propositions du groupe. Ce récapitulatif pourra être collé dans le fichier pour en garder une trace.

## DIFFÉRENCIATION

**Soutien :** Proposez aux élèves en difficulté de s'aider de gabarits de formes (annexe 4-1) pour leur permettre de les utiliser comme repère. Autorisez-les à les placer sur le fichier pour pouvoir reconnaître les formes plus facilement.
**Approfondissement :** Proposez aux élèves avancés de jouer avec un memory fait à partir de l'annexe 4-1 : à eux de retrouver les paires de formes géométriques.

# Séance 77 - Trier des formes géométriques

## Notions abordées

**Prérequis :** connaître les spécificités des formes géométriques simples.
**Objectifs didactiques :** trier les formes géométriques simples selon un ou plusieurs critères donnés.
**Graphisme :** tracer des traits horizontaux l'intérieur de carrés.

## Matériel pédagogique

**Matériel :** 1 boîte neutre, 4 boîtes avec 1 rond, 1 triangle, 1 rectangle et 1 carré collés sur le couvercle ou sur un côté pour identifier les éléments à y ranger et 1 sac rempli d'images d'objets composés de formes géométriques (un dessous-de-plat, un timbre, un miroir, une bague, des boutons, une carte postale...) par groupe d'élèves.
**Annexe :** 1 ensemble de gabarits de formes (annexe 4-1) par élève.
**Fichier :** page 82.

## DÉMARCHE PÉDAGOGIQUE

### 1 Je découvre (en classe entière, 5 minutes)

Sur le tapis de regroupement, revenez sur les acquis et interrogez les élèves : « Qu'avons-nous appris la dernière fois ? Nous avons appris à comparer les formes géométriques deux à deux, à trouver leurs ressemblances et leurs différences. » À l'aide des gabarits de forme (annexe 4-1), revenez sur les différentes formes découvertes aux séances précédentes. Montrez-en une et demandez aux élèves de la nommer. Revenez également sur leurs spécificités, leurs ressemblances et leurs différences. Annoncez l'objectif du jour : « Maintenant que vous connaissez les formes géométriques simples et que vous savez les différencier, nous allons apprendre à trier des formes géométriques. »

### 2 Je manipule (par groupes de 6 à 8 élèves, 10 minutes)

Placez au milieu du groupe d'élèves une boîte remplie des gabarits de formes (annexe 4-1) ainsi que quatre boîtes avec chacune une forme différente collée sur son couvercle ou son côté. Annoncez : « Triez les formes en les plaçant dans la boîte correspondante. » Tout au long de l'activité, interrogez les élèves sur leurs critères de sélection : « Pourquoi places-tu cette forme dans cette boîte ? C'est en effet un triangle car il y a trois coins qui piquent. » Orientez les élèves en difficulté en leur indiquant un critère de tri plus précis (« Trouve-moi toutes les formes à trois coins qui piquent. ») ; puis, dans un second temps, énoncez un critère plus ouvert (« Trouve-moi tous les carrés. »)

### 3 Je représente (par groupes de 6 à 8 élèves, 15 minutes)

Demandez aux élèves d'ouvrir leur fichier à la page 82. Invitez-les à décrire ce qu'ils voient et faites le lien avec l'activité qu'ils viennent de réaliser. Énoncez ensuite la consigne à voix haute et assurez-vous de sa compréhension. Demandez aux enfants de pointer du doigt les formes identiques selon eux et de donner leur critère de tri. La difficulté réside dans le fait de ne pas se laisser troubler par les couleurs des formes. Demandez-leur ensuite d'entourer ces formes d'abord avec leur index puis avec un feutre de la même couleur ; lorsqu'ils changent de catégorie, ils changent de couleur. Vous pouvez écrire la légende sur le fichier afin d'en conserver une trace écrite.

## DIFFÉRENCIATION

**Soutien :** Donnez aux élèves en difficulté des gabarits (annexe 4-1) identiques aux dessins, puis demandez-leur d'effectuer un premier tri à partir de ces gabarits. Aidez-les ensuite à transposer ce qu'ils ont fait avec les gabarits sur la version imagée du fichier.
**Approfondissement :** Distribuez un sac rempli d'images d'objets composés de formes géométriques aux élèves avancés et demandez-leur de les trier par formes géométriques, en vous justifiant toujours leur critère de tri : « Le bouton a la même forme qu'un rond car il n'a pas de coin qui pique. ».

# Séance 78 - Identifier des formes géométriques

**Notions abordées**

**Prérequis :** connaître et reconnaître les formes géométriques simples.
**Objectifs didactiques :** identifier les formes géométriques simples.
**Graphisme :** tracer des carrés.

**Matériel pédagogique**

**Matériel :** 1 bande de papier de 10 x 40 cm et de la ficelle pour chaque élève.
**Annexes :** 1 ensemble de gabarits de formes (annexe 4-1) et 1 masque de lion (annexe 4-6) par élève.
**Fichier :** page 83.

## DÉMARCHE PÉDAGOGIQUE

### 1 Je découvre (en classe entière, 5 minutes)

Sur le tapis de regroupement, revenez sur les acquis et interrogez les élèves : « Qu'avons-nous appris la dernière fois ? Nous avons appris à trier les formes géométriques. » Présentez aux élèves le masque de lion (annexe 4-6) et placez les gabarits de formes (annexe 4-1) à proximité. Demandez-leur de vous dire de quoi il s'agit avant de vous le décrire et insistez sur le nommage des formes présentes sur ce masque : « Il y a un triangle sur le mufle du lion. » À chaque fois qu'une forme est identifiée, demandez à un élève de vous montrer un gabarit similaire. Annoncez l'objectif du jour : « Aujourd'hui, nous allons perfectionner notre identification des formes géométriques. »

### 2 Je manipule (par groupes de 6 à 8 élèves, 15 minutes)

Distribuez un masque de lion (annexe 4-6) à chaque élève puis expliquez : « Vous allez fabriquer votre masque de lion. Attention, il y a certaines consignes à respecter ! » Demandez ainsi à chaque élève de colorier les ronds en rouge, les rectangles en jaune, les carrés en bleu et les triangles en orange. Procédez étape par étape et forme par forme : par exemple, si vous décidez de d'abord colorier les ronds, les élèves ne devront passer à l'étape suivante que lorsque le coloriage de tous les ronds sera terminé. Scellez les masques à la fin à l'aide d'une ficelle pour que les enfants puissent le porter durant le reste de la séance.

### 3 Je représente (par groupes de 6 à 8 élèves, 10 minutes)

Demandez aux élèves d'ouvrir leur fichier à la page 83. Invitez-les à décrire ce qu'ils voient et faites le lien avec l'activité qu'ils viennent de réaliser. Énoncez ensuite la consigne à voix haute et assurez-vous de sa compréhension. Demandez aux élèves de procéder étape par étape. Dans un premier temps, demandez-leur de pointer chaque forme dessinée puis de repasser le contour de chaque rond avec leur index, avant enfin de colorier les ronds. Procédez ainsi pour toutes les formes.

## DIFFÉRENCIATION

**Soutien :** Proposez aux élèves en difficulté de s'aider de gabarits de formes (annexe 4-1) pour les manipuler et éventuellement les superposer aux formes de leur masque et du coloriage du fichier.
**Approfondissement :** Proposez aux élèves avancés de fabriquer un bandeau d'indien : distribuez-leur une bande de papier de 10 x 40 cm et demandez-leur d'y tracer les formes connues : ils peuvent les dessiner à main levée s'ils le souhaitent ou bien en s'aidant des gabarits (annexe 4-1).

# Séance 79 - Révision 1
# Associer des objets et des formes

**Notions abordées**

**Prérequis :** associer des objets du quotidien à des formes géométriques.
**Objectifs didactiques :** réinvestir les connaissances et les compétences acquises durant l'unité 4.
**Graphisme :** tracer des carrés en respectant un code donné (2 couleurs).

**Matériel pédagogique**

**Matériel :** 1 ensemble d'objets de la vie quotidienne (un dessous-de-plat, un timbre, un miroir, une bague, des boutons, une carte postale...) et 1 jeu Colorama© pour la classe. 1 dé avec des formes géométriques à la place des points (2 carrés, 2 rectangles, 2 ronds), 1 ensemble d'objets de forme géométriques et 1 ensemble de photos d'objets de forme géométrique par groupe d'élèves.
**Annexe :** 1 jeu de gabarits de formes (annexe 4-1) par élève.
**Fichier :** page 84.

## DÉMARCHE PÉDAGOGIQUE

### 1 Je me remémore (en classe entière, 5 minutes)

Sur le tapis de regroupement, annoncez : « Vous savez maintenant reconnaître et nommer les différentes formes géométriques. Jouons encore avec ces formes géométriques ! » Placez devant les enfants un ensemble d'objets de la vie quotidienne. Présentez un à un les gabarits de formes géométriques (annexe 4-1), puis demandez à un volontaire de venir chercher un objet pouvant être associé à la forme présentée.

### 2 Je m'entraîne (par groupes de 6 à 8 élèves, 15 minutes)

Pour cette partie, vous avez le choix. Vous pouvez proposer aux élèves avancés :

- **de reprendre l'une des activités des parties « Différenciation » des séances de l'unité 4.** Parmi les activités les plus appropriées, nous vous conseillons de proposer aux enfants le jeu des formes : les élèves ont à leur disposition un dé sur lequel figurent deux ronds, deux carrés et deux rectangles. Chacun leur tour, les enfants lancent le dé puis doivent aller chercher dans la classe un objet de la forme tirée au sort.
- **de jouer à un des jeux suggérés dans la partie « Activités complémentaires ».** Le jeu de construction Colorama© est tout particulièrement conseillé : après avoir lancé un dé, les élèves doivent trouver la forme répondant à un double critère forme et couleur, puis la placer sur le plateau de jeu. Le premier à avoir placé toutes ses formes a gagné.

Vous pouvez également utiliser ce temps comme remédiation sur des points précis avec les élèves en difficulté.

- **Si les difficultés proviennent de l'association entre formes et objets de la vie quotidienne,** renforcez cette compétence en leur demandant d'associer tout d'abord des gabarits de formes (annexe 4-1) à des objets, puis à des photos d'objets.
- **Si les difficultés proviennent de la mémorisation du vocabulaire des formes**, proposez aux élèves une leçon en trois temps selon la pédagogie de Maria Montessori. Temps 1 : nommez chaque forme ; Temps 2 : indiquez aux élèves un nom de forme (carré par exemple) et demandez-leur de trouver la forme correspondante parmi leurs gabarits (annexe 4-1) ; Temps 3 : montrez une forme sans la nommer et demandez aux élèves de vous indiquer son nom.

### 3 Je révise (par groupes de 6 à 8 élèves, 10 minutes)

Demandez aux élèves d'ouvrir leur fichier à la page 84. Invitez-les à décrire ce qu'ils voient et faites le lien avec ce qu'ils ont appris durant l'unité 4. Énoncez ensuite la consigne et assurez-vous de sa bonne compréhension. Demandez aux élèves de vous pointer du doigt la première forme, puis l'objet lui correspondant. Ils doivent ensuite relier les deux représentations d'abord avec leur index, puis au crayon après avoir reçu votre validation. Ils peuvent ensuite passer à la forme suivante.

# Séance 80 - Révision 2
# Identifier des formes géométriques

**Notions abordées**

**Prérequis :** reconnaître et nommer les formes géométriques simples.
**Objectifs didactiques :** réinvestir les connaissances et les compétences acquises durant l'unité 4.
**Graphisme :** colorier en respectant un code donné (2 couleurs).

**Matériel pédagogique**

**Matériel :** 1 jeu Tangram© pour la classe. 1 sac opaque et 1 imagier des formes par groupe d'élèves. 1 feuille par élève.
**Annexe :** 1 jeu de gabarits de formes géométriques (annexe 4-1) imprimés sur du papier épais par groupe d'élèves.
**Fichier :** page 85.

## DÉMARCHE PÉDAGOGIQUE

### 1 Je me remémore (en classe entière, 5 minutes)

Sur le tapis de regroupement, annoncez : « Vous savez maintenant reconnaître et nommer les différentes formes géométriques. Avant d'entamer un nouveau chapitre de mathématiques, jouons une dernière fois avec les formes géométriques. » Revoyez une à une les différentes formes géométriques étudiées (rond, carré, rectangle, triangle et hexagone) en les dessinant au tableau et demandez aux enfants de vous les nommer.

### 2 Je m'entraîne (par groupes de 6 à 8 élèves, 15 minutes)

Pour cette partie, vous avez le choix. Vous pouvez proposer aux élèves avancés :

- **de reprendre l'une des activités des parties « Différenciation » des séances de l'unité 4.** Parmi les activités les plus appropriées, nous vous conseillons de proposer aux enfants de tracer des carrés, des rectangles, des ronds et des triangles de différentes tailles à main levée sur une feuille.
- **de jouer à un des jeux suggérés dans la partie « Activités complémentaires ».** Le jeu Tangram© est tout particulièrement conseillé : à l'aide d'une fiche modèle, les élèves doivent reproduire une forme complexe à partir de formes géométriques simples.

Vous pouvez également utiliser ce temps comme remédiation sur des points précis avec les élèves en difficulté.

- **Si les difficultés proviennent de la reconnaissance des formes,** renforcez cette compétence en proposant aux élèves de plonger leur main dans un sac opaque contenant un exemplaire de chaque forme étudiée (annexe 4-1). Ils piochent une forme et, sans la regarder, ils la décrivent et l'identifient grâce à leur sens tactile.
- **Si les difficultés proviennent de la reconnaissance des formes sur papier**, feuilletez avec ces enfants un imagier des formes et donnez-leur des challenges : « Cherchez les triangles. Cherchez les ronds. », etc. La multiplicité des exemples va leur permettre de se créer une image mentale solide des formes géométriques et ainsi favoriser la mémorisation.

### 3 Je révise (par groupes de 6 à 8 élèves, 10 minutes)

Demandez aux élèves d'ouvrir leur fichier à la page 85. Invitez-les à décrire ce qu'ils voient et faites le lien avec ce qu'ils ont appris durant l'unité 4. Énoncez ensuite la consigne et assurez-vous de sa bonne compréhension. Procédez par étape : tout d'abord, demandez aux élèves de tracer un petit trait de crayon rouge dans tous les ronds, puis seulement ensuite de colorier les ronds. Procédez de la même façon pour le reste de l'exercice.

# ACTIVITÉS COMPLÉMENTAIRES
## Unité 4

| Nom | Compétences travaillées | Matériel | But du jeu | Règle du jeu |
|---|---|---|---|---|
| Lot de 4 Tangrams© | • Reconnaissance des formes géométriques simples<br>• Création de formes géométriques complexes<br>• Développement de la topologie et du repérage dans l'espace | Chaque Tangram comprend :<br>• 1 carré,<br>• 1 parallélogramme,<br>• 5 triangles isocèles de différentes grandeurs. | Créer des formes à l'aide des pièces du Tangram à partir d'un modèle donné. | De 1 à 2 joueurs (10 à 15 min)<br>Chaque élève a sept formes géométriques à sa disposition. Le joueur peut laisser libre cours à son imagination ou reproduire une forme que vous lui aurez présentée. On peut également envisager, pour certains, un travail de coopération et leur demander de faire ce jeu en binômes. |
| Colorama©, Ravensburger | • Discrimination visuelle<br>• Manipulation des formes géométriques | • 1 plateau de jeu,<br>• 40 pièces épaisses en plastique de 4 couleurs (rouge, bleu, vert, jaune) et 5 formes (rond, carré, triangle, trapèze, hexagone) différentes,<br>• 1 dé de couleurs et 1 dé de formes. | Placer ses pièces au bon endroit. | De 2 à 6 joueurs (20 min environ)<br>Chaque joueur reçoit une même quantité de pièces de formes et de couleurs différentes. Chacun leur tour, les joueurs lancent le dé « forme » puis le dé « couleur ». Ils doivent alors trouver la forme répondant à ce double critère puis la placer sur le plateau de jeu. Le premier à avoir placé toutes ses formes a gagné.<br>Il est possible, afin que les enfants se familiarisent avec le jeu, de ne l'utiliser que comme jeu d'encastrement. |
| Ludigéo©, Djeco | • Discrimination visuelle<br>• Manipulation des formes géométriques | • 1 support de jeu en bois,<br>• 19 pièces à encastrer (6 formes carrées de 3 tailles, 5 formes rondes de 3 tailles, 4 formes de losanges de 2 tailles et 4 triangles de 3 tailles différentes). | Placer les différentes pièces au bon endroit. | 1 joueur (5 min environ)<br>Il s'agit d'un jeu d'encastrement : le joueur doit placer les formes au bon endroit, en prenant en compte leurs formes et leurs tailles. |

# Unité 5 : Comparer des quantités (16 séances)

## Objectifs d'apprentissage

- Comparer des quantités identiques.
- Comparer des quantités jusqu'à 6.
- Comparer des quantités en utilisant le dénombrement.
- Comparer des quantités en utilisant la technique du terme à terme.
- Trier pour comparer des collections.

## Liens avec les programmes officiels de l'Éducation nationale

- Évaluer et comparer des collections d'objets avec des procédures numériques ou non numériques.
- Utiliser le dénombrement pour comparer deux quantités, pour constituer une collection d'une taille donnée ou pour réaliser une collection de quantité égale à la collection proposée.
- Mobiliser des symboles analogiques, verbaux ou écrits, conventionnels ou non conventionnels pour communiquer des informations orales et écrites sur une quantité.
- Avoir compris que tout nombre s'obtient en ajoutant « 1 » au nombre précédent et que cela correspond à l'ajout d'une unité à la quantité précédente.
- Lire les nombres écrits en chiffres jusqu'à 10.

## Déroulé de l'unité

Dans la continuité de l'unité 3, les enfants vont maintenant étudier deux méthodes de comparaison entre plusieurs quantités. La première méthode qu'ils connaissent déjà, c'est « compter » (séances 81 et 82) : elle consiste à dénombrer chaque élément, mais ils vont l'affiner en quantifiant la différence entre deux quantités (deux de plus que, trois de moins que...). La seconde méthode, c'est « relier » (séances 83 et 84) : elle consiste à comparer deux ensembles terme à terme, ce qui évite d'avoir à dénombrer. Ces deux méthodes vont être enseignées aux élèves de manière explicite, pour qu'ils soient amenés à choisir celle qui convient le mieux en fonction des situations. Quand les éléments sont difficiles à relier (s'ils sont distants ou mal rangés, par exemple) il vaut mieux compter ; quand ils sont très nombreux et difficiles à compter, il vaut mieux relier. Quand on relie, il faut être sûr de travailler proprement pour ne pas oublier des éléments ; quand on compte, il vaut mieux écrire le chiffre correspondant à chaque quantité, pour ne pas les oublier. Ils vont être aidés dans cette réflexion par l'usage du vocabulaire approprié : d'abord « plus que », « moins que » et « autant que », puis « plus grand que », « plus petit que » et « égal à ». Enfin, les séances 95 et 96 invitent les élèves à réviser ce qu'ils ont appris tout au long de l'unité.

## Progression du graphisme

- **Tracer les chiffres de 1 à 6 :** L'unité 5 est l'occasion de réviser le tracé des chiffres de 1 à 6. Nous reprenons ci-dessous les conseils donnés en introduction de l'unité 3. N'oubliez pas d'associer autant que possible l'écriture du chiffre à sa signification et d'encourager l'élève à verbaliser à voix haute le tracé de chaque chiffre pendant qu'il écrit. Les explications détaillées des tracés des chiffres 1 et 2 se trouvent dans l'introduction à l'unité 3 page 63 et celles des chiffres 5 et 6 se trouvent dans l'introduction à l'unité 7 page 125.
- **Tracé du 3 :** Ce qui pose le plus souvent problème aux enfants dans le tracé du 3, c'est son sens. Pour aider les élèves à s'en souvenir, vous pouvez faire l'analogie entre le chiffre 3 et la lettre B, qui se ressemblent beaucoup.
- **Tracé du 4 :** C'est aussi le sens du tracé qui peut poser problème. Afin d'aider les élèves, vous pouvez rapprocher le tracé du 4 à celui du 2 : le 4 possède un trait oblique (le « toboggan ») qui va dans le même sens que celui du 2.

# Séance 81 - Comparer deux quantités en utilisant les mots « plus » et « autant »

**Notions abordées**

**Prérequis :** dénombrer une quantité jusqu'à 6.
**Objectifs didactiques :** comparer 2 quantités en utilisant les mots « plus » et « autant ».
**Graphisme :** tracer le chiffre 6.

**Matériel pédagogique**

**Matériel :** 2 paniers contenant chacun 5 jouets pour la classe. 1 dé par binôme d'élèves. 1 barquette de 20 animaux de tri de couleurs et de quantités différentes (pas plus de 6 par couleur) par élève.
**Fichier :** page 86.

## DÉMARCHE PÉDAGOGIQUE

### 1 Je découvre (en classe entière, 10 minutes)

Sur le tapis de regroupement, annoncez : « Vous savez maintenant reconnaître et nommer différentes formes géométriques : vous connaissez le rond, le carré, le rectangle, le triangle et l'hexagone. Nous allons commencer un nouveau chapitre aujourd'hui : nous allons apprendre à comparer des quantités. » Divisez la classe en deux groupes puis distribuez à chaque groupe un des **deux paniers de jouets**. Dites : « Dans quel panier y a-t-il le plus de jouets ? Dénombrez les jouets dans chaque panier pour le savoir. » Une fois le dénombrement réalisé, concluez : « Il y a autant de jouets dans les deux paniers. Comment avez-vous fait pour comparer les paniers ? Nous avons dénombré chaque contenu des paniers. On dit qu'il y a autant de jouets dans le premier panier que dans le second panier, car il y a la même quantité de jouets dans les deux paniers. » Sélectionnez ensuite six volontaires et faites-les venir devant leurs camarades, posez un des deux paniers de jouets devant le groupe puis demandez : « Est-ce que tous les enfants vont pouvoir avoir un jouet de ce panier ? Comment faire pour le savoir ? Il faut compter les enfants. Il y en a six, ce n'est pas pareil que la quantité de jouets du panier. » Pour démontrer cette affirmation, distribuez ensuite un jouet à chaque enfant et faites remarquer qu'il reste un enfant qui n'a pas de jouet. « On dit qu'il y a plus d'enfants que de jouets. » Lors de cette séance, le mot « moins » n'est volontairement pas utilisé pour que les enfants se concentrent sur les mots « plus » et « autant ».

### 2 Je manipule (par groupes de 6 à 8 élèves, 10 minutes)

Prévoyez une **barquette contenant des animaux de tri de couleurs et de quantités différentes** pour chaque élève. Annoncez deux couleurs, par exemple jaune et rouge, puis demandez : « Y a-t-il plus d'animaux rouges ou d'animaux jaunes dans votre barquette ? » Veillez à ce que les élèves verbalisent bien : « Il y a plus… que… » Formez ensuite des binômes pour que les élèves puissent comparer leurs quantités d'animaux jaunes et d'animaux rouges : « Avez-vous autant d'animaux rouges l'un que l'autre ? » Refaites cet exercice à plusieurs reprises avec d'autres couleurs. À chaque fois, demandez aux élèves de dénombrer leurs animaux pour justifier leurs réponses : « J'ai trois animaux rouges et cinq jaunes. Il y a donc plus d'animaux jaunes que d'animaux rouges. »

### 3 Je représente (par groupes de 6 à 8 élèves, 10 minutes)

Demandez aux élèves d'ouvrir leur fichier à la **page 86**. Posez des questions aux élèves afin de leur permettre de comparer les différentes collections : « Y a-t-il plus d'enfants ou plus de maîtresses ? Y a-t-il plus de filles ou plus de garçons ? Y a-t-il plus de lapins ou plus d'écureuils ? », etc.

## DIFFÉRENCIATION

**Soutien :** Distribuez aux élèves en difficulté des quantités d'**animaux de tri** identiques à celles des animaux représentés sur le fichier. Demandez-leur de placer les animaux en parallèle de sorte qu'ils puissent associer un animal de la collection A avec un animal de la collection B, puis de dénombrer chacune des collections.
**Approfondissement :** Distribuez à chaque élève avancé une **barquette d'animaux de tri** et un **dé**. Chacun leur tour, en binômes, les élèves lancent le dé puis réalisent une collection d'animaux identique à celle indiquée par le dé. Ils doivent ensuite comparer leur collection d'animaux avec celle de leur voisin. Le gagnant est celui qui a le plus d'animaux.

# Séance 82 - Comparer deux quantités égales

## Notions abordées

**Prérequis :** utiliser les expressions « plus que » et « autant que » pour comparer deux quantités.
**Objectifs didactiques :** comparer 2 quantités égales en employant l'expression « autant que ».
**Graphisme :** tracer le chiffre 1.

## Matériel pédagogique

**Matériel :** 3 poupées, 1 lit de poupée et 3 chaises pour la classe. 1 ensemble de dînette avec les mêmes quantités (par exemple, 4 éléments de chaque), 1 barquette de 50 jetons et 1 dé par groupe d'élèves. 1 collier inachevé avec 5 perles d'une même couleur et 5 perles d'une autre couleur par élève.
**Fichier :** page 87.

## DÉMARCHE PÉDAGOGIQUE

### 1 Je découvre (en classe entière, 10 minutes)

Sur le tapis de regroupement, revenez sur les acquis et interrogez les élèves : « Qu'avons-nous appris la dernière fois ? Nous avons appris à comparer deux quantités. » Revenez sur l'emploi de l'expression « plus que » en montrant aux enfants trois poupées puis un lit. Demandez : « Toutes les poupées vont-elles pouvoir dormir dans leur lit ? » Assurez-vous que les enfants expliquent leur réponse et la justifient : « Non, car il y a plus de poupées que de lits. » Placez ensuite trois chaises devant la classe et faites venir trois enfants au tableau. Dites : « Les enfants vont-ils tous pouvoir s'asseoir ? » Faites vérifier la réponse en demandant aux enfants de s'asseoir sur les chaises : « Il y a autant de chaises que d'enfants donc tous les enfants peuvent s'asseoir, la quantité est identique, égale. Aujourd'hui, nous allons apprendre à comparer des quantités égales. »

### 2 Je manipule (par groupes de 6 à 8 élèves, 10 minutes)

Placez une barquette pleine de jetons face aux élèves, puis expliquez-leur le jeu suivant : chacun leur tour, les élèves lancent le dé puis doivent prendre la même quantité de jetons que celle indiquée sur le dé. Une fois que chacun a pris ses jetons, demandez : « Quels élèves ont autant de jetons les uns que les autres ? Qui a une quantité de jetons identique ? Enzo a-t-il autant de jetons que Noémie ? » Assurez-vous que les enfants verbalisent de la façon suivante : « J'ai autant de jetons que… » Recommencez cet exercice plusieurs fois, jusqu'à ce que les élèves soient à l'aise avec la comparaison de quantités égales.

### 3 Je représente (par groupes de 6 à 8 élèves, 10 minutes)

Demandez aux élèves d'ouvrir leur fichier à la page 87. Invitez-les à décrire ce qu'ils voient et faites le lien avec l'activité précédente. Énoncez la consigne et assurez-vous de sa bonne compréhension. Posez ensuite différentes questions auxquelles les élèves doivent répondre : « Y a-t-il plus de bols rouges ou plus de bols bleus ? », « Y a-t-il plus de cuillères vertes ou plus de cuillères jaunes ? », « Y a-t-il plus d'assiettes à pois rouges ou d'assiettes à pois bleus ? » Les trois dessins impliquent de comparer des quantités égales. Assurez-vous que chaque élève ait l'occasion de formuler une phrase de réponse comportant l'expression « autant que » : « Il y a autant de bols rouges que de bols bleus. »

## DIFFÉRENCIATION

**Soutien :** Permettez aux élèves en difficulté de jouer avec un ensemble de dînette. L'essentiel est qu'ils puissent manipuler, dénombrer et comparer des quantités égales (quatre fourchettes, quatre cuillères, quatre tasses, etc.).
**Approfondissement :** Demandez aux élèves avancés de finaliser un collier sur lequel vous aurez placé au préalable une quantité de perles d'une même couleur. Les élèves doivent poursuivre le collier en y plaçant toujours la même quantité de perles d'une deuxième couleur.

# Séance 83 - Comparer deux quantités en reliant un à un (1)

**Notions abordées**

**Prérequis :** savoir comparer 2 collections en utilisant le dénombrement.
**Objectifs didactiques :** comparer 2 quantités en reliant les éléments terme à terme.
**Graphisme :** tracer le chiffre 2.

**Matériel pédagogique**

**Matériel :** 1 morceau de ficelle par binôme d'élèves. 3 jetons d'une couleur et 4 jetons d'une autre couleur, 6 gommettes de 2 couleurs différentes et 1 feuille par élève.
**Fichier :** page 88.

## DÉMARCHE PÉDAGOGIQUE

### 1 Je découvre (en classe entière, 10 minutes)

Sur le tapis de regroupement, revenez sur les acquis et interrogez les élèves : « Qu'avons-nous appris la dernière fois ? Nous avons appris à comparer des collections égales, c'est-à-dire qui ont autant d'éléments l'une que l'autre. » Demandez aux enfants de faire une ligne de garçons et une ligne de filles, les deux lignes face à face. Dites : « Nous allons voir s'il y a plus de filles ou plus de garçons dans la classe. Comme vous êtes nombreux, je ne vais pas utiliser la même technique, je ne vais pas vous compter ! » Distribuez un morceau de ficelle à chaque fille puis demandez à chaque garçon de venir tenir l'autre bout de la ficelle. Précisez bien qu'il ne peut y avoir qu'un seul garçon et qu'une seule fille qui tiennent la même ficelle. Faites ensuite déduire aux enfants le groupe inférieur à l'autre, par exemple : « Il y a plus de filles que de garçons car il y a trois filles sans copain. On peut aussi dire qu'il y a moins de garçons que de filles. Aujourd'hui, nous allons apprendre une nouvelle méthode pour comparer des quantités. »

### 2 Je manipule (par groupes de 6 à 8 élèves, 10 minutes)

Demandez aux élèves de former un cercle, puis d'enlever leurs chaussures et de les placer au centre de ce cercle. Expliquez que vous allez faire un tri : chaussures à scratch et chaussures sans scratch. Demandez aux élèves de placer leurs paires de chaussures en ligne : les chaussures à scratch face aux chaussures sans. « Y a-t-il plus de chaussures à scratch ou plus de chaussures sans scratch ? Comment pouvons-nous le prouver ? » Distribuez aux enfants des morceaux de ficelle pour qu'ils associent une chaussure d'un groupe avec une chaussure de l'autre groupe. Une fois que les enfants ont répondu à la question de départ, concluez, par exemple : « Il y a plus de chaussures à scratch car il reste des chaussures à scratch qui sont toutes seules, qui ne sont pas reliées à une chaussure en face. Cela veut aussi dire qu'il y a moins de chaussures sans scratch. » Effectuez cet exercice autant de fois que le temps vous le permet avec d'autres éléments : l'important est de faire remarquer aux élèves qu'ils n'ont pas eu besoin de compter pour trouver la réponse à la question.

### 3 Je représente (par groupes de 6 à 8 élèves, 10 minutes)

Demandez aux élèves d'ouvrir leur fichier à la page 88. Demandez aux enfants de relier d'abord avec leur index une chaussure de Maël avec une chaussure d'Idris, puis de les relier au crayon. Rappelez bien qu'il ne peut y avoir qu'une chaussure de chaque côté du trait. Demandez ensuite aux enfants qui a le plus de chaussures et notez leur réponse en dictée sur le fichier.

## DIFFÉRENCIATION

**Soutien :** Proposez aux élèves en difficulté de placer des jetons d'une couleur sur les chaussures de Maël puis des jetons d'une autre couleur sur les chaussures d'Idris pour les aider à se repérer. Faites-leur ensuite comparer les deux collections de la même façon que dans la partie *Je manipule*. Si les difficultés résident dans le fait de relier une chaussure à une autre, vous pouvez leur faire poser des morceaux de ficelle pour relier les éléments. Ils peuvent ensuite tracer le trait en suivant la ficelle et la retirer une fois le trait tracé.
**Approfondissement :** Distribuez aux élèves avancés des gommettes de deux couleurs différentes. Demandez-leur de les coller sur une feuille puis de comparer les quantités en utilisant la technique du terme à terme.

# Séance 84 - Comparer deux quantités en reliant un à un (2)

**Notions abordées**

**Prérequis :** comparer 2 quantités en reliant terme à terme leurs éléments.
**Objectifs didactiques :** employer les expressions « plus que » et « moins que ».
**Graphisme :** tracer le chiffre 3.

**Matériel pédagogique**

**Matériel :** 1 barquette contenant 7 jetons d'une couleur et 1 barquette contenant 8 jetons d'une autre couleur par binôme d'élèves. 1 photocopie de la page 89, 1 pochette plastique, 1 feutre effaçable, 12 gommettes de couleurs ou de formes différentes, 1 feuille et de la ficelle pour chaque élève.
**Fichier :** page 89.

## DÉMARCHE PÉDAGOGIQUE

### 1 Je découvre (en classe entière, 10 minutes)

Sur le tapis de regroupement, revenez sur les acquis et interrogez les élèves : « Qu'avons-nous appris la dernière fois ? Nous avons appris à comparer des collections en reliant les éléments entre eux. » Tracez au tableau dix carrés et neuf rectangles. Demandez aux enfants de nommer les formes que vous avez tracées, puis dites : « Comment faire pour savoir s'il y a plus ou moins de carrés que de rectangles ? Il faut comparer. Comment faire pour comparer les carrés et les rectangles ? Souvenez-vous la méthode que nous avons apprise hier : nous pouvons relier un carré à un rectangle jusqu'à ce qu'il n'y en ait plus. Les formes restantes seront celles du groupe présentant la plus grande quantité. » Une fois la méthode rappelée, demandez à un volontaire d'effectuer la comparaison au tableau. Lorsqu'il a terminé, posez à nouveau la question : « Y a-t-il plus de carrés, ou moins de carrés ? Aujourd'hui, nous allons continuer à nous entraîner à comparer des quantités avec de nouvelles techniques et en utilisant les expressions "plus de... que" et "moins de... que". Est-ce que l'un d'entre vous se rappelle-t-il l'autre méthode pour comparer ? Oui, nous pouvons compter le nombre de carrés et le nombre de rectangles. »

### 2 Je manipule (par groupes de 6 à 8 élèves, 10 minutes)

Formez des binômes, puis distribuez à chacun **deux barquettes contenant sept et huit jetons**, chaque barquette ayant des jetons d'une couleur différente. Annoncez la consigne : « Comparez les collections de jetons pour savoir laquelle est la plus grande. » Laissez les élèves choisir leur technique : certains trieront d'eux-mêmes les jetons par groupes, d'autres vous demanderont des morceaux de ficelle pour reproduire l'expérience de la séance précédente. Guidez ceux qui n'arrivent pas à démarrer en leur posant des questions : « Comment pourrais-tu faire ? Comment avons-nous fait pour comparer les fois précédentes ? As-tu besoin d'un repère ou d'un objet pour t'aider ? » Concluez en faisant verbaliser les élèves : « Y a-t-il plus de jetons rouges que de jetons bleus ? Y a-t-il moins de jetons roses que de jetons verts ? »

### 3 Je représente (par groupes de 6 à 8 élèves, 10 minutes)

Demandez aux élèves d'ouvrir leur fichier à la **page 89**. Demandez aux élèves de relier chaque enfant à un bol, avec leur index dans un premier temps puis au crayon. Demandez ensuite aux élèves : « Est-ce que tous les enfants ont un bol ? »

## DIFFÉRENCIATION

**Soutien :** Placez la **photocopie de la page 89 du fichier** dans une **pochette plastique** pour permettre aux élèves en difficulté de s'entraîner à relier les enfants et les bols avec un **feutre effaçable** avant de réaliser l'activité sur leur fichier.
**Approfondissement :** Proposez l'activité de soutien aux élèves avancés mais sur un nouveau support : collez des **gommettes de deux couleurs ou formes différentes** en ligne et se faisant face sur une **feuille**, puis placez ce support dans une **pochette plastique** pour que les élèves puissent s'exercer à les relier avec un **feutre effaçable**.

# Séance 85 - Comparer deux quantités en utilisant les mots « plus » et « moins »

**Notions abordées**

**Prérequis :** comparer des collections en utilisant le dénombrement ou la technique du « terme à terme ».
**Objectifs didactiques :** comparer 2 collections en utilisant les mots « plus » et « moins ».
**Graphisme :** tracer le chiffre 4.

**Matériel pédagogique**

**Matériel :** 1 imagier pour la classe. 1 jeu de cartes (avec les cartes allant de 1 à 6) par binôme d'élèves. 1 barquette et 1 feuille par élève.
**Annexe :** 1 exemplaire des portes et fenêtres (annexe 5-1) par élève.
**Fichier :** page 90.

## DÉMARCHE PÉDAGOGIQUE

### 1 Je découvre (en classe entière, 5 minutes)

Sur le tapis de regroupement, revenez sur les acquis et interrogez les élèves : « Qu'avons-nous appris la dernière fois ? Nous avons appris à comparer des quantités. » Revenez sur les termes « plus », « moins » et « autant » en interrogeant les élèves sur ce que veulent dire ces termes : « "plus" correspond à la quantité la plus importante, "moins" à la quantité la moins importante et "autant" à des collections de même quantité ou égales ». Annoncez l'objectif du jour : « Aujourd'hui, ces mots vont nous être très utiles. Nous allons apprendre à comparer deux quantités en utilisant les mots "plus" et "moins". »

### 2 Je manipule (par groupes de 6 à 8 élèves, 15 minutes)

Distribuez à chaque élève une **feuille** ainsi qu'une **barquette contenant les images de portes et de fenêtres de l'annexe 5-1** puis dites : « Dessinez un château ou une maison sur votre feuille puis collez-y autant de fenêtres et de portes que vous voulez. » Lorsque les élèves ont terminé, demandez : « Votre maison a-t-elle plus de fenêtres ou plus de portes ? » Formez ensuite des binômes pour leur faire comparer leurs quantités : « Qui a le plus de portes ? Qui a le moins de fenêtres ? Comment le savez-vous ? Quelle méthode avez-vous utilisée ? Avez-vous compté ou avez-vous relié ? » Proposez ensuite aux élèves de dessiner moins de fleurs que de portes, puis plus d'oiseaux que de fleurs, etc. Multipliez ainsi les situations de comparaison. Accordez une attention toute particulière à l'aspect langagier et faites verbaliser les élèves afin qu'ils commentent leurs images en employant les termes « plus » et « moins ».

### 3 Je représente (par groupes de 6 à 8 élèves, 10 minutes)

Demandez aux élèves d'ouvrir leur fichier à la **page 90**. Invitez-les à décrire ce qu'ils voient et faites le lien avec l'activité précédente. Énoncez la consigne et assurez-vous de sa bonne compréhension, puis demandez aux enfants de comparer les différents éléments. Aidez-les si nécessaire par des questions : « Y a-t-il plus de chênes ou de sapins ? La maison a-t-elle moins de portes rouges ou moins de portes bleues ? Comment pouvez-vous le savoir ? », etc. Rappelez aux enfants les deux méthodes : compter ou relier, et faites-leur expliciter les avantages et les inconvénients de l'une et l'autre.

## DIFFÉRENCIATION

**Soutien :** Aidez les élèves en difficulté en leur faisant observer un **imagier**. Posez-leur des questions les obligeant à comparer : « Y a-t-il plus de vaches ou plus de cochons ? Vois-tu moins de voitures ou moins de motos ? »
**Approfondissement :** Proposez aux élèves avancés de jouer au jeu la bataille avec un **jeu de cartes ne comportant que les cartes allant de 1 à 6**. Ils doivent ainsi comparer les quantités inscrites sur leurs cartes en se retrouvant parfois confrontés à des situations d'égalité.

# Séance 86 - Comparer deux quantités en utilisant les mots « plus de... que » et « moins de... que »

**Notions abordées**

**Prérequis :** comparer des collections en utilisant le dénombrement ou la technique du « terme à terme ».
**Objectifs didactiques :** comparer 2 quantités en écrivant le nombre correspondant en chiffres.
**Graphisme :** tracer le chiffre 5.

**Matériel pédagogique**

**Matériel :** 2 boîtes de 2 couleurs différentes comportant respectivement 4 et 6 bonbons à l'intérieur, 1 feuille rouge et 1 feuille bleue pour la classe. 1 barquette de 10 perles de 2 couleurs différentes, du fil, 3 feuilles et 10 bouchons de 2 couleurs différentes par élève.
**Fichier :** page 91.

## DÉMARCHE PÉDAGOGIQUE

### 1 Je découvre (en classe entière, 10 minutes)

Présentez aux enfants deux boîtes de bonbons de deux couleurs différentes et dites : « Je voudrais savoir si les deux boîtes contiennent autant de bonbons. » Prenez la première boîte, rouge par exemple, et demandez à un élève de compter la quantité de bonbons qu'il y a à l'intérieur. Écrivez sur une feuille rouge le nombre de bonbons contenus dans la boîte rouge, affichez cette feuille au tableau. Procédez de même avec l'autre boîte, de couleur bleue par exemple. Écrivez sur une feuille bleue le nombre de bonbons et affichez-la au tableau puis dites : « 4, c'est moins que 6 ; il y a donc moins de bonbons dans la boîte rouge que dans la boîte bleue. Je peux aussi dire que 6, c'est plus que 4, il y a donc plus de bonbons dans la boîte bleue que dans la boîte rouge. Aujourd'hui, nous allons apprendre une astuce pour comparer en comptant : quand vous avez fini de compter la première quantité, écrivez le résultat pour ne pas l'oublier, puis comptez la seconde quantité. »

### 2 Je manipule (par groupes de 6 à 8 élèves, 10 minutes)

Distribuez à chaque élève une barquette de perles, du fil et une feuille. Expliquez-leur qu'ils vont réaliser un collier. Une fois le collier finalisé, sur la feuille, les élèves dessinent un rond de couleur pour représenter chaque couleur de perle, puis inscrivent à côté la quantité de perles de la couleur correspondante présente sur leur collier : par exemple, ils dessinent un rond rouge, comptent la quantité de perles rouges qu'ils ont sur leur collier, par exemple trois, et écrivent « 3 » à côté du rond rouge. Posez-leur ensuite des questions sur leurs quantités : « As-tu plus de perles rouges ou plus de perles bleues ? As-tu moins de perles orange ou moins de perles vertes ? » Assurez-vous qu'ils répondent en employant la formulation suivante : « Il y a plus de perles rouges que de perles bleues, car il y a trois perles rouges et deux perles bleues. »

### 3 Je représente (par groupes de 6 à 8 élèves, 10 minutes)

Demandez aux élèves d'ouvrir leur fichier à la page 91. Demandez aux élèves, dans un premier temps, de dénombrer chaque collection et d'inscrire la quantité trouvée dans la case prévue à cet effet, puis interrogez-les dans un second temps : « Y a-t-il plus de portes rouges ou plus de portes bleues ? Y a-t-il moins de chênes ou moins de sapins ? » Comme plus tôt dans la séance, assurez-vous de la bonne formulation de leurs réponses, à l'aide de l'expression « Il y a plus/moins de... que de... ».

## DIFFÉRENCIATION

**Soutien :** Proposez aux élèves en difficulté de s'exercer à l'aide d'un ensemble de bouchons de couleurs différentes. En utilisant la technique du terme à terme, expliquez-leur quelle quantité est plus ou moins grande par rapport à l'autre. Tracez ensuite une droite graduée sur laquelle vous aurez placé les chiffres de 1 à 6 sur une feuille pour les aider à se repérer. Demandez aux élèves de dénombrer puis de vous montrer du doigt sur cette droite le nombre de bouchons de la première collection et le nombre de bouchons de la seconde collection.

**Approfondissement :** Proposez aux élèves à l'aise avec les comparaisons de réaliser un dessin sur une feuille avec des conditions imposées : « Dessinez une maison qui a plus de fenêtres que de portes. Dessinez moins d'arbres que de fleurs dans le jardin. »

# Séance 87 - Comparer deux quantités en utilisant les mots « plus petit » et « plus grand »

**Notions abordées**

**Prérequis :** comparer 2 quantités en utilisant les mots « plus de... que » et « moins de... que ».
**Objectifs didactiques :** utiliser les expressions « le nombre plus grand que » et « le nombre plus petit que ».
**Graphisme :** tracer le chiffre 6.

**Matériel pédagogique**

**Matériel :** 4 petites voitures et 3 figurines pour la classe. 10 fruits et légumes en plastique par groupe d'élèves.
1 barquette contenant des quantités différentes de jetons (pas plus de 6) par élève.
**Annexe :** 1 jeu de cartes-chiffres (annexe 5-2) par groupe d'élèves.
**Fichier :** page 92.

## DÉMARCHE PÉDAGOGIQUE

### 1 Je découvre (en classe entière, 10 minutes)

Sur le tapis de regroupement, revenez sur les acquis et interrogez les élèves : « Qu'avons-nous appris la dernière fois ? Nous avons appris à comparer deux quantités en les comptant, c'est-à-dire en connaissant leur nombre et en l'écrivant. » Revenez sur les termes « plus que » et « moins que » pour vérifier que les élèves les comprennent bien. Demandez à un élève d'aller chercher quatre petites voitures et à un autre d'aller chercher trois figurines ; à chaque fois, chuchotez la quantité à trouver dans l'oreille de l'élève, comme un secret. Faites ensuite venir un troisième élève pour dénombrer les quantités d'objets rapportés et un quatrième pour écrire les nombres correspondants au tableau. Demandez : « Que peut-on dire des voitures et des figurines qui viennent d'être ramenées ? Qui a la plus grande quantité d'objets ? Qui en a la plus petite ? » Annoncez l'objectif du jour : « Aujourd'hui, nous allons apprendre à comparer des quantités se servant des nombres. »

### 2 Je manipule (par groupes de 6 à 8 élèves, 10 minutes)

Distribuez à chaque élève des barquettes contenant des jetons. Expliquez aux enfants qu'ils vont jouer à la « bataille des pirates » ! Regroupez les élèves en binômes, invitez chaque enfant à poser ses jetons devant lui, à noter sur son ardoise la quantité de jetons qu'il possède, puis à comparer cette quantité avec celle de son partenaire. Annoncez ensuite aléatoirement : « Le gagnant est celui qui a le plus grand nombre de jetons. », ou bien : « Le gagnant est celui qui a le plus petit nombre de jetons. » Les enfants doivent alors déterminer qui est le gagnant en fonction du critère énoncé. Assurez-vous que les enfants verbalisent la situation : « J'ai gagné parce que 5 est plus grand que 4. » ou « J'ai perdu parce que 4 est plus petit que 5. »

### 3 Je représente (par groupes de 6 à 8 élèves, 10 minutes)

Demandez aux élèves d'ouvrir leur fichier à la page 92. Invitez-les à décrire ce qu'ils voient et faites le lien avec l'activité précédente. Énoncez la consigne et assurez-vous de sa bonne compréhension. Pour chaque ligne, les élèves doivent dénombrer les deux quantités de pommes. Posez ensuite la question : « Où y a-t-il le plus grand nombre/le plus petit nombre ? »

## DIFFÉRENCIATION

**Soutien :** Proposez aux élèves en difficulté de jouer à la marchande. Placez des fruits et légumes en plastique devant eux, puis demandez-leur, par exemple, trois pommes puis deux oranges. Interrogez-les : « Est-ce que j'ai un plus grand nombre de pommes ou un plus grand nombre d'oranges ? » L'élève doit alors répondre en utilisant la phrase : « Le nombre d'oranges est plus grand/plus petit que le nombre de pommes. »
**Approfondissement :** Préparez des cartes-chiffres (annexe 5-2) à piocher pour les élèves avancés. Demandez-leur de tirer une carte au sort et de vous apporter, selon votre critère, soit plus soit moins de crayons/cailloux/feuilles/boutons/bouchons... puis de verbaliser la situation avec les mots « plus petit » ou « plus grand ».

# Séance 88 - Construire des quantités à partir d'une comparaison

**Notions abordées**

**Prérequis :** comparer 2 quantités.
**Objectifs didactiques :** construire des quantités à partir d'indications décrivant une situation de comparaison.
**Graphisme :** tracer le chiffre 1.

**Matériel pédagogique**

**Matériel :** 2 tapis de motricité de 2 couleurs différentes et 10 balles pour la classe. 1 dé par groupe d'élèves. 2 feuilles de 2 couleurs différentes et 1 barquette de 10 d'animaux de tri (de 2 types différents) par binôme d'élèves. 10 gommettes, 10 jetons par élève.
**Fichier :** page 93.

## DÉMARCHE PÉDAGOGIQUE

### 1 Je découvre (en classe entière, 10 minutes)

Sur le tapis de regroupement, revenez sur les acquis et interrogez les élèves : « Qu'avons-nous appris la dernière fois ? Nous avons appris à comparer deux collections en disant "plus petit que" et "plus grand que". » Placez deux tapis de motricité de deux couleurs différentes au centre de la classe, rouge et bleu par exemple. Dites ensuite : « Je veux qu'il y ait plus de balles sur le tapis rouge que sur le tapis bleu. » Posez six balles sur le tapis rouge puis demandez à un élève de venir dénombrer les balles. Poursuivez : « Il y a six balles. Rappelez-vous, je veux qu'il y ait plus de balles sur le tapis rouge, cela veut dire que je ne peux pas mettre plus de six balles sur le tapis bleu. » Posez alors quatre balles, demandez à un élève de venir dénombrer, puis dites : « Il y a donc quatre balles sur le tapis bleu et six balles sur le tapis rouge. Est-ce que j'ai bien plus de balles sur le tapis rouge que sur le tapis bleu ? Oui, parce que 6 est plus grand que 4. » Refaites cet exercice en demandant maintenant aux élèves comment faire pour qu'il y ait moins de balles sur le tapis rouge que sur le tapis bleu. « Il y a plusieurs possibilités : on peut enlever des balles du tapis rouge, ou inverser les balles. » Annoncez enfin l'objectif de la séance : « Aujourd'hui, nous allons apprendre à construire des quantités plus petites ou plus grandes qu'une quantité donnée. »

### 2 Je manipule (par groupes de 6 à 8 élèves, 10 minutes)

Distribuez à chaque binôme deux feuilles de deux couleurs différentes, par exemple une jaune et une verte, ainsi qu'une barquette avec des animaux de tri. Demandez aux enfants de rappeler ce qui a été fait pendant la partie *Je découvre*, puis énoncez la consigne : « Un premier élève pose des animaux de son choix sur sa feuille et demande à l'autre, d'en poser moins ou plus sur la sienne ; son voisin doit obéir et poser le bon nom. » Assurez-vous que les enfants verbalisent de la sorte : « Il y a plus d'animaux sur la feuille jaune que sur la feuille verte. Il y a moins d'animaux sur la feuille verte que sur la feuille jaune. » Reprenez l'exercice plusieurs fois en jouant sur les consignes : plus de moutons que de vaches, moins d'animaux rouges que de bleus, plus de petits animaux que de grands, etc.

### 3 Je représente (par groupes de 6 à 8 élèves, 10 minutes)

Demandez aux élèves d'ouvrir leur fichier à la page 93. Invitez-les à décrire ce qu'ils voient et faites le lien avec l'activité précédente. Énoncez la consigne et assurez-vous de sa bonne compréhension. Distribuez les gommettes puis demandez aux enfants de commencer par la partie du haut de la page (rouge et bleue) et reformulez les critères : « La feuille d'Idris doit avoir moins de gommettes que celle d'Alice. » Faites de même avec la deuxième partie : « La feuille d'Adèle doit avoir plus de gommettes que celle de Maël. » Ponctuez vos remarques de questions pour mettre les élèves face aux termes « plus que » et « moins que ».

## DIFFÉRENCIATION

**Soutien :** Proposez aux élèves en difficulté de s'aider de jetons à poser sur leur fichier pour vérifier la compréhension des consignes. Après votre validation, ils pourront coller la même quantité de gommettes sous les jetons.
**Approfondissement :** Proposez aux élèves avancés de jouer à un lancer de dé. Par groupes de six élèves, chacun lance une fois le dé puis ils comparent leurs résultats afin de savoir qui a obtenu le plus grand nombre et qui a obtenu le plus petit nombre.

# Séance 89 - Relier pour comparer

**Notions abordées**

**Prérequis :** construire des collections en fonction de critères de comparaison.
**Objectifs didactiques :** relier pour comparer.
**Graphisme :** tracer le chiffre 2.

**Matériel pédagogique**

**Matériel :** de la musique répétitive/longue (une musique de parade de cirque par exemple) pour la classe. 1 chaise, de la pâte à modeler, 1 catalogue avec des photos d'enfants et de jouets et 1 feuille par élève.
**Fichier :** page 94.

## DÉMARCHE PÉDAGOGIQUE

### 1 Je découvre (en classe entière, 5 minutes)

Sur le tapis de regroupement, revenez sur les acquis et interrogez les élèves : « Qu'avons-nous appris la dernière fois ? Nous avons appris à construire des quantités à partir de comparaisons. » Montrez cinq doigts à la classe, puis demandez aux élèves de vous montrer moins de doigts que vous. Répétez l'exercice en montrant trois doigts et en demandant aux enfants de montrer plus de doigts que vous. Une fois que vous êtes assuré que les élèves ont bien assimilé les expressions « plus que » et « moins que », annoncez l'objectif du jour : « Aujourd'hui, nous allons revoir quelque chose que nous avons déjà étudié. Nous allons relier des éléments pour comparer deux quantités. »

### 2 Je manipule (par groupes de 6 à 8 élèves, 15 minutes)

Organisez une partie de chaises musicales. Installez au départ autant de chaises que d'élèves, puis dites : « Quand j'arrêterai la musique, vous vous assierez sur une chaise. Attention, il n'y en aura pas pour tout le monde ! » La première fois, laissez donc tous les élèves s'asseoir sur une chaise, puis retirez-en une. À chaque étape, interrogez les élèves : « Pourquoi Jules n'a pas de chaise ? Il y a plus d'élèves que de chaises. Il y a moins de chaises que d'élèves. » Continuez ainsi le jeu jusqu'à ce qu'il n'y ait plus qu'une chaise et un gagnant.

### 3 Je représente (par groupes de 6 à 8 élèves, 10 minutes)

Demandez aux élèves d'ouvrir leur fichier à la page 94. Invitez-les à décrire ce qu'ils voient et faites le lien avec l'activité précédente : « Adèle, Alice, Idris et Maël jouent eux aussi aux chaises musicales ! » Énoncez la consigne et assurez-vous de sa bonne compréhension. Demandez aux élèves, dans un premier temps, de relier un enfant à une chaise avec leur index, puis dans un second temps au crayon. Rappelez-leur bien qu'il ne peut y avoir qu'une seule chaise reliée à un seul enfant. Interrogez-les une fois les trois chaises attribuées à un enfant : « Y a-t-il assez de chaises pour chaque enfant ? Qui a perdu le jeu des chaises musicales sur votre fichier ? »

## DIFFÉRENCIATION

**Soutien :** Si certains élèves ont des difficultés à relier un élément à un autre, faites-leur poser des colombins de pâte à modeler pour relier chaque enfant à une chaise. Ils peuvent ensuite suivre le colombin avec un crayon pour relier sans se tromper.
**Approfondissement :** Demandez aux élèves avancés de découper des photos d'enfants et de jouets dans des catalogues. Ils doivent ensuite les coller sur une feuille puis relier chaque image d'enfant à une image de jouet pour savoir s'ils ont collé plus ou moins d'enfants que de jouets.

# Séance 90 - Dénombrer pour comparer (1)

**Notions abordées**

**Prérequis :** comparer 2 collections.
**Objectifs didactiques :** dénombrer des quantités pour ensuite les comparer à l'aide d'expressions adéquates.
**Graphisme :** tracer le chiffre 3.

**Matériel pédagogique**

**Matériel :** 4 bonnets pour la classe. 4 à 6 bâtons et 4 à 6 poupées par groupe d'élèves. 10 animaux de tri de 2 couleurs différentes par élève.
**Fichier :** page 95.

## DÉMARCHE PÉDAGOGIQUE

### 1 Je découvre (en classe entière, 10 minutes)

Sur le tapis de regroupement, revenez sur les acquis et interrogez les élèves : « Qu'avons-nous fait la dernière fois ? Nous avons comparé deux quantités différentes en reliant des dessins. » Montrez aux enfants quatre bonnets et faites venir cinq élèves, puis demandez : « Y a-t-il plus ou moins de bonnets que d'enfants ? » Demandez à un volontaire de venir compter les bonnets et à un autre de compter les enfants. Vérifiez ensuite leur réponse en posant un bonnet sur la tête d'un élève jusqu'à ce qu'il n'y ait plus de bonnet, puis concluez : « Il y a plus d'élèves que de bonnets. Il y a moins de bonnets que d'élèves car 4 est plus petit que 5. » Annoncez enfin l'objectif du jour : « Aujourd'hui, nous allons dénombrer pour comparer. »

### 2 Je manipule (par groupes de 6 élèves maximum, 10 minutes)

Faites asseoir les élèves et demandez à un volontaire de cacher entre quatre et six bâtons dans la classe pendant que les autres élèves se cachent les yeux. Une fois les bâtons cachés, les élèves partent à la chasse aux bâtons. Lorsque tous les bâtons sont trouvés et ramenés sur le tapis, un élève dénombre les bâtons pendant qu'un autre écrit le nombre correspondant à la quantité de bâtons au tableau. C'est ensuite au tour d'un autre volontaire de dénombrer les élèves du groupe pendant qu'un autre écrit le nombre au tableau. Donnez un bâton à chaque élève puis demandez : « Y a-t-il plus ou moins de bâtons que d'enfants ? Comment pouvez-vous le savoir ? » Concluez en montrant que le dénombrement permet de comparer plus rapidement et que les nombres sont une aide dans le processus de comparaison. Réitérez cet exercice plusieurs fois en variant la quantité de bâtons.

### 3 Je représente (par groupes de 6 élèves maximum, 10 minutes)

Demandez aux élèves d'ouvrir leur fichier à la page 95. Invitez-les à décrire ce qu'ils voient et faites le lien avec l'activité précédente. Énoncez la consigne et assurez-vous de sa bonne compréhension. Demandez aux enfants de compter les bâtons cachés dans la scène et d'écrire le nombre qu'ils ont trouvé sur leur ardoise, puis faites de même pour les enfants. Posez la question suivante : « Y a-t-il plus d'enfants ou de bâtons ? » Assurez-vous que les élèves emploient toutes les formulations déjà étudiées pour répondre : « Il y a un plus grand nombre d'enfants. », « Il y a un plus petit nombre de bâtons. », « Il y a plus d'enfants que de bâtons. », « Il y a moins de bâtons que d'enfants. »

## DIFFÉRENCIATION

**Soutien :** Repassez par une phase de modélisation et de manipulation pour les élèves en difficulté, en reproduisant les situations de dénombrement avec des bâtons et des poupées afin de multiplier les possibilités de combinaison et de comparaison.
**Approfondissement :** Donnez aux élèves à l'aise avec la notion de comparaison des animaux de tri de deux couleurs différentes. Les élèves doivent trier les animaux par couleur puis les dénombrer. Ils verbalisent ensuite : « J'ai plus d'animaux rouges que d'animaux bleus. J'ai moins d'animaux bleus que d'animaux rouges. » Vous pouvez aussi leur demander de dénombrer les animaux en fonction de leurs catégories pour varier les critères de tri : moutons, lapins, cochons, etc.

# Séance 91 - Dénombrer pour comparer (2)

**Notions abordées**

**Prérequis :** dénombrer jusqu'à 6, comparer 2 collections.
**Objectifs didactiques :** comparer plusieurs ensembles en les dénombrant.
**Graphisme :** tracer le chiffre 4.

**Matériel pédagogique**

**Matériel :** 15 photos d'animaux et de leurs petits (2 vaches, 1 veau, 3 chats, 5 chatons, 2 canards et 2 canetons) pour la classe. 6 photos d'une poule et 4 d'un coq par groupe d'élèves. 10 cubes et 1 jeu de cartes à jouer (avec seulement les cartes de 1 à 6) par élève.
**Fichier :** page 96.

## DÉMARCHE PÉDAGOGIQUE

### 1 Je découvre (en classe entière, 5 minutes)

Sur le tapis de regroupement, revenez sur les acquis et interrogez les élèves : « Qu'avons-nous appris la dernière fois ? Nous avons appris à comparer deux quantités en les dénombrant. » Présentez aux élèves les différentes photos d'animaux et de leurs petits. Profitez de cette occasion pour lancer une discussion sur les animaux avec les enfants, et pour les inviter à employer le vocabulaire propre à cette thématique. Annoncez l'objectif du jour : « Aujourd'hui, nous allons comparer quatre quantités. »

### 2 Je manipule (par groupes de 6 à 8 élèves, 15 minutes)

Affichez six photos d'une poule au tableau, distribuez des cubes aux élèves et dites : « Prenez autant de cubes qu'il y a de photos de poules. » Demandez à un volontaire de venir dénombrer les poules sur les images, puis expliquez : « Il y a six poules sur ces images. Si vous avez pris six cubes, vous avez donc pris autant de cubes qu'il y a de poules. Qui a pris six cubes ? » Faites vérifier à chacun qu'il a bien pris six cubes. Montrez ensuite quatre photos d'un coq et demandez à nouveau : « Prenez autant de cubes qu'il y a de coqs. » Demandez à un autre élève de dénombrer les coqs puis expliquez : « Si vous avez pris quatre cubes, vous avez pris autant de cubes qu'il y a de coqs. » Faites vérifier à chacun qu'il a bien pris quatre cubes. Les deux collections de cubes doivent ensuite être empilées en deux tours mises côte à côte. Demandez : « Y a-t-il plus de poules ou plus de coqs ? Comment pouvez-vous le savoir ? » Après avoir écouté les réponses des enfants, concluez : « Il y a plus de poules que de coqs car 6 est plus grand que 4. » Répétez cet exercice autant de fois que le temps vous le permet en alternant le nombre de photos.

### 3 Je représente (par groupes de 6 à 8 élèves, 10 minutes)

Demandez aux élèves d'ouvrir leur fichier à la page 96. Invitez-les à décrire ce qu'ils voient et faites le lien avec l'activité précédente. Énoncez la consigne et assurez-vous de sa bonne compréhension. Demandez aux élèves de dénombrer les différents ensembles puis d'écrire le chiffre correspondant à côté de chaque collection sur leur fichier. Demandez : « Quelle est la collection la plus nombreuse ? Y a-t-il plus de poussins ou plus de poules ? » Posez d'autres questions permettant la comparaison, puis terminez en demandant : « Quelles sont les collections qui comportent les mêmes quantités ? » Une fois que les enfants les ont identifiées, demandez-leur de les entourer avec l'index puis, après validation, au crayon.

## DIFFÉRENCIATION

**Soutien :** Demandez aux élèves en difficulté de construire des tours de cubes identiques aux quantités des différentes collections sur le fichier pour matérialiser ce qu'ils dénombrent. Utilisez les tours pour faire le lien entre le concret (les cubes) et l'abstrait (les écritures chiffrées).
**Approfondissement :** Distribuez aux élèves avancés un jeu de cartes ne comportant que les cartes allant de 1 à 6 pour leur proposer de jouer à la bataille. Ils doivent ainsi comparer les quantités inscrites sur leurs cartes en se retrouvant parfois confrontés à la situation d'égalité.

# Séance 92 - Dénombrer pour comparer (3)

**Notions abordées**

**Prérequis :** dénombrer jusqu'à 6, comparer 2 collections.
**Objectifs didactiques :** dénombrer des quantités pour ensuite les comparer.
**Graphisme :** tracer le chiffre 5.

**Matériel pédagogique**

**Matériel :** 1 attache parisienne par annexe 5-3. 10 aimants de 2 couleurs différentes et 1 jeu de pêche magnétique (si vous n'en avez pas, des images de poissons, de la bande aimantée, des morceaux de bois, des aimants et de la ficelle) pour la classe. 1 barquette de 20 jetons par élève.
**Annexes :** 1 roue des animaux (annexe 5-3) par groupe d'élèves. 1 boîte de 10 vierge (annexe 5-4) imprimée en A3 pour la classe et en A4 en 2 exemplaires par élève.
**Fichier :** page 97.

## DÉMARCHE PÉDAGOGIQUE

### 1 Je découvre (en classe entière, 10 minutes)

Avant la séance, préparez la roue des animaux (annexe 5-3) en y ajoutant les deux aiguilles grâce à des attaches parisiennes. Présentez aux élèves la roue des animaux et détaillez son fonctionnement : la roue intérieure indique la catégorie et la seconde roue indique la quantité. Faites tourner la roue pour choisir une catégorie (par exemple, les lapins) puis une quantité (par exemple, 3). Accrochez une version A3 de la boîte de 10 (annexe 5-4) au tableau et demandez à un élève de venir y placer la même quantité d'aimants d'une même couleur que de lapins. Faites de même pour cinq canards avec des aimants d'une couleur différente sur une autre boîte de 10. Dites : « Il y a trois lapins (*montrez les trois aimants*) et cinq canards (*montrez les cinq aimants*). 5, c'est plus que 3, il y a donc plus de canards que de lapins. » Annoncez l'objectif du jour : « Aujourd'hui, nous allons continuer à comparer des quantités à l'aide du dénombrement. »

### 2 Je manipule (par groupes de 6 à 8 élèves, 10 minutes)

Placez la roue des animaux (annexe 5-3) au centre du groupe et distribuez à chaque élève une barquette de jetons et deux boîtes de 10 (annexe 5-4). Faites tourner la roue une première fois et demandez aux élèves de construire dans leur première boîte, avec des jetons, la première collection. Procédez de même avec une seconde collection avec leur seconde boîte de 10, puis demandez : « Quel type d'animal y a-t-il le plus ? Quel type d'animal y a-t-il le moins ? Les quantités sont-elles égales ? » Tâchez de varier les formulations afin que les enfants comprennent que la demande est identique, même si la formulation diffère : « Y a-t-il plus ou moins de... que de... ? Quelle est la plus grande quantité ? » Réitérez cette activité de comparaison autant de fois que le temps vous le permet.

### 3 Je représente (par groupes de 6 à 8 élèves, 10 minutes)

Demandez aux élèves d'ouvrir leur fichier à la page 97. Pour chaque catégorie d'animaux, demandez aux enfants de dénombrer d'abord les animaux adultes (par exemple, les lapins) et d'inscrire le chiffre correspondant à côté du groupe dénombré, puis de dénombrer les petits (par exemple, les lapereaux) et d'inscrire le chiffre correspondant à côté du groupe. Une fois cet exercice réalisé, demandez : « Que peut-on dire sur les lapins et les lapereaux ? » Après avoir laissé un temps de réflexion aux élèves, si vous voyez qu'ils sont gênés par la question, reformulez : « Combien y a-t-il de lapereaux ? Combien y a-t-il de lapins ? Y a-t-il plus ou moins de lapereaux que de lapins ? » Changez de catégorie d'animaux une fois la comparaison effectuée et la bonne réponse trouvée.

## DIFFÉRENCIATION

**Soutien :** Mettez des jetons à la disposition des élèves en difficulté qu'ils puissent ainsi visualiser les quantités à comparer sur leur fichier : demandez-leur de placer un jeton sur chaque animal dénombré.
**Approfondissement :** Proposez aux élèves avancés de jouer à un jeu de pêche magnétique. Ils ont 30 secondes pour pêcher le plus de poissons possible, puis doivent ensuite comparer leur collection avec un autre enfant pour déterminer qui en a pêché le plus.

# Séance 93 - Trier puis comparer deux quantités (1)

**Notions abordées**

**Prérequis :** effectuer une comparaison en utilisant le dénombrement.
**Objectifs didactiques :** trier puis comparer 2 quantités.
**Graphisme :** tracer le chiffre 6.

**Matériel pédagogique**

**Matériel :** 1 sac d'objets à trier (10 stylos de 2 couleurs différentes, 8 gommes de 2 catégories différentes, etc.) par groupe d'élèves. 1 ensemble de paires de chaussettes (4 paires noires et 3 paires colorées par exemple) et 12 jetons par élève.
**Fichier :** page 98.

## DÉMARCHE PÉDAGOGIQUE

### 1 Je découvre (en classe entière, 10 minutes)

Sur le tapis de regroupement, revenez sur les acquis et interrogez les élèves : « Qu'avons-nous fait la dernière fois ? Nous avons comparé des quantités en les dénombrant. » Demandez à quelques enfants d'enlever leurs chaussures et de les poser devant vous (il doit y avoir des chaussures à scratch et des chaussures sans). Interrogez le groupe : « Ce sont des chaussures. Comment sont ces chaussures ? Comment pouvons-nous les trier en deux catégories différentes ? » Par vos questions, amenez les enfants à dire qu'il y a des chaussures à lacets et des chaussures à scratch. Posez ensuite la question : « Comment savoir s'il y a plus ou moins de paires de chaussures à lacets ? Nous devons comparer. Comment faire pour comparer deux collections ? On dénombre chaque collection puis on voit laquelle a le plus d'éléments. » Demandez à deux volontaires de venir dénombrer et à deux autres d'écrire au tableau le chiffre correspondant au dénombrement. Concluez puis annoncez l'objectif du jour : « Aujourd'hui, nous allons apprendre à comparer des quantités par le tri. »

### 2 Je manipule (par groupes de 6 à 8 élèves, 10 minutes)

Distribuez à chaque élève un ensemble de paires de chaussettes puis demandez-leur d'effectuer un tri en deux catégories (ne donnez pas le critère, laissez les enfants chercher ; s'ils sont vraiment en difficulté, donnez seulement des indices pour les guider). Profitez de cet instant pour bien expliquer la différence entre une chaussette et une paire de chaussettes (cela sera utile lors du passage sur le fichier). Une fois le tri effectué, invitez les élèves à dénombrer chacune des catégories et à inscrire le chiffre correspondant sur leur ardoise. Demandez-leur enfin de comparer les quantités de ces deux collections : « Y a-t-il plus ou moins de chaussettes noires que de chaussettes de couleur ? »

### 3 Je représente (par groupes de 6 à 8 élèves, 10 minutes)

Demandez aux élèves d'ouvrir leur fichier à la page 98. Invitez-les à décrire ce qu'ils voient et faites le lien avec l'activité précédente. Énoncez la consigne et assurez-vous de sa bonne compréhension. Demandez aux enfants d'entourer les paires de chaussures (pour éviter la confusion entre une chaussure et une paire de chaussures) avec leur index d'abord pour que vous validiez leur réponse, puis au crayon. Demandez ensuite : « Comment pourrait-on trier ces chaussures ? » Commencez par un tri de couleur : demandez-leur de dénombrer chacun des éléments des catégories choisies et de le noter en chiffre sur leur fichier près d'une paire concernée. Concluez enfin : « Y a-t-il plus de chaussures bleues que de chaussures rouges ? »

## DIFFÉRENCIATION

**Soutien :** Si des élèves éprouvent des difficultés à comparer des quantités, autorisez-les à utiliser des jetons pour représenter les différentes catégories de chaussures.
**Approfondissement :** Distribuez un sac d'objets divers à trier aux élèves avancés et demandez-leur afin d'effectuer un tri puis de comparer les collections ainsi trouvées.

# Séance 94 - Trier puis comparer deux quantités (2)

**Notions abordées**

**Prérequis :** effectuer un tri, comparer en utilisant le dénombrement.
**Objectifs didactiques :** comparer des quantités en écrivant les nombres correspondants.
**Graphisme :** tracer le chiffre 1.

**Matériel pédagogique**

**Matériel :** 20 crayons de 4 couleurs et de 2 tailles différentes pour la classe. 1 barquette de 20 animaux de tri de 4 types différents (couleur, type et taille) par élève.
**Annexe :** 1 ensemble de gabarits de formes (annexe 5-5) par élève.
**Fichier :** page 99.

## DÉMARCHE PÉDAGOGIQUE

### 1 Je découvre (en classe entière, 10 minutes)

Sur le tapis de regroupement, revenez sur les acquis et interrogez les élèves : « Qu'avons-nous appris la dernière fois ? Nous avons appris à trier des collections avant de les comparer par dénombrement. » Demandez ensuite : « Qui peut me rappeler comment faire pour trier puis pour comparer ? Il faut d'abord chercher les objets qui sont pareils et les mettre ensemble. Ensuite, il faut compter chaque catégorie. Enfin, on peut comparer. » Placez devant les élèves plusieurs crayons de couleurs et de tailles différentes et demandez quelles sont les catégories qui peuvent être créées. Les élèves doivent lever la main pour vous proposer leurs idées. Une fois les crayons triés, annoncez l'objectif du jour : « Aujourd'hui, nous allons comparer en nous aidant des chiffres. » Rappelez l'astuce qui consiste à écrire les chiffres des quantités que l'on compare pour ne pas les oublier.

### 2 Je manipule (par groupes de 6 à 8 élèves, 10 minutes)

Distribuez à chaque enfant une barquette contenant des animaux de tri. Annoncez-leur la consigne : « Triez les animaux de votre barquette en deux catégories selon les critères de votre choix. Comptez ensuite les animaux de vos différentes catégories, notez les nombres sur votre ardoise puis comparez. » Les enfants devraient être plus autonomes car ils connaissent le matériel et savent réaliser l'activité. Votre rôle consistera à les observer, à les orienter par un questionnement et à leur faire verbaliser leurs réponses. Interrogez les élèves à mesure qu'ils construisent leurs réflexions : « Comment avez-vous trié ces catégories ? Pouvez-vous deviner quel groupe d'animaux est présent en plus grande quantité ? Avez-vous besoin de dénombrer pour en être sûr ? »

### 3 Je représente (par groupes de 6 à 8 élèves, 10 minutes)

Demandez aux élèves d'ouvrir leur fichier à la page 99. Invitez-les à décrire ce qu'ils voient et faites le lien avec l'activité précédente. Énoncez la consigne et assurez-vous de sa bonne compréhension. Demandez dans un premier temps aux élèves de dénombrer les différentes catégories d'animaux et de noter la quantité en chiffres dans la case prévue à cet effet. Posez ensuite la question suivante : « Y a-t-il plus de poules jaunes que de poussins jaunes ? Y a-t-il moins de poules jaunes que de poules marron ? Comment le savez-vous ? »

## DIFFÉRENCIATION

**Soutien :** Vous pouvez utiliser les animaux de tri pour permettre aux élèves en difficulté d'effectuer physiquement le tri des poules et des poussins avant de dénombrer sur leur fichier.
**Approfondissement :** Donnez aux élèves qui ont terminé l'activité du fichier en avance un ensemble de gabarits de formes (annexe 5-5) à trier (les ronds avec les ronds, les triangles avec les triangles) puis à comparer les quantités triées.

# Séance 95 - Révision 1
# Relier ou dénombrer pour comparer

## Notions abordées

**Prérequis :** comparer des collections en reliant ou en dénombrant.
**Objectifs didactiques :** réinvestir les connaissances et les compétences acquises durant l'unité 5.
**Graphisme :** colorier en respectant un code donné (3 couleurs).

## Matériel pédagogique

**Matériel :** 1 minuteur, 1 ballon, 6 cuillères et 1 jeu Au pays des petits dragons© pour la classe. 1 barquette de 50 animaux de tri et 1 dé par groupe d'élèves. 6 jetons par élève.
**Annexe :** 1 jeu de cartes-chiffres (annexe 5-2) par élève.
**Fichier :** page 100.

## DÉMARCHE PÉDAGOGIQUE

### 1 Je me remémore (en classe entière, 10 minutes)

Sur le tapis de regroupement, annoncez : « Vous savez maintenant comparer des quantités en utilisant les termes "plus", "moins" ou "égale". Nous allons continuer à comparer des quantités aujourd'hui. » Présentez aux élèves un ensemble de six cuillères puis appelez cinq volontaires et dites : « Qui peut rappeler à la classe comment faire pour comparer la quantité de cuillères et la quantité d'enfants ? » Deux réponses peuvent être attendues : « On donne une cuillère à chaque enfant et on voit ce qu'il reste. S'il reste des enfants, cela signifie qu'il y a plus d'enfants, s'il reste des cuillères, cela signifie qu'il y a plus de cuillères. » ou : « On compte les cuillères, puis on compte les enfants. Il y a cinq enfants et six cuillères. Dans la comptine numérique, nous savons que 6 vient après 5, donc que 6 est plus grand que 5. Il y a plus de cuillères. »

### 2 Je m'entraîne (par groupes de 6 à 8 élèves, 15 minutes)

Pour cette partie, vous avez le choix. Vous pouvez proposer aux élèves avancés :

- **de reprendre l'une des activités des parties « Différenciation » des séances de l'unité 5.** Nous vous conseillons par exemple de distribuer à chaque enfant une barquette d'animaux de tri ainsi qu'un dé. Chacun leur tour, les élèves lancent le dé puis réalisent une collection identique à celle du dé. Ils doivent ensuite comparer leur collection d'animaux avec celle de leur voisin.
- **de jouer à un des jeux suggérés dans la partie « Activités complémentaires ».** Le jeu de construction Au pays des petits dragons© est tout particulièrement conseillé. Chacun leur tour, les enfants lancent le dé et font avancer leur dragon du nombre de cases indiqué. Si le dragon s'arrête sur une case avec des pierres, le joueur prend le nombre de pierres indiqué sur la case. La partie s'arrête quand un dragon atteint le volcan. On retourne alors le plateau et on place les pierres sur les lignes de pas pour savoir qui en a collecté le plus.

Vous pouvez utiliser cette séance comme un temps de remédiation avec les élèves en difficulté.

- **Si les difficultés proviennent de la connaissance de la suite numérique**, renforcez cette compétence en jouant à des jeux comme le jeu de la bombe : les élèves se passent un ballon en récitant la comptine numérique de 1 à 6. L'élève qui se trompe ou qui a la balle dans les mains quand sonne le minuteur a perdu.
- **Si les difficultés proviennent de l'association écriture chiffrée et quantité,** proposez aux enfants de jouer à un jeu avec des jetons : chaque élève doit tirer au sort une carte-chiffre (annexe 5-2) et créer un groupe de jetons de la même quantité que celle représentée sur sa carte.

### 3 Je révise (par groupes de 6 à 8 élèves, 10 minutes)

Demandez aux élèves d'ouvrir leur fichier à la page 100. Invitez-les à décrire ce qu'ils voient et faites le lien avec ce qu'ils ont appris durant l'unité 5. Énoncez ensuite la consigne et assurez-vous de sa bonne compréhension. Demandez aux enfants de pointer la ligne de guitares jaunes puis de la dénombrer. Vous pouvez leur demander d'écrire en chiffres à côté des guitares jaunes le nombre trouvé. Procédez de même avec les guitares rouges. Dites : « Placez votre index dans la case qui se trouve à côté du plus grand ensemble, c'est-à-dire, la ligne où il y a le plus de guitares. » Après validation, laissez-les cocher la case, puis reprenez l'activité avec les pommes.

# Séance 96 - Révision 2
# Dénombrer pour comparer

**Notions abordées**

**Prérequis :** comparer des collections par dénombrement.
**Objectifs didactiques :** réinvestir les connaissances et les compétences acquises durant l'unité 5.
**Graphisme :** colorier en respectant un code donné (3 couleurs).

**Matériel pédagogique**

**Matériel :** 1 jeu Compte avec les oursons !© pour la classe. 1 jeu de cartes (de 1 à 6) par binôme d'élèves. 21 jetons et 1 jeu de barrettes Montessori par élève.
**Annexe :** 1 bande numérique (annexe 5-6) par élève.
**Fichier :** page 101.

## DÉMARCHE PÉDAGOGIQUE

### 1 Je me remémore (en classe entière, 5 minutes)

Sur le tapis de regroupement, annoncez : « Vous savez maintenant comparer des quantités, notamment en utilisant la méthode du dénombrement. Continuons à nous amuser avec le dénombrement ! » Demandez à un élève de se lever et de venir à vos côtés. Dites : « Je vais dire "1, 2, 3", nous montrerons ensemble une quantité de doigts d'une seule main. Les autres enfants devront compter combien de nos doigts sont levés. » Une fois les doigts montrés au groupe, un élève vient dénombrer un à un la collection de doigts de l'élève et un autre celle de l'enseignant. Questionnez alors les enfants : « Qui a levé le moins de doigts ? » puis concluez : « Il a moins de doigts que moi car il a levé trois doigts, alors que moi, j'en ai levé quatre. 4 vient après 3 dans la comptine numérique, j'ai donc levé plus de doigts. »

### 2 Je m'entraîne (par groupes de 6 à 8 élèves, 10 minutes)

Pour cette partie, vous avez le choix. Vous pouvez proposer aux élèves avancés :

- **de reprendre l'une des activités des parties « Différenciation » des séances de l'unité 5.** Parmi les activités les plus appropriées, nous vous conseillons de proposer aux enfants le jeu de bataille (avec des jeux de cartes allant de 1 à 6), qui permet de mettre les enfants face à la notion de « plus grand nombre que », « plus petit nombre que », et « égalité ».
- **de jouer à un des jeux suggérés dans la partie « Activités complémentaires ».** Le jeu de construction Compte avec les oursons !© est tout particulièrement conseillé.

Vous pouvez utiliser cette séance comme un temps de remédiation avec les élèves en difficulté.

- **Si les difficultés proviennent de la distinction entre « plus que » et « moins que »,** renforcez cette différence en faisant réaliser des grandes quantités face à de petites quantités, la distinction se faisant à l'œil nu et sans comptage. Placez deux quantités de jetons à la différence flagrante (deux jetons face à six par exemple) et demandez aux élèves de trouver la pile de jetons à la plus grande quantité et de vous expliquer pourquoi. Poursuivez l'exercice avec des quantités entre 1 et 6 plus subtilement différenciables pour faire rentrer le dénombrement en ligne de compte.
- **Si les difficultés proviennent de la compréhension de la suite numérique,** proposez aux enfants une bande numérique (annexe 5-6). Sous chaque nombre, ils doivent placer la bonne quantité de jetons. Assurez-vous qu'ils placent les jetons en ligne sous le nombre, de sorte qu'ils prennent conscience de l'augmentation de quantité. Les barrettes de perles Montessori sont également très utiles pour permettre aux enfants de comprendre cela.

### 3 Je révise (par groupes de 6 à 8 élèves, 15 minutes)

Demandez aux élèves d'ouvrir leur fichier à la page 101. Invitez-les à décrire ce qu'ils voient et faites le lien avec ce qu'ils ont appris durant l'unité 5. Énoncez ensuite la consigne et assurez-vous de sa bonne compréhension. Demandez aux élèves de compter les poupées. Vous pouvez leur demander d'écrire sous la case des poupées le nombre trouvé en chiffre. Procédez ensuite de même pour les ballons. Dites : « Placez votre index dans la case du plus petit ensemble, c'est-à-dire la collection qui a le moins d'objets. » Après validation, les enfants cochent la case correspondante d'abord avec l'index, puis au crayon.

# ACTIVITÉS COMPLÉMENTAIRES
## Unité 5

| Nom | Compétences travaillées | Matériel | But du jeu | Règle du jeu |
|---|---|---|---|---|
| **Au pays des petits dragons©, Haba** | • Réalisation de collections<br>• Comparaison de quantités | • 1 plateau de jeu réversible,<br>• 60 pierres volcaniques,<br>• 4 tuiles tourbillon,<br>• 4 dragons en bois,<br>• 1 dé (pour travailler les quantités jusqu'à 10, vous pouvez utiliser deux dés en cachant avec des gommettes les faces du 6). | Collecter le plus de pierres volcaniques. | <u>De 2 à 4 joueurs (10 min environ)</u><br>Chacun leur tour, les joueurs lancent le dé pour faire avancer leur dragon. Si le dragon s'arrête sur une case avec des pierres, le joueur concerné prend dans la réserve le nombre de pierres indiqué. La partie s'arrête quand un dragon atteint le volcan. On retourne alors le plateau et on place les pierres sur les lignes pour savoir qui en a collecté le plus. |
| **Bata Puzzle©, Djeco** | • Comparaison de quantités<br>• Logique | • 32 cartes de jeu,<br>• 6 cartes « véhicule ». | Reformer ses deux puzzles. | <u>De 2 à 3 joueurs (10 min environ)</u><br>Chaque joueur reçoit deux cartes qui représentent les deux véhicules qu'il va devoir reconstituer. Tous les joueurs, en même temps, retournent leur première carte. Celui qui a la carte la plus forte remporte le pli : il met alors de côté les cartes utiles à ses puzzles et place les autres sous son tas de cartes. Le premier à avoir reconstitué ses deux puzzles gagne la partie. |
| **Compte avec les oursons !©, Gigamic** | • Réalisation de collections<br>• Comparaison de quantités | • 24 cartes en carton,<br>• 1 panier,<br>• 28 perles,<br>• 4 lacets. | Avoir le plus de perles lorsque toutes les cartes sont retournées. | <u>De 2 à 4 joueurs (20 min environ)</u><br>Les cartes sont placées sur la table et forment un chemin par joueur. Chacun leur tour, les joueurs retournent la dernière carte de leur chemin et prennent le nombre de perles indiqué sur la carte pour les enfiler sur leur lacet. Les deux dernières cartes des chemins ont des valeurs négatives : il faut alors donner le nombre de perles indiqué à son voisin de droite si l'ourson regarde à droite, à son voisin de gauche s'il regarde à gauche. Quand toutes les cartes ont été jouées, on regarde qui a le plus de perles sur son lacet pour voir qui a gagné. |

# Unité 6 : Les suites logiques (10 séances)

## Objectifs d'apprentissage

- Comprendre la notion de suite logique.
- Reconnaître une suite logique simple (avec un critère de taille, de couleur ou de forme).
- Reconnaître une suite logique complexe (avec deux critères ou plus de taille, de couleur ou de forme).
- Poursuivre une suite logique aux critères imposés.

## Liens avec les programmes officiels de l'Éducation nationale

- Savoir nommer quelques formes planes.
- Reproduire un assemblage à partir d'un modèle (puzzle, pavage).
- Reproduire des formes planes.
- Identifier le principe d'organisation d'un algorithme et poursuivre son application.

## Déroulé de l'unité

Cette unité 6 permet aux élèves de découvrir les algorithmes, nommés « suites logiques » dans cet ouvrage. Les deux premières séances de l'unité s'attachent à faire découvrir ces suites aux jeunes élèves à partir du critère le plus simple pour eux, la couleur. Les séances suivantes permettront aux élèves de découvrir et de compléter des suites de plus en plus complexes, qu'il s'agisse d'ajouter de nouveaux critères pouvant régir la suite : les formes aux séances 99 et 100, les tailles aux séances 101 et 102, les orientations aux séances 103 et 104, de varier les motifs de la suite (répétitions A-B-A-B, A-A-B-A-A-B ou A-B-B-B-A-B-B-B par exemple) ou de multiplier les éléments présents dans la suite (deux éléments A-B-A-B puis trois éléments A-B-C-A-B-C).
Enfin, les séances 105 et 106 invitent les élèves à réviser ce qu'ils ont appris tout au long de l'unité.

## Progression du graphisme

Cette unité sur les suites logiques permet de réinvestir le tracé des formes géométriques et d'approfondir le tracé de suites logiques, entamé dès l'unité 1.

- **Tracer des triangles :** L'entraînement au tracé de triangles se fait de façon progressive. Les enfants vont d'abord tracer des lignes brisées en repassant sur des pointillés afin d'acquérir le sens du tracé. Ensuite, les enfants devront repasser sur des triangles tracés en pointillés avant de terminer le tracé d'un triangle. Enfin, dans une dernière étape, ils devront tracer seuls des triangles dont le point de départ est donné. L'enseignant sera vigilant à ce que les triangles respectent le calibrage donné par les lignes.
- **Poursuivre une suite logique de formes géométriques :** Les deux dernières séances permettent aux élèves de consolider les notions acquises au cours de ce chapitre. Deux formes y sont abordées (le triangle et le carré quadrillé) : le défi ici est à la fois de maîtriser la graphie de ces formes et de repérer les critères logiques régissant ces suites. N'hésitez pas à réviser le tracé de ces formes sur une feuille quadrillée à part avant de proposer aux élèves de s'y exercer.
- **Colorier pour compléter des motifs de couleur :** Aux séances de révisions, l'exercice de graphisme consiste à compléter des motifs de trois couleurs alternées : il faut ici repérer les trois choix de couleurs utilisées de façon à poursuivre la suite logique en dessinant les motifs dans la couleur qui convient.

# Séance 97 - Découvrir les suites logiques

## Notions abordées

**Prérequis :** reconnaître et nommer les couleurs.
**Objectifs didactiques :** comprendre ce qu'est une suite logique et pouvoir la décrire.
**Graphisme :** tracer des triangles.

## Matériel pédagogique

**Matériel :** 4 aimants de 2 couleurs différentes et 1 imagier des couleurs pour la classe. 12 cubes de 3 couleurs différentes (4 cubes par couleur) par élève.
**Fichier :** page 102.

## DÉMARCHE PÉDAGOGIQUE

### 1 Je découvre (en classe entière, 10 minutes)

Sur le tapis de regroupement, annoncez : « Vous savez maintenant comparer des quantités. Aujourd'hui, nous allons commencer un nouveau chapitre : nous allons apprendre ce que sont des suites logiques, comment les reconnaître et comment les poursuivre. » Placez au tableau une suite d'aimants de deux couleurs différentes en respectant la suite logique A-B-A-B (par exemple, rouge – bleu – rouge – bleu). Demandez ensuite aux enfants de vous décrire ce qu'ils voient. Faites-leur remarquer l'alternance régulière des couleurs : « Il n'y a que deux couleurs, mais elles se répètent selon un même ordre : on a toujours rouge et bleu, rouge et bleu. » Concluez : « Ce que vous observez au tableau, cette suite d'une même alternance de couleurs, s'appelle une suite logique. Nous allons apprendre aujourd'hui comment se compose une suite logique. »

### 2 Je manipule (par groupes de 6 à 8 élèves, 10 minutes)

Placez devant les élèves un ensemble de quatre cubes de deux couleurs différentes respectant la suite logique A-B-A-B (par exemple : jaune – vert – jaune – vert). Demandez aux élèves d'observer et de vous décrire la suite logique en nommant la suite de couleurs. Distribuez ensuite à chaque élève quatre cubes de deux couleurs différentes et demandez-leur de créer une alternance de couleurs. Aidez-les en insistant sur la répétition et l'alternance : une couleur, une autre couleur, la même couleur que la première, la même couleur que la seconde. Si les élèves sont à l'aise avec l'activité, reprenez avec cinq cubes (trois d'une couleur, deux d'une autre), puis avec six cubes (trois d'une couleur, trois d'une autre).

### 3 Je représente (par groupes de 6 à 8 élèves, 10 minutes)

Demandez aux élèves d'ouvrir leur fichier à la page 102. Invitez-les à décrire ce qu'ils voient et faites le lien avec l'activité qu'ils viennent de réaliser. Énoncez ensuite la consigne et assurez-vous de sa bonne compréhension. Demandez aux élèves de vous citer les éléments de la page où ils repèrent une alternance de couleurs formant une suite logique : les oiseaux, les serviettes, les fleurs, etc. Faites observer la barrière et les pavés, et amenez les élèves à déduire qu'une suite logique ne se caractérise pas forcément par une répétition A-B-A-B. En effet, la barrière suit le schéma A-A-B-A-A-B, les pavés A-B-B-A-A-B-B-A.

## DIFFÉRENCIATION

**Soutien :** Travaillez la reconnaissance et le vocabulaire des couleurs avec les élèves en difficulté afin qu'ils soient le plus à l'aise possible avec la verbalisation de ce qu'ils observent. Vous pouvez leur montrer un imagier des couleurs en amont de la séance afin de renforcer leurs connaissances.
**Approfondissement :** Proposez aux élèves avancés de constituer et de créer leurs propres suites logiques en utilisant trois couleurs de cubes différentes.

# Séance 98 - Compléter une suite logique - alternance de couleurs

**Notions abordées**

**Prérequis :** comprendre le principe de « suite logique ».
**Objectifs didactiques :** reconnaître et compléter une suite logique de couleurs.
**Graphisme :** tracer des triangles.

**Matériel pédagogique**

**Matériel :** 1 barquette de 12 jetons de 2 couleurs différentes (6 jetons par couleur), 12 bâtonnets de couleur (6 bâtonnets par couleur), 12 perles de 2 couleurs différentes (6 perles par couleur) et du fil pour chaque élève.
**Fichier :** page 103.

## DÉMARCHE PÉDAGOGIQUE

### 1 Je découvre (en classe entière, 10 minutes)

Sur le tapis de regroupement, revenez sur les acquis et interrogez les élèves : « Qu'avons-nous appris la dernière fois ? Nous avons appris ce qu'est une suite logique et comment elle peut se composer. » Revenez sur la notion de « suite logique » en demandant aux élèves de vous expliquer de quoi il s'agit : « On dit d'une suite qu'elle est logique lorsque les éléments qui la composent suivent une alternance identique et régulière. » Dessinez au tableau une suite logique simple, par exemple : rond vert – rond violet – rond vert – rond violet. Demandez aux enfants de vous décrire cette alternance de couleurs, puis demandez : « Si je veux continuer cette suite en respectant la règle, de quelle couleur vais-je devoir dessiner mes ronds ? » Répétez à voix haute avec eux en poursuivant la suite : « Violet, vert, violet, vert. Après un rond violet, il y en a un vert ; et après un vert, il y en a un violet. J'ai terminé ma suite par un rond vert, je trace donc un rond violet et je continue avec un vert. » Dessinez maintenant une suite plus complexe : rond bleu – rond bleu – rond jaune – rond bleu – rond bleu – rond jaune et procédez de la même façon. Annoncez l'objectif du jour : « Aujourd'hui, nous allons apprendre à compléter une suite logique en utilisant des règles d'alternance de couleurs. »

### 2 Je manipule (par groupes de 6 à 8 élèves, 10 minutes)

Distribuez à chaque enfant une **barquette contenant douze jetons de deux couleurs différentes**. Commencez une suite logique simple (de type A-B-A-B) sur le bureau de chaque élève et demandez-leur de vous décrire cette suite en nommant les couleurs. Invitez-les ensuite à poursuivre cette suite logique en utilisant leurs jetons. Lorsqu'ils ont terminé, poursuivez en présentant une suite plus complexe, du type A-A-B-A-A-B. Demandez aux enfants de la décrire en nommant les couleurs, puis de la poursuivre avec leurs jetons.

### 3 Je représente (par groupes de 6 à 8 élèves, 10 minutes)

Demandez aux élèves d'ouvrir leur fichier à la **page 103**. Énoncez ensuite la consigne et assurez-vous de sa bonne compréhension. Sur la première ligne, demandez aux enfants de nommer les couleurs présentes puis de verbaliser la règle d'alternance : « Après un carré bleu, il y a un carré rouge ; et après un carré rouge, il y a un carré bleu. » Les élèves doivent ensuite tracer un trait de la couleur manquante dans la forme blanche. Après votre validation, ils peuvent colorier la forme de la même couleur que leur trait. Procédez de la même façon pour les lignes suivantes.

## DIFFÉRENCIATION

**Soutien :** Recréez des suites logiques avec les élèves en difficulté en utilisant des **jetons** ou des **bâtonnets de couleurs**. Créez une suite logique devant eux puis demandez-leur de vous la décrire en nommant les couleurs.
**Approfondissement :** Proposez aux élèves avancés de créer un collier sur lequel vous aurez placé au préalable une alternance de **perles de deux couleurs différentes** en suivant la règle A-B-A-B : à eux de poursuivre leur collier en respectant la règle.

# Séance 99 - Identifier la règle d'une suite logique (1)

**Notions abordées**

**Prérequis :** identifier et poursuivre une suite logique.
**Objectifs didactiques :** identifier une suite logique caractérisée par l'alternance de formes et en comprendre la règle.
**Graphisme :** tracer des triangles.

**Matériel pédagogique**

**Matériel :** 1 barquette, 10 gommettes géométriques et 1 feuille par élève.
**Annexe :** 1 ensemble de gabarits de formes (annexe 6-1) par groupe d'élèves et 10 exemplaires de 2 formes différentes (5 par forme) par élève.
**Fichier :** page 104.

## DÉMARCHE PÉDAGOGIQUE

### 1 Je découvre (en classe entière, 10 minutes)

Sur le tapis de regroupement, revenez sur les acquis et interrogez les élèves : « Qu'avons-nous appris la dernière fois ? Nous avons appris à poursuivre une suite logique à l'aide d'un critère de couleur. » Dessinez au tableau une suite logique composée de deux formes différentes, mais de couleurs identiques et respectant la règle A-B-A-B, par exemple : rond – rectangle – rond – rectangle. Demandez aux élèves de vous décrire ce qu'ils voient : « Quelles couleurs voyez-vous dans cette suite logique ? Il n'y a qu'une seule et même couleur. Pourquoi alors est-ce une suite logique ? » Faites-leur remarquer l'alternance de formes : « Il n'y a que deux formes, mais elles se répètent. » Demandez maintenant aux élèves de vous décrire la suite logique en nommant les formes à voix haute, puis concluez : « Le fonctionnement de cette suite de formes est identique à celui d'une suite de couleurs : la seule différence est l'élément choisi pour constituer la règle logique, car on peut créer toutes sortes de suites logiques, selon de très nombreuses règles différentes. Aujourd'hui, nous allons apprendre à identifier la règle qui régit une suite logique. »

### 2 Je manipule (par groupes de 6 à 8 élèves, 10 minutes)

Placez devant les enfants un **ensemble de gabarits de formes (annexe 6-1)** identiques respectant la logique A-B-A-B, par exemple : triangle – rond – triangle – rond, puis demandez aux élèves de vous décrire la suite logique en identifiant le critère qui la régit puis en nommant les formes qui la constituent. Distribuez ensuite à chaque élève une **barquette contenant dix formes de deux types différents (cinq exemplaires par forme) issues de l'annexe 6-1** et demandez-leur de créer leur propre alternance de formes. Aidez-les en insistant sur la répétition et l'alternance : une forme, une autre forme, la même forme que la première, la même forme que la seconde. Introduisez ensuite une suite logique plus complexe, du type A-B-B-A-B-B.

### 3 Je représente (par groupes de 6 à 8 élèves, 10 minutes)

Demandez aux élèves d'ouvrir leur fichier à la **page 104**. Invitez-les à décrire ce qu'ils voient et faites le lien avec l'activité qu'ils viennent de réaliser. Énoncez ensuite la consigne et assurez-vous de sa bonne compréhension. Demandez aux enfants d'identifier la règle qui régit la suite puis de vous décrire l'alternance des formes ligne par ligne.

## DIFFÉRENCIATION

**Soutien :** Continuez à créer des suites logiques en utilisant des **gabarits de formes (annexe 6-1)** avec les élèves en difficulté afin qu'ils en saisissent la logique. Au préalable, faites-leur énoncer les noms des formes à voix haute.
**Approfondissement :** Proposez aux élèves avancés de décrire et de reproduire une suite de formes que vous leur aurez préparée avec des **gommettes** collées sur une **feuille**.

# Séance 100 - Compléter une suite logique - alternance de formes

**Notions abordées**

**Prérequis :** identifier une suite logique avec alternance de formes.
**Objectifs didactiques :** compléter une suite logique avec alternance de formes.
**Graphisme :** tracer des triangles.

**Matériel pédagogique**

**Matériel :** 1 barquette, 1 bande de papier et 12 gommettes de 2 formes différentes (6 par forme) par élève.
**Annexe :** 1 ensemble de gabarits de formes (annexe 6-1) dont 6 exemplaires de 2 formes différentes par élève.
**Fichier :** page 105.

## DÉMARCHE PÉDAGOGIQUE

### 1 Je découvre (en classe entière, 10 minutes)

Sur le tapis de regroupement, revenez sur les acquis et interrogez les élèves : « Qu'avons-nous appris la dernière fois ? Nous avons appris à identifier une nouvelle règle pouvant régir une suite logique : l'alternance de formes. » Montrez aux élèves une suite logique en utilisant les gabarits de formes (annexe 6-1). Demandez aux élèves de vous décrire l'alternance de formes, puis dites : « Si je veux continuer cette suite en respectant sa règle, que vais-je devoir poser après ? » Répétez à haute voix votre ordre, par exemple : carré – rond – carré – rond, puis expliquez : « Après un carré, il y a un rond et après un rond, il y a un carré. J'ai terminé ma suite par un rond, donc je pose un carré, puis je poursuis avec un rond. » Créez maintenant une suite logique plus complexe avec les gabarits, du type A-B-B-B-A, par exemple : triangle – carré – carré – carré – triangle puis procédez de la même façon. Annoncez l'objectif du jour : « Aujourd'hui, nous allons apprendre à compléter une suite logique en utilisant des règles d'alternance de formes. »

### 2 Je manipule (par groupes de 6 à 8 élèves, 10 minutes)

Distribuez à chaque enfant une barquette contenant six exemplaires de deux types de formes différentes (annexe 6-1). Commencez une suite logique A-B-B-A-B-B et demandez aux élèves de la décrire en nommant les formes à voix haute, puis invitez-les à poursuivre cette suite en utilisant leurs gabarits de formes. Faites une nouvelle fois cet exercice avec une autre suite logique plus complexe, du type A-A-A-B-A-A-A-B et procédez de la même façon.

### 3 Je représente (par groupes de 6 à 8 élèves, 10 minutes)

Demandez aux élèves d'ouvrir leur fichier à la page 105. Invitez-les à décrire ce qu'ils voient et faites le lien avec l'activité qu'ils viennent de réaliser. Énoncez ensuite la consigne et assurez-vous de sa bonne compréhension. Demandez aux élèves d'entourer la forme qui convient d'abord avec l'index, puis avec un crayon. Assurez-vous qu'ils choisissent la couleur de la suite avant de leur demander de colorier la forme entourée.

## DIFFÉRENCIATION

**Soutien :** Faites reproduire les suites logiques du fichier par les élèves en difficulté en vous aidant des mêmes gabarits de formes (annexe 6-1) que ceux présents dans le fichier. Faites-leur verbaliser leurs actions en leur demandant de décrire ce qu'ils voient et de nommer les formes.
**Approfondissement :** Proposez aux élèves avancés une bande de papier sur laquelle vous aurez placé au préalable une alternance de gommettes de formes différentes de type A-A-B-A-A-B. Les élèves devront ensuite poursuivre cette suite logique avec leurs gommettes.

# Séance 101 - Identifier la règle d'une suite logique (2)

**Notions abordées**

**Prérequis :** identifier et poursuivre une suite logique.
**Objectifs didactiques :** identifier la règle d'une suite logique caractérisée par l'alternance de tailles et en comprendre la règle.
**Graphisme :** tracer des triangles.

**Matériel pédagogique**

**Matériel :** 10 bâtonnets de même couleur et de tailles différentes (5 grands et 5 petits) pour la classe. 1 barquette de 15 animaux de tri (5 grands, 5 moyens et 5 petits) par élève.
**Fichier :** page 106.

## DÉMARCHE PÉDAGOGIQUE

### 1 Je découvre (en classe entière, 10 minutes)

Sur le tapis de regroupement, revenez sur les acquis et interrogez les élèves : « Qu'avons-nous appris la dernière fois ? Nous avons appris à poursuivre une suite logique de formes. » Montrez aux élèves une suite logique basée sur une alternance de tailles à l'aide de **bâtonnets** : petit bâton – grand bâton – petit bâton – grand bâton. Demandez aux enfants de vous décrire ce qu'ils voient puis dites : « Quelqu'un a-t-il trouvé la règle qui régit cette suite logique ? » Faites-leur remarquer l'alternance de tailles : « Il n'y a que deux tailles : petit bâton et grand bâton, mais elles se répètent régulièrement. Le fonctionnement est identique à celui d'une suite de couleurs ou de formes, sauf que l'alternance et la régularité dépendent de la taille. Aujourd'hui, nous allons continuer à apprendre à identifier la règle d'une suite logique et à la compléter. »

### 2 Je manipule (par groupes de 6 à 8 élèves, 10 minutes)

Placez devant les élèves un ensemble d'**animaux de tri de tailles différentes** en respectant la règle A-B-A-B, par exemple : petit mouton – grand mouton – petit mouton – grand mouton. Demandez aux enfants de vous décrire la suite logique en insistant sur la taille des animaux, puis d'énoncer la règle qui régit cette suite logique. Distribuez ensuite aux élèves une **barquette** avec les mêmes animaux de tri que ceux utilisés pour la suite logique et demandez-leur de la poursuivre à leur bureau. Réitérez cet exercice avec des règles de plus en plus complexes, notamment en introduisant un 3$^{e}$ élément aux suites logiques. « Après avoir créé une suite logique avec le petit mouton et le grand mouton, essayons de créer une suite avec le mouton de taille moyenne. Suivons par exemple cette règle : A-B-C-A-B-C (petit – grand – moyen – petit – grand – moyen). »

### 3 Je représente (par groupes de 6 à 8 élèves, 10 minutes)

Demandez aux élèves d'ouvrir leur fichier à la **page 106.** Invitez-les à décrire ce qu'ils voient et faites le lien avec l'activité qu'ils viennent de réaliser. Énoncez ensuite la consigne et assurez-vous de sa bonne compréhension. Demandez aux enfants de vous décrire l'alternance de tailles qu'ils repèrent ligne par ligne. Invitez-les aussi à vous décrire les couleurs et les motifs qu'ils peuvent y voir : leur régularité fait également partie de la suite logique.

## DIFFÉRENCIATION

**Soutien :** Proposez aux élèves en difficulté de ne travailler que sur l'alternance de deux tailles (petit et grand ou moyen et grand ou petit et moyen). Ils auront de multiples occasions de s'exercer à l'alternance de trois éléments (A-B-C) dans la suite de cette unité.
**Approfondissement :** Proposez aux élèves avancés de vous décrire une suite d'**animaux de tri** que vous leur aurez préparée et d'énoncer la règle de cette suite (caractérisée par l'alternance de formes, de tailles ou de couleurs).

# Séance 102 - Compléter une suite logique - alternance de tailles

**Notions abordées**

**Prérequis :** identifier une suite logique avec alternance de tailles.
**Objectifs didactiques :** compléter une suite logique avec alternance de tailles.
**Graphisme :** tracer des triangles.

**Matériel pédagogique**

**Matériel :** 1 barquette de 21 animaux de tri de tailles, de formes et de couleurs différentes par élève.
**Annexe :** 1 ensemble de gabarits de formes (annexe 6-1) dont 3 exemplaires de 2 triangles de tailles différentes par élève.
**Fichier :** page 107.

## DÉMARCHE PÉDAGOGIQUE

### 1 Je découvre (en classe entière, 5 minutes)

Sur le tapis de regroupement, revenez sur les acquis et interrogez les élèves : « Qu'avons-nous appris la dernière fois ? Nous avons appris à identifier une nouvelle règle régissant une suite logique : l'alternance de tailles. » Tracez au tableau cette suite : petit triangle bleu – grand triangle bleu – petit triangle bleu – grand triangle bleu. Demandez aux élèves de vous décrire l'alternance de tailles qu'ils voient, puis de trouver la règle régissant cette suite. Expliquez : « Après un petit triangle bleu, il y a un grand triangle bleu et après un grand triangle bleu, il y a un petit triangle bleu. J'ai terminé ma suite par un petit triangle, donc je dessine un grand triangle et je continue avec un petit triangle. » Annoncez l'objectif du jour : « Aujourd'hui, nous allons compléter une suite logique en utilisant des règles d'alternance de tailles. »

### 2 Je manipule (par groupes de 6 à 8 élèves, 15 minutes)

Distribuez à chaque enfant une barquette contenant des animaux de tri. Commencez en créant une suite logique face à eux, par exemple : petit mouton jaune – grand mouton jaune – petit mouton jaune – grand mouton jaune. Demandez aux enfants de vous décrire cette suite en nommant les objets utilisés, leur couleur et leur taille. Faites-leur verbaliser ce qui différencie les deux éléments de cette suite logique : la taille. Demandez-leur de poursuivre cette suite en utilisant leurs animaux de tri. Réalisez ensuite l'exercice en le compliquant, par exemple en créant une suite logique comme : petit chat bleu – moyen chat bleu – grand chat bleu – petit chat bleu – moyen chat bleu – grand chat bleu, avec toujours deux critères communs (la forme et la couleur) et un différent : la taille, mais sur trois niveaux différents. Demandez ensuite aux élèves de poursuivre cette suite logique en posant les animaux corrects dans le bon ordre sur leur bureau. Poursuivez en présentant une suite logique plus complexe encore, par exemple : deux petits lapins rouges – un grand lapin bleu – deux petits lapins rouges – un grand lapin bleu, avec donc deux critères à prendre en compte, la couleur et la taille. Demandez aux enfants de vous la décrire, puis d'en trouver la règle et de la poursuivre à leur bureau avec leurs animaux de tri.

### 3 Je représente (par groupes de 6 à 8 élèves, 10 minutes)

Demandez aux élèves d'ouvrir leur fichier à la page 107. Invitez-les à décrire ce qu'ils voient et faites le lien avec l'activité qu'ils viennent de réaliser. Énoncez ensuite la consigne et assurez-vous de sa bonne compréhension. Demandez aux élèves d'entourer la bonne forme, d'abord avec l'index puis avec un crayon. Assurez-vous qu'ils choisissent la bonne couleur pour compléter la suite avant de leur demander de colorier la forme entourée.

## DIFFÉRENCIATION

**Soutien :** Recréez la dernière suite logique du fichier avec les élèves en difficulté en utilisant les gabarits de formes (annexe 6-1) puis demandez-leur de décrire ce qu'ils voient en nommant les formes et leur taille. Ils peuvent ensuite superposer la suite qu'ils ont réalisée avec les gabarits avec celle du fichier et les colorier selon le modèle du fichier.
**Approfondissement :** Proposez aux élèves avancés de composer une suite d'animaux de tri régie par deux critères différents de leur choix (taille, forme ou couleur).

# Séance 103 - Identifier et décrire des suites logiques

**Notions abordées**

**Prérequis :** repérer la règle régissant une suite logique (couleur, forme ou taille).
**Objectifs didactiques :** identifier et décrire des suites logiques régies par 2 critères ou plus.
**Graphisme :** tracer des triangles.

**Matériel pédagogique**

**Matériel :** 1 barquette, 1 feuille violette, 1 feuille jaune et 50 gommettes de formes, tailles et couleurs différentes par élève.
**Annexe :** 1 ensemble de gabarits de formes colorées (annexe 6-2) par élève.
**Fichier :** page 108.

## DÉMARCHE PÉDAGOGIQUE

### 1 Je découvre (en classe entière, 10 minutes)

Sur le tapis de regroupement, revenez sur les acquis et interrogez les élèves : « Qu'avons-nous appris la dernière fois ? Nous avons appris à trouver les règles d'une suite logique. Il faut bien regarder la taille, la forme et la couleur des éléments qui composent une suite logique pour la comprendre. » Montrez aux enfants une alternance de formes en utilisant les gabarits de formes colorées (annexe 6-2) : triangle bleu pointe vers le haut – triangle vert pointe vers le bas – triangle bleu pointe vers le haut – triangle vert pointe vers le bas. Demandez aux enfants de vous décrire ce qu'ils voient : « Regardez bien tous les détails de cette suite logique : la couleur, la forme, la taille mais aussi leur orientation. Que remarquez-vous ? » Après avoir laissé les élèves s'exprimer librement sur ce qu'ils voient, demandez : « Quelles sont, à votre avis, les règles de cette suite logique ? » Après un temps d'échange, concluez : « Dans cette suite logique, il y a un triangle bleu avec une pointe en haut puis un triangle vert avec une pointe en bas, puis encore un triangle bleu avec une pointe en haut et encore un triangle vert avec une pointe en bas. Nous venons donc de découvrir un nouveau critère : l'orientation. Aujourd'hui, nous allons apprendre à identifier et décrire des suites logiques très différentes. »

### 2 Je manipule (par groupes de 6 à 8 élèves, 10 minutes)

Distribuez à chaque enfant une barquette contenant les gabarits de formes colorées de l'annexe 6-2. Commencez au tableau une suite logique simple, par exemple A-B-A-B, avec les formes de l'annexe et demandez aux enfants de vous la décrire en prêtant bien attention et en vous décrivant les formes, les couleurs, les tailles et les orientations représentées. Les élèves poursuivent ensuite la suite logique proposée avec leurs gabarits de formes. Répétez une nouvelle fois cet exercice avec une autre suite logique, plus complexe, du type A-A-A-B-A-A-A-B. Demandez aux élèves de vous la décrire en analysant tous les critères vus précédemment et d'essayer de trouver la règle. Après un temps d'échange, résumez la règle de la suite, par exemple : trois carrés jaunes – un carré orange avec une pointe vers le haut et une pointe vers le bas – trois carrés jaunes – un carré orange avec une pointe vers le haut et une pointe vers le bas. Demandez ensuite aux enfants de poursuivre cette suite en posant les bons gabarits sur leur bureau.

### 3 Je représente (par groupes de 6 à 8 élèves, 10 minutes)

Demandez aux élèves d'ouvrir leur fichier à la page 108. Invitez-les à décrire ce qu'ils voient et faites le lien avec l'activité qu'ils viennent de réaliser. « Que voyez-vous ? Que pensez-vous qu'il puisse y avoir d'écrit sur ce dessin ? Il est écrit "Joyeux anniversaire". C'est donc une carte d'anniversaire. » Énoncez ensuite la consigne et assurez-vous de sa bonne compréhension. Pour chaque suite logique, demandez aux enfants de vous décrire précisément ce qu'ils voient, puis après ce temps d'observation, de trouver les règles régissant la suite logique.

## DIFFÉRENCIATION

**Soutien :** Proposez aux élèves en difficulté de reformer les suites logiques de la page 108 à l'aide des gabarits de formes colorées (annexe 6-2).
**Approfondissement :** Distribuez aux élèves avancés une feuille violette, une feuille jaune et des gommettes pour réaliser la carte d'anniversaire de la page 108.

# Séance 104 - Compléter une suite logique - alternance d'orientations

**Notions abordées**

**Prérequis :** décrire une suite logique régie par plusieurs critères, dont l'orientation spatiale.
**Objectifs didactiques :** compléter une suite logique régie par plusieurs critères dont l'orientation spatiale.
**Graphisme :** tracer des triangles.

**Matériel pédagogique**

**Matériel :** 1 barquette de 20 gommettes de formes, tailles et couleurs différentes, 1 feuille et 1 bande de papier de 3 × 10 cm par élève.
**Annexe :** 1 ensemble de gabarits de formes colorées (annexe 6-2) par élève.
**Fichier :** page 109.

## DÉMARCHE PÉDAGOGIQUE

### 1 Je découvre (en classe entière, 10 minutes)

Sur le tapis de regroupement, revenez sur les acquis et interrogez les élèves : « Qu'avons-nous appris la dernière fois ? Nous avons appris que la position des formes pouvait aussi être un des critères qui régit une suite logique. » Poursuivez en demandant à des volontaires de venir se placer devant la classe dans des positions différentes : debout, couché, de profil, les bras en l'air… Tracez ensuite au tableau une suite selon l'alternance suivante : triangle rouge pointe en haut – triangle rouge pointe en bas – triangle rouge pointe en haut – triangle rouge pointe en bas. Demandez aux élèves de vous décrire ce qu'ils voient, puis de trouver la règle régissant cette suite. Expliquez : « Après un triangle rouge avec la pointe en haut, il y a un triangle rouge avec la pointe en bas. Ce sont deux éléments identiques, mais positionnés différemment. Aujourd'hui, nous allons apprendre à compléter des suites logiques en utilisant des règles d'alternance d'orientations. »

### 2 Je manipule (par groupes de 6 à 8 élèves, 10 minutes)

Distribuez à chaque élève une feuille ainsi qu'une barquette contenant des gommettes de couleurs, tailles et formes différentes. Débutez une suite, par exemple, petit rectangle jaune dans le sens de la longueur – petit rectangle bleu dans le sens de la largeur, petit rectangle jaune dans le sens de la longueur – petit rectangle bleu dans le sens de la largeur – petit rectangle jaune dans le sens de la longueur – petit rectangle bleu dans le sens de la largeur et demandez aux enfants de vous décrire précisément cette suite, puis de poursuivre la suite logique à l'aide de leurs gommettes. Prévoyez différents modèles de gommettes par élève pour qu'ils ne travaillent pas tous sur la même suite et répétez l'exercice autant de fois que le temps vous le permet.

### 3 Je représente (par groupes de 6 à 8 élèves, 10 minutes)

Demandez aux élèves d'ouvrir leur fichier à la page 109. Invitez-les à décrire ce qu'ils voient et faites le lien avec l'activité qu'ils viennent de réaliser. Énoncez ensuite la consigne et assurez-vous de sa bonne compréhension. Demandez aux enfants d'entourer la bonne forme avec l'index dans un premier temps, puis avec un crayon. Assurez-vous qu'ils choisissent la bonne couleur de la suite avant de leur demander de colorier la forme entourée.

## DIFFÉRENCIATION

**Soutien :** Recréez la dernière suite logique du fichier avec les élèves en difficulté en utilisant les gabarits de formes colorées (annexe 6-2) et assurez-vous qu'ils n'ont pas de difficultés à placer les formes dans le bon sens.
**Approfondissement :** Proposez aux élèves avancés de se fabriquer « un bracelet » : distribuez-leur une bande de papier de 3 × 10 cm. Commencez une suite logique au feutre sur chaque bande de papier et demandez-leur de la poursuivre en suivant la règle. Lorsque la bande est décorée en entier par l'élève, agrafez-la pour en faire un bracelet.

# Séance 105 - Révision 1
# Compléter une suite logique

**Notions abordées**

**Prérequis :** reconnaître, décrire et compléter une suite logique.
**Objectifs didactiques :** réinvestir les connaissances et les compétences acquises durant l'unité 6.
**Graphisme :** tracer des triangles en respectant un code couleur (3 couleurs).

**Matériel pédagogique**

**Matériel :** 2 jetons d'une couleur, 2 jetons d'une autre couleur et 1 jeu Bonhommes à connecter© pour la classe.
1 bande de papier de 5 × 30 cm, 10 gommettes, 10 perles de 2 couleurs différentes et du fil, 10 animaux de tri de 2 couleurs différentes par élève.
**Fichier :** page 110.

## DÉMARCHE PÉDAGOGIQUE

### 1 Je me remémore (en classe entière, 10 minutes)

Sur le tapis de regroupement, annoncez : « Vous savez maintenant reconnaître, décrire et compléter une suite logique. Nous allons continuer à jouer avec les suites logiques aujourd'hui ! » Disposez au sol une suite logique de jetons du type : violet – jaune – violet – jaune, puis interrogez la classe : « Comment faire pour savoir quels jetons peuvent continuer la suite ? » Quand les élèves donneront leur réponse, assurez-vous qu'ils expliquent comment ils savent que le jeton suivant sera violet. Concluez en disant : « Pour compléter une suite logique, je l'observe attentivement pour comprendre son fonctionnement et puis je répète son ordre toujours de la même manière. »

### 2 Je m'entraîne (par groupes de 6 à 8 élèves, 10 minutes)

Pour cette partie, vous avez le choix. Vous pouvez proposer aux élèves avancés :

- **de reprendre l'une des activités des parties « Différenciation » des séances de l'unité 6.** Parmi les activités les plus appropriées, nous vous conseillons de leur proposer de se fabriquer une coiffe d'indien. Distribuez-leur une bande de papier de 5 × 30 cm. Commencez une suite logique à l'aide de gommettes et demandez-leur de la poursuivre. Lorsque la bande est décorée, agrafez-la pour en faire une couronne.
- **de jouer à un des jeux suggérés dans la partie « Activités complémentaires ».** L'activité Bonhommes à connecter© est tout particulièrement conseillée. Les enfants ont une carte sur laquelle une suite logique est commencée. Les bonhommes utilisés sont placés au centre des joueurs : les enfants doivent alors trouver le bonhomme suivant et le placer dans la case prévue à cet effet.

Vous pouvez également utiliser ce temps comme remédiation sur des points précis avec les élèves en difficulté.

- **Si les difficultés proviennent de la reconnaissance de la règle qui régit une suite logique**, renforcez cette compétence en leur proposant de fabriquer un collier de perles. Commencez le collier avec une suite simple (A-B-A-B), placez le collier face à eux et faites-leur décrire la suite logique à voix haute. Insistez sur la verbalisation pour les aider à percevoir la suite logique et posez-leur des questions : « Comment sont les perles ? De quelles couleurs sont-elles ? Par quelles couleurs commences-tu ? Qu'est-ce qui vient ensuite ? »
- **Si les difficultés proviennent de la poursuite d'une suite logique,** proposez aux enfants de réaliser une ronde avec les animaux de tri. Commencez la ronde, par exemple : animal rouge – animal vert – animal rouge – animal vert, puis demandez aux enfants de vous décrire la suite et, parmi un ensemble d'animaux de tri, de choisir ceux dont ils auront besoin pour poursuivre la suite. Ils doivent alors, tour à tour, brandir l'animal de la bonne couleur à chaque fois pour poursuivre la suite.

### 3 Je révise (par groupes de 6 à 8 élèves, 10 minutes)

Demandez aux élèves d'ouvrir leur fichier à la page 110. Invitez-les à décrire ce qu'ils voient et faites le lien avec ce qu'ils ont appris durant l'unité 6. Énoncez ensuite la consigne et assurez-vous de sa bonne compréhension. Demandez aux enfants tout d'abord de décrire la suite, puis de prendre le crayon de la couleur nécessaire pour colorier la forme blanche et de le poser dessus. Après votre validation, ils peuvent colorier la forme.

# Séance 106 - Révision 2
# Prolonger une suite logique

**Notions abordées**

**Prérequis :** reconnaître, décrire et compléter une suite logique.
**Objectifs didactiques :** réinvestir les connaissances et les compétences acquises durant l'unité 6.
**Graphisme :** tracer un ensemble de carrés en respectant un code couleur donné (3 couleurs).

**Matériel pédagogique**

**Matériel :** 4 briques de construction de 2 couleurs et 2 tailles différentes et 1 jeu Abaques© pour la classe.
20 animaux de tri de formes, tailles et couleurs différentes et 10 bouchons de couleurs et de tailles différentes par élève.
**Annexe :** 1 ensemble de gabarits de formes (annexe 6-1) par élève.
**Fichier :** page 111.

## DÉMARCHE PÉDAGOGIQUE

### 1 Je me remémore (en classe entière, 10 minutes)

Sur le tapis de regroupement, annoncez : « Vous savez prolonger une suite logique. Continuons à nous amuser avec les suites logiques ! » Présentez aux élèves un ensemble de briques de construction de deux couleurs et de deux tailles différentes. Proposez une suite logique, par exemple : petite brique rouge – grande brique bleue – petite brique rouge – grande brique bleue. Demandez aux élèves de décrire la suite puis demandez-leur : « Comment savoir quelle brique mettre après ? » Insistez bien sur le fait qu'il y a deux critères : la taille et la couleur.

### 2 Je m'entraîne (par groupes de 6 à 8 élèves, 10 minutes)

Pour cette partie, vous avez le choix. Vous pouvez proposer aux élèves avancés :

- **de reprendre l'une des activités des parties « Différenciation » des séances de l'unité 6.** Parmi les activités les plus appropriées, vous pouvez placer devant les élèves une suite d'animaux de tri régie par deux critères (taille, forme ou couleur). Ils doivent alors déterminer la règle de la suite logique pour la poursuivre avec leurs animaux à leur bureau.
- **de jouer à un des jeux suggérés dans la partie « Activités complémentaires ».** L'activité Abaques© est tout particulièrement conseillée : préparez à l'avance une suite logique que l'enfant devra ensuite poursuivre en plaçant les bons éléments dans la bonne quantité.

Vous pouvez également utiliser ce temps comme remédiation sur des points précis avec les élèves en difficulté.

- **Si les difficultés proviennent de la poursuite de la suite logique**, renforcez cette compétence en leur proposant de poursuivre une suite logique réalisée à l'aide de bouchons de couleurs et de tailles différentes. Proposez-leur tout d'abord une suite avec un seul critère (par exemple, la couleur), puis introduisez ensuite un second critère (par exemple, la taille). Demandez-leur ensuite de tracer le contour des bouchons sur une feuille puis de les colorier comme le modèle.
- **Si les difficultés proviennent de la maîtrise du geste graphique,** proposez aux enfants des gabarits de formes (annexe 6-1). Donnez-leur une suite logique de départ qu'ils pourront poursuivre en traçant le contour de leurs gabarits.

### 3 Je révise (par groupes de 6 à 8 élèves, 10 minutes)

Demandez aux élèves d'ouvrir leur fichier à la page 111. Invitez-les à décrire ce qu'ils voient et faites le lien avec ce qu'ils ont appris durant l'unité 6. Énoncez ensuite la consigne et assurez-vous de sa bonne compréhension. Demandez aux élèves, dans un premier temps, de placer dans l'ordre les crayons dont ils vont avoir besoin pour poursuivre la suite. Questionnez-les ensuite : « Je vois que vous avez posé un crayon orange. Qu'allez-vous tracer avec ce crayon orange ? » Poursuivez ainsi pour le début de la suite puis laissez-les continuer seuls. Procédez de même avec les autres suites.

# ACTIVITÉS COMPLÉMENTAIRES
## Unité 6

| Nom | Compétences travaillées | Matériel | But du jeu | Règle du jeu |
|---|---|---|---|---|
| **Abaques©, GeoFun** | • Discrimination visuelle<br>• Logique | • 2 supports d'abaques,<br>• 36 perles (de 6 formes et 6 couleurs différentes),<br>• 10 cartes-modèles. | Poursuivre ou créer une suite logique. | **De 1 à 4 joueurs (10 min environ)**<br>Vous pouvez préparer une suite logique que le joueur doit alors poursuivre en plaçant les bons éléments dans la bonne quantité au bon endroit. |
| **Bonhommes à connecter©, Learning Resources** | • Discrimination visuelle<br>• Logique | • 96 bonhommes à trier et à connecter de 3 tailles et 4 couleurs différentes,<br>• 16 cartes recto-verso. | Poursuivre une suite logique donnée. | **De 1 à 6 joueurs (10 min environ)**<br>Les dessins des personnages sur les cartes ont la même taille que les bonhommes à connecter : les joueurs doivent donc positionner leurs bonhommes sur les modèles des cartes pour commencer la suite, puis trouver le bonhomme final pour la compléter. |
| **Pingouins à compter©, Learning Resources** | • Discrimination visuelle<br>• Logique | • 100 pingouins,<br>• 10 barrettes,<br>• 1 frise vierge à photocopier. | Poursuivre ou créer une suite logique. | **De 1 à 10 joueurs (10 min environ)**<br>Ce jeu peut à la fois être joué librement ou de façon guidée.<br>*De façon guidée :* l'enseignant prépare une suite logique à poursuivre en plaçant les bons pingouins dans la bonne quantité et la bonne couleur sur la barrette. Grâce à la frise vierge à photocopier, l'élève pourra garder une trace de son travail en coloriant les pingouins tels qu'il les a placés sur la barrette.<br>*De façon libre :* le joueur peut créer ses propres suites logiques et en garder une trace en coloriant la frise photocopiée. |

# Unité 7 : Les longueurs (16 séances)

## Objectifs d'apprentissage

- Comparer deux éléments de longueurs différentes en utilisant les termes « court » et « long ».
- Comparer deux éléments de tailles différentes en utilisant les termes « petit » et « grand ».
- Comparer des éléments de longueurs différentes en utilisant les expressions « le plus court » et « le plus long ».
- Comparer des éléments de tailles différentes en utilisant les expressions « le plus petit » et « le plus grand ».
- Classer plusieurs éléments par ordre de taille ou de longueur.

## Liens avec les programmes officiels de l'Éducation nationale

- Classer ou ranger des objets selon un critère de longueur.

Transversalité avec le domaine « Mobiliser le langage dans toutes ses dimensions »

- Communiquer avec les adultes et avec les autres enfants par le langage, en se faisant comprendre.
- S'exprimer dans un langage syntaxiquement correct et précis.

## Déroulé de l'unité

Cette dernière unité de l'année permet aux élèves de découvrir le domaine des grandeurs et mesures à l'aide de la grandeur qui leur est la plus familière : la longueur. L'unité est divisée en deux parties, l'une faisant travailler la notion de longueur à l'aide des termes « long » et « court », l'autre à l'aide des termes « grand » et « petit ». La progression est la même pour chaque partie : les élèves se familiarisent d'abord au vocabulaire en identifiant les éléments longs/grands et ceux courts/petits aux séances 107, 108, 113 et 114 ; puis ils comparent des longueurs deux à deux avec ce même vocabulaire aux séances 109, 110 et 115 à 118. Ils utilisent ensuite ce vocabulaire pour comparer trois longueurs ou plus aux séances 111, 112, 119 et 120. Enfin, les séances 121 et 122 invitent les élèves à réviser ce qu'ils ont appris tout au long de l'unité.

## Progression du graphisme

- **Tracer les chiffres de 1 à 6 :** Cette dernière unité de l'année est l'occasion pour les élèves de revoir l'écriture des chiffres de 1 à 6 et de continuer à s'exercer à compléter des suites logiques. Des conseils spécifiques au tracé des chiffres vous sont donnés dans l'introduction de l'unité 3 (page 63) pour les chiffres 1 et 2 et de l'unité 5 (page 95) pour les chiffres 3 et 4.
- **Tracé du 5 :** Le tracé du 5 peut poser problème aux élèves qui ont des difficultés à se rappeler du sens du tracé. Insistez donc beaucoup sur l'ordre des tracés : on commence par le trait vertical (le « dos »), puis on trace le demi-cercle (le « ventre »), à rapprocher du 3 (ou du 6). Rappelez que tous les chiffres qui ont un « ventre » ont leurs ventres tournés dans la même direction : pour mémoriser ce sens, on peut humaniser les chiffres en leur ajoutant des yeux en haut et ainsi montrer aux enfants que, comme eux, le « ventre » des chiffres se trouve devant.
- **Tracé du 6 :** Le tracé du 6 est à rapprocher du tracé de la lettre C. Ainsi, on peut découper les gestes pour tracer le chiffre 6 avec les élèves et leur dire de tracer un C, puis de le refermer pour faire un petit ventre.
- **Colorier pour compléter des motifs de couleur :** Aux séances de révisions, l'exercice de graphisme consiste à compléter des motifs de deux couleurs alternées : il faut ici repérer les trois choix de couleurs utilisées et continuer le coloriage de façon à poursuivre la suite logique.

# Séance 107 - Comparer des longueurs en utilisant les mots « court » et « long » (1)

**Notions abordées**

**Prérequis :** trouver des ressemblances et des différences entre plusieurs objets.
**Objectifs didactiques :** utiliser les termes « court » et « long » pour comparer des longueurs.
**Graphisme :** tracer le chiffre 2.

**Matériel pédagogique**

**Matériel :** 2 feuilles d'arbre de longueurs différentes pour la classe. 1 sac de 10 bâtonnets de longueurs différentes par groupe d'élèves. 2 bandes de papier de longueurs différentes par élève.
**Fichier :** page 112.

## DÉMARCHE PÉDAGOGIQUE

### 1 Je découvre (en classe entière, 10 minutes)

Sur le tapis de regroupement, annoncez : « Vous savez maintenant reconnaître, poursuivre et créer une suite logique. Nous allons commencer un nouveau chapitre aujourd'hui : nous allons apprendre à comparer des longueurs. » Présentez aux enfants **deux feuilles d'arbre** et faites-les décrire par les élèves. Amenez-les à employer les mots « court » et « long ». Définissez ces termes s'ils ne sont pas connus de la classe. Placez ensuite les deux feuilles côte à côte, leur base alignée sur une ligne horizontale imaginaire de façon à ce que leur différence de taille soit bien visible, puis dites : « Voici deux feuilles d'arbre. » Montrez la plus grande du doigt : « Celle-ci est plus longue car elle dépasse l'autre. » Montrez la plus petite : « Celle-là est plus courte car elle est dépassée par la première. » Insistez bien sur l'importance d'aligner les deux feuilles en bas afin de pouvoir comparer leur longueur, mais faites remarquer que cette manipulation n'est pas toujours nécessaire : « Parfois, il suffit d'observer pour comparer des longueurs. » Concluez et annoncez l'objectif de la séance : « Aujourd'hui, nous allons identifier des objets courts et des objets longs et apprendre à comparer deux longueurs. »

### 2 Je manipule (par groupes de 6 à 8 élèves, 10 minutes)

Emmenez les enfants dans la cour de récréation et demandez-leur de vous apporter chacun trois feuilles. Invitez-les d'abord, sans passer par la comparaison, à identifier les feuilles qui leur semblent courtes et celles qui leur semblent longues. Amenez-les ensuite à effectuer des comparaisons. Guidez-les si nécessaire : « Ta feuille est-elle plus longue ou plus courte que celle de Maxime ? Comment peux-tu le savoir ? »

### 3 Je représente (par groupes de 6 à 8 élèves, 10 minutes)

Demandez aux élèves d'ouvrir leur fichier à la **page 112**. Invitez-les à décrire ce qu'ils voient et faites le lien avec l'activité précédente. Commencez tout d'abord par faire identifier aux élèves les éléments de l'illustration qui leur semblent courts ou longs. Posez-leur ensuite des questions afin de les encourager à comparer deux à deux les différentes feuilles et plantes de l'image. Assurez-vous que les élèves utilisent bien les termes « court » et « long ».

## DIFFÉRENCIATION

**Soutien :** Utilisez des **bandes de papier de longueurs différentes** pour aider les élèves en difficulté à visualiser ce qui peut être qualifié de « court » et ce qui peut être qualifié de « long ». Placez deux bandes (une longue et une courte) l'une sur l'autre et demandez : « Quelle bande a une partie qui déborde au-dessus de l'autre ? »
**Approfondissement :** Formez des binômes d'élèves avancés et distribuez-leur un **sac rempli de bâtonnets de longueurs différentes**. Chacun leur tour, les élèves doivent prendre un bâtonnet au hasard puis le poser sur une table. Celui qui a le bâtonnet le plus long remporte les deux bâtonnets. À la fin de la partie, les enfants comparent leur collection de bâtonnets pour déterminer qui en a le plus.

# Séance 108 - Comparer des longueurs en utilisant les mots « court » et « long » (2)

**Notions abordées**

**Prérequis :** savoir identifier des objets courts et des objets longs.
**Objectifs didactiques :** identifier des différences de longueurs et comparer des longueurs.
**Graphisme :** tracer le chiffre 3.

**Matériel pédagogique**

**Matériel :** 2 crayons de longueurs différentes pour la classe. 2 tapis de motricité de 2 couleurs différentes et 1 sac rempli d'objets courts et longs (petites voitures, petits trains, chaussettes, bâtons, rubans...) par groupe d'élèves.
**Fichier :** page 113.

## DÉMARCHE PÉDAGOGIQUE

### 1 Je découvre (en classe entière, 5 minutes)

Sur le tapis de regroupement, revenez sur les acquis et interrogez les élèves : « Qu'avons-nous appris la dernière fois ? Nous avons appris à comparer des feuilles et à dire laquelle est "longue" et laquelle est "courte". » Revenez sur les notions de « court » et « long » pour vous assurer que les élèves les ont bien comprises. Présentez aux enfants **deux crayons de longueurs différentes** et demandez : « Comment savoir lequel est plus long que l'autre ? » Profitez de ce moment pour rappeler la méthodologie : « Vous devez placer les objets côte à côte, en vous assurant qu'ils soient bien alignés en bas, puis regarder lequel dépasse l'autre. Le plus long est celui qui dépasse ; le plus court est celui qui est dépassé. Cependant, il n'est pas parfois nécessaire d'aligner les objets : on peut voir directement quel objet est plus court que l'autre. Aujourd'hui, nous allons continuer à identifier des objets courts et des objets longs et à comparer des longueurs. »

### 2 Je manipule (par groupes de 6 à 8 élèves, 15 minutes)

Placez **deux tapis de motricité de couleurs différentes** au sol. Annoncez : « Sur le tapis de cette couleur, vous placerez les objets longs ; sur le tapis de cette autre couleur, vous placerez les objets courts. » Montrez l'exemple en prenant un objet long : « Cet objet est long, je le pose donc sur le tapis des objets longs. » Prenez ensuite un objet plus court et dites : « Cet objet est court, je le pose donc sur le tapis des objets courts. » Les élèves vont ensuite piocher dans le **sac** pour chercher des objets à placer sur le bon tapis. Une fois l'exercice terminé, faites comparer des objets deux à deux au sein d'un même tapis : « Lequel des deux est le plus long parmi ces deux objets ? Lequel des deux est le plus court ? »

### 3 Je représente (par groupes de 6 à 8 élèves, 10 minutes)

Demandez aux élèves d'ouvrir leur fichier à la **page 113**. Invitez-les à décrire ce qu'ils voient et faites le lien avec l'activité précédente. Énoncez ensuite la consigne et assurez-vous de sa bonne compréhension. Demandez aux enfants de pointer du doigt les éléments longs présents sur la page. Procédez de même avec les éléments courts. Proposez ensuite aux élèves de comparer des longueurs deux à deux, par exemple les deux serpents, les deux lianes, les deux renards, les deux branches de feuilles…

## DIFFÉRENCIATION

**Soutien :** Repassez par une phase de tri pour guider les élèves en difficulté dans leurs repérages. Donnez-leur un **sac d'objets** à trier afin qu'ils se créent eux-mêmes une image mentale ce qui est « long » et ce qui est « court ».
**Approfondissement :** Demandez aux élèves avancés d'entourer sur leur fichier les objets longs en bleu et les objets courts en rouge.

# Séance 109 - Comparer deux éléments de différentes longueurs (1)

**Notions abordées**

**Prérequis :** savoir identifier des objets courts et des objets longs.
**Objectifs didactiques :** comparer 2 éléments de différentes longueurs en utilisant les termes « plus court que » et « plus long que ».
**Graphisme :** tracer le chiffre 4.

**Matériel pédagogique**

**Matériel :** 1 barquette contenant 2 morceaux de ficelle, 2 pailles et 2 crayons de longueurs différentes par élève.
**Fichier :** page 114.

## DÉMARCHE PÉDAGOGIQUE

### 1 Je découvre (en classe entière, 5 minutes)

Sur le tapis de regroupement, revenez sur les acquis et interrogez les élèves : « Qu'avons-nous appris la dernière fois ? Nous avons appris identifier des objets courts et longs et comparer quelques longueurs. » Revenez sur les notions de « court » et « long » pour vous assurer qu'elles soient bien claires dans l'esprit des élèves. Présentez aux enfants **deux morceaux de ficelle de longueurs différentes** et demandez : « Comment savoir quel morceau est plus long que l'autre ? » Profitez de ce moment pour rappeler la méthodologie pour trouver la bonne réponse : « Il faut placer les ficelles côte à côte, en s'assurant qu'elles soient bien alignées en bas, et regarder laquelle dépasse l'autre. La plus longue est celle qui dépasse, la plus courte est celle qui est dépassée. » Annoncez l'objectif du jour : « Aujourd'hui, nous allons comparer des éléments de différentes longueurs pour savoir lequel est le plus long et lequel est le plus court. »

### 2 Je manipule (par groupes de 6 à 8 élèves, 10 minutes)

Distribuez à chaque élève une **barquette contenant deux morceaux de ficelle, deux pailles et deux crayons de longueurs différentes**. Encouragez-les à comparer les objets similaires dans leurs barquettes : faites-leur choisir deux objets de même nature (par exemple deux morceaux de ficelle) et demandez : « Lequel est le plus long ? Lequel est le plus court ? » Une fois que chacun a trouvé la réponse, les élèves peuvent poursuivre l'exercice avec d'autres objets en binômes. Assurez-vous qu'ils verbalisent leurs actions en utilisant les expressions « plus long que » et « plus court que » : « Ma paille est plus longue que la tienne. », « Mon morceau de ficelle est plus court que le tien. », etc.

### 3 Je représente (par groupes de 6 à 8 élèves, 15 minutes)

Demandez aux élèves d'ouvrir leur fichier à la **page 114**. Invitez-les à décrire ce qu'ils voient et faites le lien avec l'activité précédente. Énoncez ensuite la consigne et assurez-vous de sa bonne compréhension. Laissez les enfants s'exprimer librement sur l'image, décrire ce qu'ils y repèrent et surtout s'ils remarquent déjà des éléments particulièrement courts ou longs. Posez-leur des questions plus précises, si vous voyez qu'ils ne comparent pas les éléments d'eux-mêmes : « Comment sont les queues des singes ? La queue du singe orange est plus longue que celle du singe violet. Que pouvez-vous dire sur les petits trains ? Le petit train bleu est plus court que le jaune. Regardez les échelles : laquelle est la plus longue ? », etc.

## DIFFÉRENCIATION

**Soutien :** Proposez aux élèves en difficulté de garder des **morceaux de ficelle** comme gabarits pour les aider à comparer les longueurs des dessins sur le fichier, puis interrogez-les : « Ce morceau de ficelle a la même longueur que le train bleu, celui-ci a la même longueur que le train jaune. Pouvez-vous me dire quel train est la plus long ? »
**Approfondissement :** Proposez aux élèves avancés d'entourer en violet les objets les plus longs et en vert les objets les plus courts sur leur fichier.

# Séance 110 - Comparer deux éléments de différentes longueurs (2)

**Notions abordées**

**Prérequis :** savoir identifier des objets courts et des objets longs.
**Objectifs didactiques :** comparer 2 éléments de différentes longueurs en utilisant les termes « plus court que » et « plus long que ».
**Graphisme :** tracer le chiffre 5.

**Matériel pédagogique**

**Matériel :** 2 spaghettis crus de longueurs différentes pour la classe. 1 boîte à trésors remplie d'objets de longueurs différentes (petites voitures, petits trains, chaussettes, bâtons, rubans…) par groupe d'élèves. 1 morceau de ficelle par élève.
**Fichier :** page 115.

## DÉMARCHE PÉDAGOGIQUE

### 1 Je découvre (en classe entière, 10 minutes)

Sur le tapis de regroupement, revenez sur les acquis et interrogez les élèves : « Qu'avons-nous fait la dernière fois ? Nous avons comparé deux objets pour savoir lequel était plus long ou plus court que l'autre. » Présentez aux enfants **deux spaghettis crus de longueurs différentes** et dites : « Comment savoir lequel est plus long que l'autre ? » Insistez bien sur le fait que pour pouvoir comparer la longueur de deux objets dont l'un n'est pas nettement plus court que l'autre, il faut qu'ils soient alignés sur la même base. Annoncez l'objectif du jour : « Aujourd'hui, nous allons continuer à comparer des éléments de différentes longueurs pour savoir lequel est le plus long et lequel est le plus court. »

### 2 Je manipule (par groupes de 6 à 8 élèves, 10 minutes)

Apportez une **boîte à trésors** dans laquelle vous aurez placé **plusieurs objets de longueurs toutes différentes**. Faites piocher à chaque enfant deux objets de même type dans la boîte, puis demandez-leur de comparer leur longueur. S'ils ne le font pas d'eux-mêmes, rappelez-leur la méthodologie pour trouver la bonne réponse. Demandez-leur enfin d'énoncer à voix haute leur réponse pour chaque comparaison : « La voiture bleue est plus longue que la voiture rouge. » ou « Le ruban vert est plus court que le ruban jaune. », par exemple. Si besoin, vous pouvez leur proposer de s'aider d'un **morceau de ficelle** qui leur servira de repère de mesure. S'il reste du temps, les élèves peuvent également comparer les objets de la boîte qu'ils ont piochés en binômes.

### 3 Je représente (par groupes de 6 à 8 élèves, 10 minutes)

Demandez aux élèves d'ouvrir leur fichier à la **page 115**. Invitez-les à décrire ce qu'ils voient et faites le lien avec l'activité précédente. Énoncez ensuite la consigne et assurez-vous de sa bonne compréhension. Rappelez aux élèves la méthode pour comparer la différence de longueur entre deux objets : « Si les objets ont une de leurs extrémités alignées, vous pouvez repérer celui qui est le plus grand car c'est celui qui dépasse l'autre. » Rappelez qu'il n'est pas toujours nécessaire de procéder ainsi : pour les rubans par exemple, on voit nettement que le bleu est plus court que le rouge. Pour chaque comparaison, demandez d'abord aux enfants de pointer du doigt l'objet le plus long, puis de cocher sa case avec l'index puis enfin au crayon.

## DIFFÉRENCIATION

**Soutien :** Tracez des traits horizontaux sur les fichiers des élèves en difficulté pour délimiter les paires d'objets : un à la base (pour montrer d'où l'on part) et un autre à l'extrémité de chaque objet. Faites colorier l'espace vide entre le trait du plus grand objet et l'extrémité du plus petit pour les aider à prendre conscience de la différence de longueur sur les images.
**Approfondissement :** Redonnez aux élèves avancés la **boîte à trésors** et demandez-leur de comparer non pas deux mais trois objets de longueurs différentes, en prévision de la séance suivante.

# Séance 111 - Comparer plusieurs éléments de différentes longueurs (1)

**Notions abordées**

**Prérequis :** comparer 2 objets de différentes longueurs.
**Objectifs didactiques :** comparer 3 objets de différentes longueurs.
**Graphisme :** tracer le chiffre 6.

**Matériel pédagogique**

**Matériel :** 3 pailles de longueurs différentes pour la classe. 1 sac rempli de trios d'objets de la vie quotidienne de longueurs différentes (3 brosses à dents, 3 serviettes, 3 barrettes, 3 peignes, 3 bracelets, 3 cuillères...), 4 poupées gigognes, 1 jeu d'escalier marron et barres rouges Montessori par groupe d'élèves. 15 cubes par élève.
**Fichier :** page 116.

## DÉMARCHE PÉDAGOGIQUE

### 1 Je découvre (en classe entière, 5 minutes)

Sur le tapis de regroupement, revenez sur les acquis et interrogez les élèves : « Qu'avons-nous fait la dernière fois ? Nous avons continué à comparer deux objets de longueurs différentes. » Montrez aux enfants **trois pailles de longueurs différentes** et dites : « Je voudrais comparer ces trois pailles pour savoir laquelle est la plus longue et laquelle est la plus courte... Comment puis-je faire ? » Placez les pailles sur une table, perpendiculairement à cette dernière afin que les élèves voient que vous mettez toutes les pailles au même niveau : « Je mets mes trois pailles au même niveau pour regarder quelle paille dépasse des autres. Celle-ci est la plus longue. Il me reste donc deux pailles. Je regarde à nouveau laquelle dépasse l'autre. C'est la deuxième plus longue : la dernière paille est donc la plus courte. Aujourd'hui, nous allons apprendre à comparer plusieurs éléments de différentes longueurs. »

### 2 Je manipule (par groupes de 6 à 8 élèves, 15 minutes)

Présentez aux enfants un **sac rempli de trios d'objets de la vie quotidienne**. Laissez-les découvrir dans un premier temps l'ensemble des objets : demandez-leur de les nommer, de vous dire à quel endroit on peut les trouver, à quoi ils servent... Faites ensuite choisir à chaque élève trois objets de même catégorie (par exemple trois brosses à dents), puis demandez-leur de les classer du plus court au plus long. Rappelez-leur que pour réussir cette activité, ils doivent aligner les objets sur une même ligne imaginaire. Demandez-leur de conclure à voix haute : « La brosse à dents rouge est la plus longue. La brosse à dents verte est la plus courte. » Répétez cet exercice autant de fois que le temps vous le permet.

### 3 Je représente (par groupes de 6 à 8 élèves, 10 minutes)

Demandez aux élèves d'ouvrir leur fichier à la **page 116**. Invitez-les à décrire ce qu'ils voient et faites le lien avec l'activité précédente. Énoncez ensuite la consigne et assurez-vous de sa bonne compréhension. Laissez les élèves s'exprimer librement puis posez-leur des questions plus précises si vous voyez qu'ils ne comparent pas les objets d'eux-mêmes : « Quelle serviette est la plus longue ? Laquelle est la plus courte ? Quelle bouteille est la plus longue ? Laquelle est la plus courte ? » etc.

## DIFFÉRENCIATION

**Soutien :** Donnez des **poupées gigognes** aux élèves qui ont des difficultés à comparer plus de deux longueurs. Verbalisez ce qu'ils font, les stratégies qu'ils mettent en place. Placez les poupées dans l'ordre croissant et faites descendre leur index de la tête de la plus grande poupée jusqu'à la tête de la plus petite pour qu'ils prennent conscience de l'effet « escalier ». Si vous disposez de l'**escalier marron** ou des **barres rouges de la pédagogie Montessori**, ce sont également d'excellents outils pour travailler cette compétence.
**Approfondissement :** Proposez aux élèves avancés fabriquer des tours de **cubes** de longueurs différentes puis de les classer de la plus courte à la plus longue.

# Séance 112 - Comparer plusieurs éléments de différentes longueurs (2)

**Notions abordées**

**Prérequis :** comparer 2 objets de différentes longueurs.
**Objectifs didactiques :** comparer 3 objets ou plus de différentes longueurs.
**Graphisme :** tracer le chiffre 1.

**Matériel pédagogique**

**Matériel :** 3 écharpes de longueurs différentes et 6 bouts de ficelle de longueurs différentes par groupe d'élèves.
1 photocopie en A3 de la page 117 et 5 vêtements de poupées par élève.
**Fichier :** page 117.

## DÉMARCHE PÉDAGOGIQUE

### 1 Je découvre (en classe entière, 10 minutes)

Sur le tapis de regroupement, revenez sur les acquis et interrogez les élèves : « Qu'avons-nous appris la dernière fois ? Nous avons appris à comparer trois objets pour savoir lequel était le plus long et lequel était le plus court. » Revenez sur la méthodologie de comparaison. Présentez trois écharpes de longueurs différentes et dites : « Je voudrais placer les écharpes de la plus grande à la plus petite. Comment vais-je faire ? » Laissez les élèves verbaliser leurs procédures. Une fois les écharpes rangées dans l'ordre croissant, demandez : « Laquelle est la plus grande ? Comment le sait-on ? Laquelle est la plus petite ? Comment le sait-on ? Aujourd'hui, nous allons comparer trois objets ou plus de différentes longueurs pour trouver lequel est le plus long et lequel est le plus court. »

### 2 Je manipule (par groupes de 6 à 8 élèves, 10 minutes)

Placez un ensemble de trois bouts de ficelle de longueurs différentes au centre du groupe d'élèves. Demandez aux enfants de trouver la ficelle la plus longue, puis la ficelle la plus courte. Assurez-vous que la méthodologie de comparaison est bien assimilée par les élèves et n'hésitez pas à la rappeler : ils doivent bien penser à aligner les objets sur une même ligne imaginaire pour pouvoir en comparer la longueur. Si vous voyez que la notion est bien assimilée et que les élèves parviennent à trouver les bonnes réponses, vous pouvez complexifier l'exercice avec quatre, puis six bouts de ficelle.

### 3 Je représente (par groupes de 6 à 8 élèves, 10 minutes)

Demandez aux élèves d'ouvrir leur fichier à la page 117. Invitez-les à décrire ce qu'ils voient et faites le lien avec l'activité précédente. Énoncez ensuite la consigne et assurez-vous de sa bonne compréhension. Demandez aux enfants, dans un premier temps, de tracer un trait de crayon bleu sur le vêtement le plus long. Après validation, ils peuvent le colorier dans la bonne couleur. Dans un second temps, demandez-leur de tracer un trait de crayon vert sur le bac à fleurs le plus court. Après validation, les enfants peuvent colorier le bac à fleurs dans la bonne couleur.

## DIFFÉRENCIATION

**Soutien :** Distribuez une photocopie en A3 de la page 117 et découpez d'une part les vêtements et de l'autre les bacs à fleurs pour que les élèves en difficulté puissent manipuler ces éléments avant de retourner à leur fichier.
**Approfondissement :** Proposez aux élèves avancés d'étendre sur un fil imaginaire un ensemble de cinq vêtements de poupées. Ils doivent les disposer du plus court au plus long.

# Séance 113 - Comparer des longueurs en utilisant les mots « petit » et « grand » (1)

**Notions abordées**

**Prérequis :** comparer 2 objets en utilisant les mots « court » et « long ».
**Objectifs didactiques :** utiliser les termes « petit » et « grand » pour comparer des longueurs.
**Graphisme :** tracer le chiffre 2.

**Matériel pédagogique**

**Matériel :** 4 poupées gigognes et 1 jeu d'escalier marron de la pédagogie Montessori par groupe d'élèves. 3 paires et 2 trios d'animaux de tri de longueurs différentes et 2 morceaux de ficelle de longueurs différentes par élève.
**Fichier :** page 118.

## DÉMARCHE PÉDAGOGIQUE

### 1 Je découvre (en classe entière, 10 minutes)

Sur le tapis de regroupement, revenez sur les acquis et interrogez les élèves : « Qu'avons-nous fait la dernière fois ? Nous avons comparé trois objets pour savoir lequel était le plus long et lequel était le plus court. » Revenez sur la méthodologie de comparaison. Demandez à trois élèves de venir au tableau. Demandez au reste de la classe de décrire les élèves en utilisant les mots « petit » ou « grand ». Définissez ces termes si nécessaire. Dites ensuite : « Je voudrais savoir qui est le plus grand et qui est le plus petit. Comment vais-je pouvoir faire ? » Laissez les élèves verbaliser leurs procédures puis demandez : « Qui est le plus grand ? Comment le savez-vous ? Qui est le plus petit ? Comment le savez-vous ? Aujourd'hui, nous allons identifier ce qui est grand et ce qui est petit et apprendre à comparer deux éléments en utilisant ces mots. »

### 2 Je manipule (par groupes de 6 à 8 élèves, 10 minutes)

Distribuez à chaque élève un ensemble d'**animaux de tri** : trois paires et deux trios, tous de longueurs différentes. Invitez-les d'abord, sans passer par la comparaison, à identifier les animaux qui leur semblent petits et ceux qui leur semblent grands. Demandez-leur ensuite de placer une première paire en ligne : « Lequel est le plus grand ? Lequel est le plus petit ? » Pour cette première approche, accompagnez-les en plaçant leurs mains sur les animaux et montrez-leur que si leur main est plus proche de la table lorsqu'ils touchent les animaux, cela signifie qu'ils ont trouvé l'animal le plus petit. Inversement, si leur main est éloignée de la table, c'est qu'ils ont trouvé l'animal le plus grand. Insistez également sur le fait que les animaux doivent être posés et non couchés sur la table : ils sont ainsi tous au même niveau grâce à la table. Reproduisez la même activité, cette fois-ci avec un trio d'animaux. Réitérez ensuite cet exercice autant de fois que le temps vous le permet avec les autres groupes d'animaux, mais sans guider les élèves ; vous corrigerez uniquement si besoin.

### 3 Je représente (par groupes de 6 à 8 élèves, 10 minutes)

Demandez aux élèves d'ouvrir leur fichier à la **page 118**. Invitez-les à décrire ce qu'ils voient et faites le lien avec l'activité précédente. Laissez les élèves s'exprimer librement, dans un premier temps, puis guidez-les en leur posant des questions plus précises : « Regardez les girafes. Montrez-moi la plus grande. Montrez-moi la plus petite. », etc. Procédez de même pour les différents éléments de l'image. Attirez tout spécialement l'attention des enfants sur les ours : « Les deux ours ont l'air d'être de la même taille, mais il y en a un qui est sur un rocher, ils ne sont donc pas au même niveau ! »

## DIFFÉRENCIATION

**Soutien :** Proposez aux élèves en difficulté de s'aider de **deux morceaux de ficelle de longueurs différentes** pour leur permettre de comparer les tailles sur le fichier : « Ce morceau de ficelle a la même taille que cette girafe, celui-ci a la même taille que l'autre girafe. Quelle girafe est la plus grande ? » Reprenez les activités de manipulation avec les **poupées gigognes** ou bien l'**escalier marron de la pédagogie Montessori** pour les élèves qui ont le plus de difficultés.
**Approfondissement :** Demandez aux élèves avancés d'entourer au crayon sur leur fichier, pour chaque série, l'élément le plus grand.

# Séance 114 - Comparer des longueurs en utilisant les mots « petit » et « grand » (2)

**Notions abordées**

**Prérequis :** savoir identifier ce qui est petit et ce qui est grand.
**Objectifs didactiques :** comparer 2 objets en utilisant les mots « petit » et « grand ».
**Graphisme :** tracer le chiffre 3.

**Matériel pédagogique**

**Matériel :** au choix : album de *Boucle d'Or et les Trois Ours* et/ou matériel pour montrer des vidéos et au moins 2 poupées de longueurs différentes par groupe d'élèves. 10 cubes et 1 feuille par élève.
**Fichier :** page 119.

## DÉMARCHE PÉDAGOGIQUE

### 1 Je découvre (en classe entière, 15 minutes)

Sur le tapis de regroupement, revenez sur les acquis et interrogez les élèves : « Qu'avons-nous appris la dernière fois ? Nous avons appris à comparer des objets et à chercher ce qui était grand et ce qui était petit. » Commencez la séance en racontant l'histoire de *Boucle d'Or et les Trois Ours* : « Papa Ours, Maman Ours et Petit Ours sont partis se promener quand Boucle d'Or, qui est perdue dans les bois, découvre leur maison. Elle la visite et utilise leurs objets : les chaises des parents Ours sont trop grandes mais celle de petit Ours est trop petite ; il se passe la même chose avec leurs bols, leurs lits. » Si vous avez un album illustrant l'histoire, vous pouvez le montrer ; il existe aussi sur Internet des vidéos libres de droits racontant cette histoire centrée sur des objets de différentes tailles. À la fin de l'histoire, demandez aux élèves de vous dire ce qu'ils en ont pensé. Annoncez enfin l'objectif du jour : « Aujourd'hui, nous allons continuer à identifier ce qui est petit ou grand et à utiliser ces mots pour comparer des tailles. »

### 2 Je manipule (par groupes de 6 à 8 élèves, 10 minutes)

Revenez sur l'histoire lue précédemment. Si vous possédez le livre, montrez-en des images pour pousser les élèves à la comparaison de longueurs ; sinon, faites des arrêts sur images en reprenant une vidéo de la petite histoire. Sélectionnez les scènes où l'on voit les trois chaises, les trois ours, les trois lits, les trois bols. Demandez ensuite à chacun des enfants du groupe de vous décrire les scènes en utilisant toujours les mots « petit » et « grand ». Demandez ensuite aux élèves de procéder à quelques comparaisons en employant les termes « petit » ou « grand ».

### 3 Je représente (par groupes de 6 à 8 élèves, 5 minutes)

Demandez aux élèves d'ouvrir leur fichier à la page 119. Invitez-les à décrire ce qu'ils voient et faites le lien avec l'activité précédente. Énoncez ensuite la consigne et assurez-vous de sa bonne compréhension. Demandez aux élèves de décrire ce qu'ils voient dans un premier temps, puis de pointer du doigt ce qui est grand. Vous pouvez ensuite leur demander d'entourer ce qui est grand sur leur fichier.

## DIFFÉRENCIATION

**Soutien :** Repassez par une phase de manipulation avec les élèves en difficulté. Demandez-leur de fabriquer une petite tour avec des cubes, puis une grande tour ; demandez-leur de trouver dans la classe une petite poupée puis une grande poupée. Revenez ensuite vers l'image du fichier pour continuer sur cette même dynamique de comparaison.
**Approfondissement :** Proposez aux élèves avancés de dessiner sur une feuille à part une petite maison et une grande maison, un petit bonhomme et un grand bonhomme, un petit arbre et un grand arbre, etc.

# Séance 115 - Comparer des longueurs en utilisant les mots « plus petit que » et « plus grand que » (1)

**Notions abordées**

**Prérequis :** comprendre le sens des mots « petit » et « grand ».
**Objectifs didactiques :** comparer 2 tailles en utilisant les mots « plus petit que » et « plus grand que ».
**Graphisme :** tracer le chiffre 4.

**Matériel pédagogique**

**Matériel :** 1 photo d'un cirque traditionnel et 1 photo du cirque d'Alexander Calder pour la classe. 1 ensemble de 8 chapeaux de longueurs et de formes différentes par groupe d'élèves. 1 catalogue et 2 feuilles par élève.
**Fichier :** page 120.

## DÉMARCHE PÉDAGOGIQUE

### 1 Je découvre (en classe entière, 15 minutes)

Sur le tapis de regroupement, revenez sur les acquis et interrogez les élèves : « Qu'avons-nous appris la dernière fois ? Nous avons appris à comparer des dessins et à trouver ce qui représente un grand objet et ce qui représente un petit objet. » Présentez aux élèves deux images : la photo d'un cirque traditionnel et la photo du cirque d'Alexander Calder. Si vous en avez la possibilité, montrez aux enfants le documentaire présentant cette œuvre afin qu'ils réalisent mieux de quoi il s'agit. Assurez-vous que les élèves ont bien compris que l'œuvre de Calder est un cirque miniature, une maquette en modèle réduit. Laissez-les parler librement de ce qu'ils voient puis encouragez-les à comparer les différents éléments que les deux images ont en commun. Annoncez l'objectif du jour : « Aujourd'hui, nous allons apprendre à comparer deux éléments en utilisant les termes "plus grand que" et "plus petit que". »

### 2 Je manipule (par groupes de 6 à 8 élèves, 10 minutes)

Placez au centre du groupe d'élèves un ensemble de huit chapeaux de formes et de tailles différentes. Laissez les élèves découvrir le matériel et essayer les chapeaux, puis interrogez-les et poussez-les à comparer leurs chapeaux deux par deux : « Comment est ton chapeau ? As-tu un grand chapeau ? As-tu un petit chapeau ? Comment est le chapeau de Léo ? Qui a le plus grand chapeau ? Qui a le plus petit chapeau ? » Comparez également la taille des enfants, sans puis avec un chapeau. Assurez-vous que les enfants verbalisent correctement leurs observations : « Louna est plus grande qu'Inès. Inès est plus grande que Louna quand elle met un grand chapeau. »

### 3 Je représente (par groupes de 6 à 8 élèves, 5 minutes)

Demandez aux élèves d'ouvrir leur fichier à la page 120. Invitez-les à décrire ce qu'ils voient et faites le lien avec l'activité précédente. Énoncez ensuite la consigne et assurez-vous de sa bonne compréhension. Demandez-leur dans un premier temps de décrire ce qu'ils voient sur l'image puis, dans un second temps, de comparer deux à deux les ours, les blocs de couleurs, les différents chapeaux des clowns, les clowns.

## DIFFÉRENCIATION

**Soutien :** Repassez par une phase de manipulation avec les élèves en difficulté. Prenez des objets dans la classe et faites-les comparer leurs longueurs. Emmenez-les dans la cour et montrez-leur deux arbres et demandez quelle différence de taille ils observent. Faites de même avec deux fleurs. Insistez sur la verbalisation tout au long de ces expériences : « Le sapin est plus grand que le marronnier. La fleur rouge est plus petite que la fleur blanche. »
**Approfondissement :** Demandez aux élèves avancés de découper dans des catalogues des grands objets et des petits objets. Distribuez-leur une feuille où coller les grands objets et une feuille où coller les petits objets.

# Séance 116 - Comparer des longueurs en utilisant les mots « plus petit que » et « plus grand que » (2)

**Notions abordées**

**Prérequis :** comprendre le sens des mots « petit » et « grand ».
**Objectifs didactiques :** comparer 2 tailles en utilisant les mots « plus petit que » et « plus grand que ».
**Graphisme :** tracer le chiffre 5.

**Matériel pédagogique**

**Matériel :** 1 barquette contenant 6 figurines d'animaux (dont 1 chien, 1 girafe et 1 vache) et 2 bandes de papier de longueurs différentes par élève.
**Fichier :** page 121.

## DÉMARCHE PÉDAGOGIQUE

### 1 Je découvre (en classe entière, 10 minutes)

Sur le tapis de regroupement, revenez sur les acquis et interrogez les élèves : « Qu'avons-nous fait la dernière fois ? Nous avons comparé des objets deux par deux et trouvé lequel est le plus grand et lequel est le plus petit. » Montrez aux enfants une figurine de girafe et une figurine de chien (les deux figurines doivent présenter une différence de taille flagrante) puis dites : « Je pose les deux figurines sur la table pour qu'elles soient au même niveau et je regarde laquelle dépasse l'autre. De quelle figurine s'agit-il ? C'est la girafe. La girafe est donc plus grande que le chien. » Écartez un instant la figurine de girafe puis comparez le chien avec une figurine de vache : « Je pose les deux figurines sur la table pour qu'elles soient au même niveau et je regarde laquelle dépasse l'autre. La vache est donc plus grande que le chien. Je regarde maintenant quelle figurine est la plus grande entre la girafe et la vache. Je constate que la girafe est plus grande que la vache. » Annoncez l'objectif du jour : « Aujourd'hui, nous allons continuer à comparer des éléments en utilisant les termes "plus grand que" et "plus petit que". »

### 2 Je manipule (par groupes de 6 à 8 élèves, 10 minutes)

Distribuez à chaque élève une barquette contenant six figurines d'animaux, puis formez des binômes. Chaque élève doit alors choisir un animal et le comparer avec celui de son binôme. Assurez-vous que les élèves placent bien les figurines à plat sur leurs bureaux et verbalisent leurs comparaisons : « Mon chien est plus grand que le chat de Thomas. Le chat de Thomas est plus petit que mon chien. » Vous pouvez rendre l'activité plus ludique en la présentant comme une « bataille » : le premier élève qui détermine quelle est la figurine la plus grande (ou la plus petite, en fonction de la consigne que vous aurez énoncée) remporte les deux figurines. L'élève qui obtient le plus grand nombre de figurines remporte la partie. Si un élève remporte plus de six figurines et ne parvient pas les dénombrer, venez-lui en aide.

### 3 Je représente (par groupes de 6 à 8 élèves, 10 minutes)

Demandez aux élèves d'ouvrir leur fichier à la page 121. Invitez-les à décrire ce qu'ils voient et faites le lien avec l'activité précédente. Énoncez ensuite la consigne et assurez-vous de sa bonne compréhension. Demandez aux élèves de pointer du doigt le dessin le plus grand, puis de l'entourer avec l'index après votre validation et enfin de l'entourer au crayon.

## DIFFÉRENCIATION

**Soutien :** Passez par une phase de modélisation avec les élèves en difficulté en utilisant des bandes de papier de longueurs différentes pour représenter les différents dessins du fichier. Demandez-leur de superposer leurs bandes de papier et de colorier l'espace vide entre les deux bandes. Expliquez que cette différence de longueur signifie qu'il y a une bande, et donc un dessin, plus grand que l'autre.
**Approfondissement :** Demandez aux élèves qui auraient terminé l'activité de leur fichier en avance d'entourer d'une autre couleur les dessins les plus petits de la page 121.

# Séance 117 - Comparer des longueurs en utilisant les mots « plus petit que » et « plus grand que » (3)

**Notions abordées**

**Prérequis :** comprendre le sens des mots « petit » et « grand ».
**Objectifs didactiques :** comparer 2 tailles en utilisant les mots « plus petit que » et « plus grand que ».
**Graphisme :** tracer le chiffre 6.

**Matériel pédagogique**

**Matériel :** 2 ours en peluche de tailles différentes pour la classe. 6 paires d'objets de la vie quotidienne par groupe d'élèves., 1 barquette de 6 paires d'animaux de tri de tailles différentes par élève.
**Fichier :** page 122.

## DÉMARCHE PÉDAGOGIQUE

### 1 Je découvre (en classe entière, 10 minutes)

Sur le tapis de regroupement, revenez sur les acquis et interrogez les élèves : « Qu'avons-nous fait la dernière fois ? Nous avons classé puis comparé des objets en utilisant les termes "plus grand que" et "plus petit que". » Présentez aux enfants **deux ours en peluche identiques**, si ce n'est qu'ils diffèrent par la taille, et demandez : « Voici deux ours en peluche. Que remarquez-vous ? Sont-ils parfaitement identiques ? Qu'est-ce qui change ? » Laissez les enfants s'exprimer et verbaliser, puis concluez : « Ces ours sont presque identiques. La différence vient de leur taille : il y en a un grand et un petit. Aujourd'hui, nous allons continuer à comparer deux tailles en utilisant les termes "plus grand que" et "plus petit que". »

### 2 Je manipule (par groupes de 6 à 8 élèves, 10 minutes)

Distribuez une **barquette d'animaux de tri** par élève et demandez dans un premier temps aux enfants de trier les animaux par paire. Demandez ensuite aux élèves de faire un tri : ils doivent mettre les plus grands animaux des paires d'un côté et les plus petits animaux de l'autre. Faites-leur verbaliser chaque étape : « Ce mouton vert est plus grand que cet autre mouton vert. » Reproduisez cet exercice autant de fois que le temps vous le permet.

### 3 Je représente (par groupes de 6 à 8 élèves, 10 minutes)

Demandez aux élèves d'ouvrir leur fichier à la **page 122**. Invitez-les à décrire ce qu'ils voient et faites le lien avec l'activité précédente. Énoncez ensuite la consigne et assurez-vous de sa bonne compréhension. Laissez les élèves s'exprimer librement dans un premier temps, puis demandez-leur de chercher les paires d'animaux sur la page. Faites-leur décrire et nommer la paire choisie, puis discuter collectivement de leur lieu de vie, de leur alimentation. Enfin, demandez aux enfants de dire lequel des deux est le plus grand et lequel des deux est le plus petit. Assurez-vous qu'ils verbalisent leur réponse de la façon suivante : « Ce poisson est plus grand que l'autre. »

## DIFFÉRENCIATION

**Soutien :** Repassez par une phase de manipulation avec les élèves en difficulté en leur proposant de trier des **objets de la vie quotidienne** : un grand sac et un petit sac, un grand gant et un petit gant, une grande chaussette et une petite chaussette…
**Approfondissement :** Vous pouvez demander aux élèves avancés d'entourer sur le fichier les couples d'animaux, puis de souligner le plus grand ou le plus petit des deux.

# Séance 118 - Identifier le plus petit élément

**Notions abordées**

**Prérequis :** comparer des longueurs en utilisant les mots « plus petit que » et « plus grand que ».
**Objectifs didactiques :** identifier le plus petit élément d'une paire.
**Graphisme :** tracer le chiffre 1.

**Matériel pédagogique**

**Matériel :** 1 feuille et 1 photocopie de la page 123 par élève.
**Fichier :** page 123.

## DÉMARCHE PÉDAGOGIQUE

### 1 Je découvre (en classe entière, 5 minutes)

Sur le tapis de regroupement, revenez sur les acquis et interrogez les élèves : « Qu'avons-nous fait la dernière fois ? Nous avons comparer deux objets en utiliser les termes "plus petit que" et "plus grand que". » Demandez à deux élèves de tailles différentes de venir se placer au tableau, puis interrogez le reste de la classe : « Qui est le plus grand ? Qui est le plus petit ? Comment sait-on lequel est le plus petit ? » Concluez : « Le plus petit est celui qui ne dépasse pas l'autre. Si je pars des pieds et que je remonte, je vois son visage en premier. Aujourd'hui, nous allons apprendre à identifier le plus petit élément d'une paire. »

### 2 Je manipule (par groupes de 6 à 8 élèves, 15 minutes)

Distribuez à chaque élève une feuille et demandez-leur de dessiner deux bonhommes identiques ; seule la taille doit changer. Faites-leur ensuite verbaliser et décrire ce qu'ils ont fait : « Voici deux bonhommes. Ils ont un grand chapeau et un grand manteau. Cependant, ils ont une différence de taille : l'un des deux est bien plus petit. » Aidez ceux qui ne savent pas quoi dessiner en leur posant des questions : « Comment pourrais-tu dessiner un bonhomme ? Par quoi commence-t-on ? Quels accessoires pourrais-tu ajouter sur ton bonhomme ? Reproduis bien les mêmes détails sur les deux bonhommes que tu dessines. » Vous pouvez également dessiner un bonhomme modèle sur leur feuille afin qu'ils le reproduisent en plus grand ou plus petit. Concluez en formant des binômes : les élèves de chaque binôme échangent leurs feuilles et doivent déterminer sur le dessin de leur partenaire quel bonhomme est le plus petit.

### 3 Je représente (par groupes de 6 à 8 élèves, 10 minutes)

Demandez aux élèves d'ouvrir leur fichier à la page 123. Invitez-les à décrire ce qu'ils voient et faites le lien avec l'activité précédente. Énoncez ensuite la consigne et assurez-vous de sa compréhension. Pour chaque ligne, demandez aux enfants, dans un premier temps, d'entourer avec leur index l'animal le plus petit puis, après validation, de l'entourer au crayon.

## DIFFÉRENCIATION

**Soutien :** Faites des photocopies de la page 123 et découpez-en les animaux afin d'autoriser les enfants en difficulté à les utiliser comme gabarits pour les aider dans la comparaison.
**Approfondissement :** Proposez aux élèves avancés de compléter leur dessin de bonhommes en y ajoutant deux maisons, deux arbres, deux nuages, etc. toujours de tailles différentes.

# Séance 119 - Comparer trois longueurs en utilisant les mots « le plus petit » et « le plus grand » (1)

**Notions abordées**

**Prérequis :** comparer 2 objets de différentes tailles.
**Objectifs didactiques :** comparer 3 objets de différentes tailles.
**Graphisme :** tracer le chiffre 2.

**Matériel pédagogique**

**Matériel :** au choix : album de *Boucle d'Or et les Trois Ours* et/ou matériel pour montrer des vidéos et 3 ours en peluche de longueurs différentes par groupe d'élèves. 3 ours de tailles différentes issus des animaux de tri, 1 feuille de gommettes rouges, bleues et jaunes par élève.
**Fichier :** page 124.

## DÉMARCHE PÉDAGOGIQUE

### 1 Je découvre (en classe entière, 10 minutes)

Sur le tapis de regroupement, revenez sur les acquis et interrogez les élèves : « Qu'avons-nous appris la dernière fois ? Nous avons appris à trouver l'objet le plus petit parmi deux objets. » Demandez à trois volontaires de tailles différentes de venir face à la classe puis interrogez le reste des élèves : « Qui est le plus grand ? Qui est le plus petit ? Comment sait-on qui est le plus petit ? » Dites ensuite : « Je vais classer les élèves du plus petit au plus grand. Le plus petit est celui qui est dépassé par les deux autres. Je vais donc comparer les deux élèves restants. Je cherche le plus petit, c'est-à-dire celui qui ne dépasse pas l'autre. Je le place maintenant à côté du premier. Le plus grand est celui qui reste. Il va donc à la fin de la ligne. » Avec votre main au-dessus de la tête de chaque élève, montrez aux enfants l'augmentation progressive de la taille. Annoncez l'objectif du jour : « Aujourd'hui, nous allons apprendre à comparer trois éléments en utilisant les termes "le plus grand" et "le plus petit". »

### 2 Je manipule (par groupes de 6 à 8 élèves, 10 minutes)

Revenez sur l'histoire de Boucle d'Or. Montrez à nouveau le livre aux élèves si vous l'avez, ou une vidéo. Faites remarquer aux élèves du groupe que dans l'histoire, il y a trois ours de trois tailles différentes : petit, moyen et grand. Faites de même avec les différents objets des ours. Distribuez ensuite à chaque élève trois ours issus des animaux de tri. Dites : « Vous avez une famille d'ours. Placez-les en commençant par le plus petit à gauche et en terminant par le plus grand à droite. » Faites-leur passer leur main sur la tête des ours afin qu'ils prennent conscience de l'augmentation de taille. Assurez-vous qu'ils verbalisent en utilisant les termes « le plus grand » et « le plus petit ». Poursuivez l'exercice avec d'autres familles d'animaux.

### 3 Je représente (par groupes de 6 à 8 élèves, 10 minutes)

Demandez aux élèves d'ouvrir leur fichier à la page 124. Invitez-les à décrire ce qu'ils voient et faites le lien avec l'activité précédente. Énoncez ensuite la consigne et assurez-vous de sa bonne compréhension. Faites le lien avec le conte de *Boucle d'Or et les Trois Ours*. Demandez aux élèves de chercher les dessins de la même catégorie (les ours, les arbres) puis demandez-leur lequel est le plus grand, lequel est le plus petit.

## DIFFÉRENCIATION

**Soutien :** Vous pouvez modéliser la scène du fichier avec les élèves en difficulté en leur proposant de reconstituer ce qui s'y déroule avec des ours en peluche.
**Approfondissement :** Demandez aux élèves avancés de coller une gommette bleue sur le plus grand personnage, une gommette rouge sur le plus petit et une gommette jaune sur le personnage de taille moyenne.

# Séance 120 - Comparer trois longueurs en utilisant les mots « le plus petit » et « le plus grand » (2)

**Notions abordées**

**Prérequis :** comparer 2 objets de différentes tailles.
**Objectifs didactiques :** comparer 3 objets de différentes tailles.
**Graphisme :** tracer le chiffre 3.

**Matériel pédagogique**

**Matériel :** 3 poupées de 3 tailles différentes pour la classe. 3 trio de gommettes de tailles différentes et d'au moins 3 couleurs différentes, 12 bâtonnets de longueurs différentes, 1 feuille et 1 photocopie de la page 125 par élève.
**Fichier :** page 125.

## DÉMARCHE PÉDAGOGIQUE

### 1 Je découvre (en classe entière, 10 minutes)

Sur le tapis de regroupement, revenez sur les acquis et interrogez les élèves : « Qu'avons-nous appris la dernière fois ? Nous avons appris à trouver l'élément le plus petit et l'élément le plus grand parmi un groupe de trois éléments. » Présentez aux élèves trois poupées de trois tailles différentes puis demandez : « Quelle poupée est la plus grande ? Quelle poupée est la plus petite ? Comment sait-on laquelle est la plus petite ? » Dites ensuite : « Je vais ranger les poupées de la plus petite à la plus grande. La plus petite est celle dépassée par les autres, je la place à part. Il reste deux poupées. Je vais donc comparer les trois poupées restantes. Je cherche la plus petite des deux, c'est-à-dire celle qui ne dépasse pas l'autre. Je la place maintenant à côté de la première. Il faut faire attention à ce qu'elles soient au même niveau en bas, je peux les poser sur une table pour m'aider. La plus grande est celle qui reste. » Avec votre main, montrez aux enfants l'augmentation progressive de la taille. Annoncez l'objectif du jour : « Aujourd'hui, nous allons continuer à comparer trois longueurs en utilisant les mots "le plus grand" et "le plus petit". »

### 2 Je manipule (par groupes de 6 à 8 élèves, 10 minutes)

Distribuez à chaque enfant des gommettes de couleurs et de tailles différentes (par exemple, trois gommettes vertes : une petite, une moyenne et une grande ; de même avec trois gommettes jaunes, trois gommettes bleues, etc.) ainsi qu'une feuille sur laquelle vous aurez tracé des flèches de la même couleur que les gommettes. Expliquez : « Triez vos gommettes en les plaçant de la plus petite à la plus grande sur la flèche de la couleur correspondante. Assurez-vous que les enfants verbalisent ce qu'ils font et emploient les termes "le plus grand" et "le plus petit" ».

### 3 Je représente (par groupes de 6 à 8 élèves, 10 minutes)

Demandez aux élèves d'ouvrir leur fichier à la page 125. Invitez-les à décrire ce qu'ils voient et faites le lien avec l'activité précédente. Énoncez ensuite la consigne et assurez-vous de sa bonne compréhension. Vous procéderez case par case : dans la première case, demandez dans un premier temps aux élèves de poser un crayon marron sur le plus grand ; après validation, ils peuvent colorier. Demandez-leur ensuite de prendre un crayon jaune et de le poser sur le plus petit qu'ils peuvent colorier après validation. Passez maintenant à la case suivante et suivez le même fonctionnement.

## DIFFÉRENCIATION

**Soutien :** Faites des photocopies de la page 125 et découpez-en les animaux afin de permettre aux enfants en difficulté de les utiliser comme gabarits pour les aider dans la comparaison.
**Approfondissement :** Réunissez les élèves avancés, puis distribuez-leur un ensemble de bâtonnets de longueurs différentes et proposez-leur de jouer à la courte paille. Un des élèves cache dans sa main les bâtonnets de façon à n'en faire dépasser qu'un petit bout : les autres élèves doivent choisir un bâtonnet. Aléatoirement, celui qui a le plus petit ou le plus grand bâtonnet gagne.

# Séance 121 - Révision 1
# Comparer deux éléments de différentes longueurs

**Notions abordées**

**Prérequis :** comparer 2 éléments de différentes longueurs.
**Objectifs didactiques :** réinvestir les connaissances et les compétences acquises durant l'unité 7.
**Graphisme :** colorier des rectangles en respectant un code couleur.

**Matériel pédagogique**

**Matériel :** 2 poupées de longueurs différentes et 1 jeu Petit Architecte© pour la classe. 1 ensemble de jouets (légumes de la dînette, petites voitures, figurines, peluches, bâtonnets...) de longueurs différentes, 8 paires d'objets identiques et de longueurs différentes par groupe d'élèves. 1 catalogue et 1 feuille par élève.
**Fichier :** page 126.

## DÉMARCHE PÉDAGOGIQUE

### 1 Je me remémore (en classe entière, 5 minutes)

Sur le tapis de regroupement, annoncez : « Vous savez maintenant comparer des longueurs. Aujourd'hui, nous allons continuer à jouer avec les longueurs. » Présentez aux enfants deux poupées de tailles différentes et dites : « Comment savoir quelle poupée est la plus grande ? Que dois-je faire ? Tout d'abord, il faut s'assurer que les poupées sont bien au même niveau. Je peux utiliser un trait ou le bord de la table pour m'aider. Je regarde ensuite quelle poupée dépasse l'autre. Celle qui dépasse est la plus grande, l'autre est la plus petite. »

### 2 Je m'entraîne (par groupes de 6 à 8 élèves, 15 minutes)

Pour cette partie, vous avez le choix. Vous pouvez proposer aux élèves avancés :

- **de reprendre l'une des activités des parties « Différenciation » des séances de l'unité 7.** Parmi les activités les plus appropriées, nous vous conseillons de proposer aux enfants de découper dans des catalogues des grands objets et leurs pendants plus petits (par exemple une grande bouteille et une petite bouteille, un grand chien et un petit chien, etc.) puis de les coller sur une feuille ;
- **jouer à un des jeux suggérés dans la partie « Activités complémentaires ».** Le jeu de construction Petit architecte© est tout particulièrement conseillé. Ce jeu est composé de 600 briques de tailles et de couleurs différentes. L'enseignant peut ainsi proposer différents défis à ses élèves : construire une tour avec les briques rouges et une avec les briques noires et comparer les deux tours ; à partir d'une quantité de briques donnée par l'enseignant, construire des tours puis les comparer ; construire une tour plus haute qu'un enfant...

Vous pouvez également utiliser ce temps comme remédiation sur des points précis avec les élèves en difficulté.

- **Si les difficultés proviennent de la méthodologie,** renforcez cette compétence en comparant des jouets (légumes de la dînette, petites voitures, figurines, peluches, bâtonnets...). La difficulté provenant souvent du fait que les enfants ne placent pas les objets sur une base commune, soyez donc très vigilant et n'hésitez pas à insister sur cet aspect.
- **Si les difficultés proviennent de la distinction entre les mots « grand » et « petit »,** utilisez des paires d'objets identiques de tailles différentes et insistez sur la verbalisation afin que l'élève répète : « C'est un petit chapeau. C'est un grand chapeau. » Faites-leur prendre conscience de la différence de taille en leur permettant de toucher les objets.

### 3 Je révise (par groupes de 6 à 8 élèves, 10 minutes)

Demandez aux élèves d'ouvrir leur fichier à la page 126. Invitez-les à décrire ce qu'ils voient et faites le lien avec ce qu'ils ont appris durant l'unité 7. Énoncez ensuite la consigne et assurez-vous de sa bonne compréhension. Demandez aux enfants de pointer la première ligne puis de la décrire. Dites ensuite : « Placez votre index à côté du plus grand ours. » Assurez-vous bien que les les enfants aient identifié le piège : les ours ne partent pas de la même base : dans chaque paire, un ours ou bien les deux sont surélevés. Ils doivent donc remarquer soit l'alignement des ours à partir du haut, soit visualiser directement ce qui est plus petit ou plus grand.

# Séance 122 - Révision 2
# Identifier le plus petit et le plus grand élément

**Notions abordées**

**Prérequis :** comparer 3 longueurs différentes ou plus.
**Objectifs didactiques :** réinvestir les connaissances et les compétences acquises durant l'unité 7.
**Graphisme :** colorier des triangles en respectant un code couleur.

**Matériel pédagogique**

**Matériel :** 4 poupées gigognes et 1 jeu Bata-Waf© pour la classe. 3 ou 4 bâtonnets de longueurs différentes et 1 jeu de barres rouges et escalier marron Montessori par groupe d'élèves. 8 trios d'objets de longueurs différentes par élève.
**Fichier :** page 127.

## DÉMARCHE PÉDAGOGIQUE

### 1 Je me remémore (en classe entière, 5 minutes)

Sur le tapis de regroupement, annoncez : « Vous savez maintenant trouver le plus petit élément et le plus grand élément parmi plusieurs. » Présentez aux enfants un ensemble de poupées gigognes. Rappelez-leur le principe des poupées russes, puis dites : « Comment faire pour encastrer toutes les poupées et n'en avoir plus qu'une seule ? On part de la plus petite, que l'on met dans une poupée un peu plus grande, et ainsi de suite jusqu'à la plus grande poupée. » Insistez à nouveau sur l'importance d'avoir toutes les poupées sur la même ligne de départ pour pouvoir les comparer et ensuite les encastrer.

### 2 Je m'entraîne (par groupes de 6 à 8 élèves, 15 minutes)

Pour cette partie, vous avez le choix. Vous pouvez proposer aux élèves avancés :

- **de reprendre l'une des activités des parties « Différenciation » des séances de l'unité 7.** Parmi les activités les plus appropriées, nous vous conseillons de former des groupes de trois ou quatre enfants et de leur distribuer un ensemble de bâtonnets de tailles différentes pour qu'ils puissent jouer à la courte paille.
- **de jouer à un des jeux suggérés dans la partie « Activités complémentaires ».** Le jeu de bataille Bata-Waf© est tout particulièrement conseillé. Il s'agit d'un jeu de bataille dont les cartes sont illustrées par des chiens de tailles différentes. Faites jouer les élèves par groupes de trois, quatre ou cinq selon leur niveau (plus le groupe sera grand, plus la comparaison sera complexe).

Vous pouvez également utiliser ce temps comme remédiation sur des points précis avec les élèves en difficulté.

- **Si les difficultés proviennent de la perception des différentes tailles,** renforcez cette compétence en proposant aux enfants l'activité Montessori des barres rouges ou de l'escalier marron.
- **Si les difficultés proviennent de la méthodologie,** proposez aux enfants des trios d'objets et demandez-leur de trouver, pour chaque série, l'objet le plus grand et l'objet le plus petit : « Commencez par aligner les éléments sur une même base, si vous le pouvez. Repérez ensuite l'élément le plus petit de tous avant de vous attarder sur les deux plus grands à départager. »

### 3 Je révise (par groupes de 6 à 8 élèves, 10 minutes)

Demandez aux élèves d'ouvrir leur fichier à la page 127. Invitez-les à décrire ce qu'ils voient et faites le lien avec ce qu'ils ont appris durant l'unité 7. Énoncez ensuite la consigne et assurez-vous de sa compréhension. Demandez aux enfants de décrire ce qu'ils voient et de vous rappeler la méthodologie, puis de pointer du doigt la plus petite poupée, de faire une croix dans la case correspondante avec l'index et enfin de cocher au crayon. Procédez ensuite de même avec la plus grande. N'hésitez pas à tracer des traits horizontaux partant du dessus de la tête de chaque poupée avec les élèves en difficulté. Faites-leur ensuite colorier l'espace entre deux lignes afin de les aider à visualiser les différences de tailles.

# ACTIVITÉS COMPLÉMENTAIRES
## Unité 7

| Nom | Compétences travaillées | Matériel | But du jeu | Règle du jeu |
|---|---|---|---|---|
| **Gigi Longcou©, Haba** | • Comparaison de longueurs<br>• Discrimination visuelle | • 4 têtes de girafe,<br>• 4 corps de girafe,<br>• 24 tuiles « cou »,<br>• 24 tuiles « symbole »,<br>• 1 perroquet,<br>• 1 cordon. | Avoir la girafe avec le plus long cou. | De 2 à 4 joueurs (10 min environ)<br>Chacun leur tour, les joueurs piochent une tuile avec des taches dessinées dessus. Ils la retournent et prennent une tuile « cou » portant le même symbole. Ils placent ensuite leur tuile sur leur girafe, entre le corps et la tête, pour faire grandir leur girafe. La partie est terminée quand il n'y a plus de tuiles. Pour savoir quelle est la plus grande girafe, on mesure les girafes avec le cordon. |
| **Bata-Waf©, Djeco** | • Comparaison de longueurs<br>• Discrimination visuelle | • 36 cartes. | Récupérer toutes les cartes. | De 2 à 4 joueurs (10 min environ)<br>L'ensemble des cartes sont partagées entre les joueurs. Sur le même principe que la bataille, chacun forme un paquet avec ses cartes et les pose devant lui, face cachée. Tout le monde retourne en même temps la première carte de son paquet. Celui qui a retourné la carte avec le chien le plus grand remporte la manche. Si deux joueurs retournent chacun une carte avec des chiens de même taille, ils doivent dire « Bata-Waf ! » Ils mettent ensuite chacun au-dessus de leur carte une autre carte, face cachée cette fois-ci, puis recommencent : celui qui a mis la dernière carte avec le plus grand chien remporte toutes les cartes. |
| **Petit Architecte©, The Little Architect** | • Discrimination visuelle | • 600 briques de construction,<br>• 50 fiches-modèles de construction. | Construire des tours selon les règles du jeu choisies. | De 1 à 8 joueurs (10 min environ)<br>Ce jeu est composé de 600 briques de tailles et de couleurs différentes. L'enseignant peut ainsi proposer différents défis à ses élèves : construire une tour avec les briques rouges, une avec les briques noires et comparer les deux tours ; construire à partir d'une quantité donnée par l'enseignant ; construire une tour plus haute qu'un enfant… Vous pouvez également donner une fiche-modèle de construction différente aux élèves qui doivent ensuite comparer la hauteur puis la longueur de leur réalisation. |

IMPRIM'VERT®

Achevé d'imprimer en juin 2020 sur les presses de la Sepec (France)

Dépôt légal : juin 2020 – N° d'éditeur : LDESI - 201901-45 - N° d'impression : 09463200404

PEFC™ 10-31-1470 / Certifié PEFC / Ce produit est issu de forêts gérées durablement et de sources contrôlées. / pefc-france.org